国家级职业教育规划教材

人力资源和社会保障部职业能力建设司推荐

高等职业技术院校物流管理专业教材

物流配送业务与管理

（任务驱动型）

人力资源和社会保障部教材办公室 组织编写

郑志军
阮清方 编著

中国劳动社会保障出版社

图书在版编目(CIP)数据

物流配送业务与管理/郑志军，阮清方编著. —北京：中国劳动社会保障出版社，2012
高等职业技术院校物流管理专业教材
ISBN 978-7-5045-9885-1

Ⅰ.①物… Ⅱ.①郑…②阮… Ⅲ.①物资配送-物资管理-高等职业教育-教材 Ⅳ.①F252.2

中国版本图书馆 CIP 数据核字(2012)第 212082 号

中国劳动社会保障出版社出版发行
（北京市惠新东街1号 邮政编码：100029）
出版人：张梦欣

*

北京世知印务有限公司印刷装订 新华书店经销
787 毫米×1092 毫米 16 开本 13.25 印张 303 千字
2012 年 8 月第 1 版 2012 年 8 月第 1 次印刷
定价：25.00 元

读者服务部电话：010-64929211/64921644/84643933
发行部电话：010-64961894
出版社网址：http://www.class.com.cn

前　言

近几年，随着国民经济的飞速发展，我国物流行业进入了一个新的发展阶段，物流企业的运营方式、业务流程、技术手段、服务质量等不断向标准化、专业化、规模化、社会化、信息化的方向发展。为了适应物流行业的发展，培养更加符合企业需求的专业技能人才，我们组织一批教学经验丰富、实践能力强的教师与行业、企业的专家，在认真分析物流企业岗位需求和完善课程教学方案的基础上，编写了一套新的物流管理专业教材。与2006版教材相比，新版教材体系更加完善并采用了理实一体化的编写思路。目前，两套教材可较好地满足高等职业技术院校不同的教学需求，各校可根据自身的教学条件、课程设置等进行选择。

本套教材共计15种，分别为《物流基础》《物流法律法规》《物流经济地理》《物流信息技术应用》《物流设施与设备》《物流仓储业务与管理》《物流配送业务与管理》《物流仓储与配送实务》《物流运输业务与管理》《物流采购业务与管理》《物流客户服务与管理》《物流成本管理》《物流市场营销》《国际货运代理》和《报检与报关》，其中《物流仓储与配送实务》教材是为了满足部分院校将仓储、配送两门课程合并教学的需要而开发的。

在教材组织编写工作中，我们坚持了以下原则：

第一，突出职业特色，从职业岗位分析入手，合理构建教材的知识和技能结构，注重对学生实践能力的培养，提高教材的针对性和适用性。

第二，突出行业特色，根据物流行业的发展现状，尽可能多地在教材中体现新知识、新技术和新方法，提高教材的先进性，使教材具有鲜明的时代特征。

第三，突出职业资格证书与学历证书并重的精神，力求使教材内容涵盖助理物流师国家职业标准的相关要求。

第四，突出可接受性，在教材编写方面，力求文字表达通俗易懂，并尽量采用以图代文、以表代文的表现形式，激发学生的学习兴趣。

在本套教材的编写过程中，有关省市教育部门、人力资源和社会保障部门，以及一批高等职业技术院校给予我们有力的支持，教材的主编、参编、主审等有关人员做了大量的工作，在此，我们表示衷心的感谢！同时，恳切希望用书单位和广大读者对教材提出宝贵的意见和建议，以便修订时加以完善。

人力资源和社会保障部教材办公室

2012年8月

内容简介

本书为国家级职业教育规划教材，由人力资源和社会保障部职业能力建设司推荐。

本书根据高等职业技术院校物流管理专业的教学实际，由人力资源和社会保障部教材办公室组织编写。本书采用任务驱动的编写思路，以配送业务流程为主线，设置不同的典型业务工作为任务，主要内容包括配送基础知识、配送中心入库业务、配送中心在库业务、配送中心出库业务、配送中心配送业务等。

本书由郑志军、阮清方编著，韩冬艳担任副编著。

目　录

模块一

配送基础知识

任务1　配送及配送中心基础知识

学习目标

1. 了解配送及配送中心

2. 了解配送的作用和配送中心的功能

一、配送概述

中国国家标准《物流术语》（GB/T 18354—2006）将配送定义为：“在经济合理区域范围内，根据客户要求，对物品进行拣选、加工、包装、分割、组配等作业，并按时送达指定地点的物流活动。”从物流角度来说，配送几乎包括了所有的物流功能要素，是物流在小范围内全部活动的体现。一般来说，配送集装卸、包装、保管、运输于一身，通过这一系列活动达到将物品送达客户的目的。特殊的配送则还要以加工活动为支撑，包含的面更广。

从商流来说，物流和配送有明显的不同，物流是商物分离的产物，而配送则是商物合一的产物。配送是“配”和“送”的有机结合体。配送与一般送货的重要区别在于，配送往往是指在物流据点进行有效的分拣、配货等理货工作，并使送货达到一定的规模，以利用规模优势取得较低的送货成本。同时，配送是以客户为出发点，强调“按客户的订货要求”为宗旨。

二、配送的作用

发展配送，对于物流系统的完善，流通企业和生产企业的发展，以及整个经济社会效益的提高，无不具有重要的作用。

1. 配送可以降低整个社会物资的库存水平

发展配送，实行集中库存，整个社会物资的库存总量必然低于各企业的分散库存总量。同时，配送有利于灵活调度，有利于发挥物资的作用。此外，集中库存可以发挥规模经济优势，降低库存成本。

2. 配送有利于提高物流效率，降低物流费用

采用配送方式，批量进货，集中发货，以及将多个小批量集中在一起大批量发货，都可以有效地节省运力，实现经济运输，降低成本，提高物流经济效益。

3. 对于生产企业而言，配送可以实现低库存

实行高水平的定时配送方式之后，生产企业可以依靠配送中心准时制配送或即时制配送，而不需保持本企业的库存，这就可以实现生产企业的“零库存”，节约储备资金，降低生产成本。

4. 配送可以成为流通社会化、物流产业化的战略选择

实行社会集中库存、集中配送，可以从根本上打破条块分割的分散流通体制，实现流通社会化、物流产业化。

三、配送的类型

在长期的实践中，配送以不同的运作特点和形式满足不同的顾客需求，即形成了不同的配送形式，其分类方法如下。

1. 按配送机构分类

按配送机构不同，可以将配送分为配送中心配送、仓库配送、生产制造企业配送等类别。

（1）配送中心配送。通常是指通过配送中心这一专门的配送组织机构来完成配送业务。配送中心是专门从事商品配送的流通机构，通常具有较大规模的储存、分拣及输配送系统和设施，而且需要建立较大的商品储备，风险和投资都比较大，其设施和工艺流程是根据配送活动的特点和要求专门设计和建设的，因此其专业化、现代化程度较高。

（2）仓库配送。在物流服务社会化程度较低、配送业务发展的初期，大多数配送活动是以传统仓库为依托的，并在此基础上形成了仓库配送。

（3）生产制造企业配送。通常是指以生产企业成品库为依托开展配送活动，其客户对产品需求量较大，对品种、规格和质量的要求相对稳定。

2. 按配送商品的种类及数量分类

（1）少品种、大批量配送。少品种、大批量配送的方式是由于配送的商品品种少，所以配送机构内部组织、策划等管理工作较为简单，而且配送数量大，易于配载，车辆使用效率高。多数可以采取直送方式，因此配送成本较低。这种方式常见于为生产制造企业配送和批发商配送。

（2）多品种、少批量配送。多品种、少批量的配送是按用户的要求，将其所需要的多种商品通过集货、分拣、配货、流通加工等环节，少量而多次地配送给顾客。这种配送方式相对来说作业难度较大，技术要求较高，使用设备特别是分拣设备较复杂。为实现预期的服务目标，必须制定严格的作业标准和管理制度。目前，在国内经济较发达地区，这种方式较常见于生产制造企业零配件的配送和商业连锁体系商品的配送。生产制造企业的多品种、少批量或多品种、小体积零配件的需求通常由专业化配送企业代理，而零售商场商品的配送特别是商业连锁体系的配送，则自行由配送中心来完成。

（3）配套（成套）配送。配套（成套）配送是按顾客的要求，将其所需要的多种商品（配套产品）配套齐全后直接运送到生产企业、建设工地或其他顾客。例如，对生产制造企业生产的某一种产品或某一个部件，将其所需的全部零件配齐，再按生产计划的要求在一定时间送达指定地点，以使生产企业即时装配。这种配送方式强化了物流的服务功能，有利于生产企业实行准时制生产。

3. **按配送的时间及数量分类**

（1）定时配送。定时配送就是按事先约定的时间间隔进行配送，每次配送的品种及数量可预先计划，也可以临时根据客户的需求进行调整。这种方式由于时间固定，双方均易于安排作业计划。但也可能由于配送品种和数量的临时性变化，增加管理和作业的难度。

（2）定量配送。定量配送是按规定的批量在一个指定的时间范围内进行配送。定量配送由于配送品种和数量相对固定，备货工作相对简单，而且对时间没有严格限制，所以，可以将不同客户所需的商品拼凑整车，并且对配送线路进行优化，以节约运力、降低配送成本。

（3）定时定量配送。定时定量配送是按规定的时间、规定的商品品种和数量进行的配送。这种方式兼有定时配送和定量配送两种方式的特点，对配送企业的服务要求比较严格，管理和作业的难度较大。由于其配送计划性强，准确度较高，所以相对来说比较适用于生产和销售稳定、产品批量较大的生产制造企业或大型连锁商场的部分商品的配送。

（4）即时配送。即时配送是根据客户提出的时间要求和商品品种、数量要求及时地将商品送达指定的地点。及时配送可以满足用户的临时性急需，对配送速度、时间要求相当高。因此，通常只有配送设施完备、具有较高管理和服务水平，以及作业组织能力和应变能力的专业化配送机构才能开展即时配送业务。完善而稳定的即时配送服务可以使客户保持较低的库存水准，真正实现准时制生产和经营。

（5）定时定路线配送。定时定路线配送是通过对客户分布状况的分析，设计出合理的配送运输路线，根据运输路线安排送达站点的时刻表，按照时刻表沿着规定的运行路线进行配送。这种配送方式一般由客户自行制订商品需求计划，然后按规定的时间和在确定的站点接收商品，从而易于有计划地安排运送和接货工作，比较适合于消费者集中的地区。

四、配送中心概述

配送中心是组织配送性销售或供应，以执行实物配送为主要职能的流通型物流节点。配送中心具有集货、分货、送货等基本职能，为了提供更完善的配送服务，配送中心有时还需具有较强的流通加工能力。配送中心是物流中心的一种主要形式，是在实践中产生并发展的。配送中心的含义如下。

1. 配送中心是按照生产企业的要求，组织货物并定时、定点、定量地送抵用户。由于送货方式较多，有的由配送中心自行承担，有的利用社会运输力量完成，有的由用户自提。因此，就送货而言，配送中心是组织者而不是承担者。

2. 配送活动和销售供应等经营活动的结合，使配送成为了经营的一种手段，而不是单纯的物流活动。

3. 配送中心为“现代流通设施”，着意于和以往的流通设施诸如商场、贸易中心、仓库等相区别。这种流通设施以现代装备和工艺为基础，不但处理商流，而且处理物流、信息流，是集商流、物流、信息流于一身的全功能流通设施。

五、配送中心的功能

一般的仓库只重视商品的储存保管，传统的运输只提供商品运输配送，而配送中心则重视商品流通的全方位功能，同时具有商品储存功能。配送中心的功能全面、完整，它把收货验货、储存保管、装卸搬运、拣选、流通加工、配送、结算和信息处理有机地结合起来，通过发挥各项功能，大大地压缩整个连锁企业的库存费用，从而降低整个物流系统的成本，提高企业的服务水平。配送中心一般具备如下功能。

1. **集货功能**

为了能够按照用户要求配送货物，尤其是多品种、小批量的配送，首先必须集中用户需求规模数量和品种的备货，从生产企业取得种类、数量繁多的货物，这是配送中心的基础职能，也是配送中心规模优势的基础所在。一般来说，集货批量应大于配送批量。

2. **储存功能**

储存在配送中心创造着时间效用。配送依靠集中库存来实现对多个用户的服务，储存可形成配送的资源保证，有效地组织货源，调节商品的生产与消费、进货和销售之间的时间差，这是配送中心必不可少的支撑功能。为保证正常配送特别是即时配送的需要，配送中心应保持一定量的储备。同时，为对货物进行检验保管，配送中心还应具备一定的检验和储存设施。

3. **分拣、理货功能**

分拣是配送中心区别于一般仓库和送货的标志。为了将多种货物向多个用户按不同要求、种类、规格、数量进行配送，配送中心必须有效地将储存货物按用户要求分拣出来，并能在此基础上按配送计划进行理货，这是配送中心的核心功能之一。为了提高分拣效率，应配备相应的分拣装置，如货物识别装置、传送装置等。

4. **配货、分拣功能**

将各用户所需的多种货物，在配货区进行有效的组合，形成向用户发送方便的配载，这也是配送中心的核心功能之一。分拣职能和配货职能作为配送中心不同于其他物流组织的独特职能，成为整个配送系统水平高低的关键职能，已不单纯是完善送货、支持送货的准备，而是配送企业提高服务质量和自身效益的必然延伸，是送货向高级形式发展的必然要求。

5. **倒装、分装功能**

不同规模的货载在配货中心应能使其高效地分解组合，形成新的装运组合或装运形态，从而符合用户的特定要求，达到有效载运负荷，提高能运力，降低送货成本。这是配送中心的重要功能。

6. **装卸、搬运功能**

配送中心的集货、理货、装货、加工都需要辅之以装卸、搬运，有效的装卸能大大提高配送中心的水平。这是配送中心的基础性功能。

7. **送货功能**

虽然送货过程已超过中心的范畴，但配送中心仍对送货工作指挥管理起决定性的作用，送货属于配送中心的末端职能。配送运输中的难点是路线设计，即如何组合形成高效最佳配送路线，如何使配装和路线有效搭配。

8. **流通加工功能**

配送中心为促进销售、便利物流和提高原材料的利用率，按用户要求并根据合理配送的原则，对商品进行下料、打孔、解体、分装、贴标签、组装等初加工活动，因而配送中心具备一定的加工能力。流通加工不仅提高了配送中心的经营服务水平，也有利于提高资源的利用率。

9. 信息功能

配送中心除了具有上述功能外，还能为配送中心本身及上下游企业提供各式各样的信息情报，以供配送中心制定营运管理政策、开发商品路线、制定商品销售推广政策提供参考。例如，哪一个客户订多少商品？哪一种商品比较畅销？从计算机储存的资料中可以很快获得答案，甚至可以将这些宝贵资料提供给上游的制造商及下游的零售商当做经营管理的参考。配送中心不仅实现物的流通，而且也通过信息来协调配送中各环节的作业，协调生产与消费等。配送中心在干线物流与末端物流之间起衔接作用，这种衔接不但靠实物的配送，也靠信息的衔接。配送中心的信息是全物流系统中重要的一环。

六、配送中心的类型

对于不同种类与行业形态的配送中心，其作业内容、设备类型、营运范围可能完全不同，但是系统规划分析的方法与步骤有共同之处。配送中心已逐渐由以仓库为主体向信息化、自动化的整合型配送中心发展。企业的背景不同，其配送中心的功能、构成和运营方式就有很大区别，这在规划配送中心时应充分考虑到。随着经济的发展和流通规模的不断扩大，配送中心不仅数量增加，也由于服务功能和组织形式的不同，演绎出许多新的类型。按照不同标准，配送中心可以分为以下几种类型。

1. 专业配送中心

专业配送中心大体上有两个含义。一是配送对象、配送技术属于某一专业范畴，在某一专业范畴有一定的综合性，综合这一专业的多种物资进行配送，如多数制造业的销售配送中心，我国目前在石家庄、上海等地建的配送中心大多采用这一形式；二是以配送为专业化职能，基本不从事经营。

2. 柔性配送中心

这是在某种程度上与第一种专业配送中心对立的配送中心。这种配送中心不向固定化、专业化方向发展，而能够随时变化，对用户要求有很强的适应性，不固定供需关系，不断发展配送用户和改变配送用户。

3. 供应配送中心

这是专门为某个或某些用户组（如联营商店、联合公司）供应的配送中心，如为大型联营超级市场组织供应的配送中心、代替零件加工厂送货的零件配送中心。

4. 销售配送中心

这是以销售经营为目的、以配送为手段的配送中心。配送中心大体有三种类型：第一种是生产企业将其产品直接销售给消费者的配送中心，在国外这种配送中心很多；第二种是流通企业作为其经营的一种方式，建立配送中心以扩大销售，我国目前拟建的配送中心大多属于这种类型；第三种是流通企业和生产企业联合的协作性配送中心。比较起来看，国外和我国的发展趋向，都是以销售配送中心为主要发展方向。

5. 城市配送中心

这是以城市范围为配送范围的配送中心。城市范围一般处于汽车运输的经济里程，汽车配送可直接送抵最终用户。由于运距短、反应能力强，这种配送中心往往和零售经营相结合，在从事多品种、少批量、多用户的配送上占有优势。

6. **大区域型配送中心**

这是以较强的辐射能力和库存准备，向相当广大的一个区域进行配送的配送中心。这种配送中心规模较大，用户和配送批量也较大，配送目的地既包括下一级的城市配送中心，也包括营业所、商店、批发商和企业用户，虽然也从事零星配送，但不是主体形式。该类型配送中心在国外十分普遍。

7. **储存型配送中心**

这是有很强储存功能的配送中心。一般来讲，在买方市场，企业成品销售需要有较大库存支持；在卖方市场，企业原材料、零部件供应需要有较大库存支持。大范围配送也需要较大库存支持。我国目前拟建的配送中心都采用集中库存形式，库存量较大，多为储存型。

8. **流通型配送中心**

这是基本上没有长期储存功能，仅以暂存或随进随出方式进行配货、送货的配送中心。这种配送中心的典型方式是：大量货物整进并按一定批量零出，采用大型分货机，进货时直接进入分货机传送带，分送到各用户货位或直接分送到配送汽车上，货物在配送中心里仅作少许停滞。

9. **加工配送中心**

从提高原材料利用率、提高运输效率、方便用户等多重目的出发，许多材料都需要配送中心具有加工职能。

思考与练习

1. 简述配送及配送中心的含义。
2. 配送中心的功能有哪些？
3. 配送业务的类型有哪些，网上购物的配送属于哪一种？
4. 调研本地区都有哪些典型的物流配送中心，它们开展的主要业务有哪些？

任务2　配送中心常用设施设备

学习目标

1. 了解并能识别配送中心常见的装卸搬运设备
2. 了解并能识别配送中心常见的存储设备
3. 了解并能识别配送中心常见的配送设备

一、常见的装卸搬运设备

装卸搬运只能改变劳动对象的空间位置，不能改变劳动对象的性质和形态，既不能提高又不能增加劳动对象的使用价值。但装卸搬运必然要有劳动消耗，包括活劳动消耗和物化劳动消耗。这种劳动消耗量要以价值形态追加到装卸搬运对象的价值中去，从而增加了产品成本。因此，怎样才能科学、合理地选择装卸搬运设备，有效地组织装卸搬运过程，是装卸搬运环节需要重点考虑的问题。

叉车是配送中心内常见的装卸搬运设备。叉车又称铲车、叉式取货机、搬运车，是车站、码头、配送中心、货场和生产企业物流领域最常用的装卸搬运设备。它既可做短距离水平运输，又可做堆、拆垛和装卸卡车、铁路平板车的机械，在配置其他取物设施以后，还能用于散货和各种规格货物的装卸作业。它以货叉作为主要的取货装置，依靠液压起升机构升降货物，由轮胎式行驶系统实现货物的装卸、搬运、堆码作业。叉车除了使用货叉以外，还可以更换各类的取物装置以适应多种货物的装卸、搬运和堆垛作业。其中以下几种装卸搬运设备在配送中心较为常用。

1. 平衡重式叉车

平衡重式叉车（见图 1—2—1）是使用最广泛的叉车。这种叉车的货叉在前轮中心线以外。为了克服货物产生的倾覆力矩，在叉车的尾部装有平衡重。车轮采用的是充气或实心轮胎，运行速度比较快，而且有较好的爬坡能力。取货和卸货时，叉车门架前倾，前倾角度一般为 3°，便于货叉插入和抽出，取货后门架后倾，后倾角度一般为 8°～10°，以便在行驶中保持货物的稳定。对这种叉车可根据作业对象和作业方式的不同，在叉车的叉架上增设叉车属具，实现“无托盘”搬运需要。

图 1—2—1　平衡重式叉车

2. 手动搬运车

手动搬运车俗称“地牛”，是托盘运输工具中最简便、最有效、最常见的装卸搬运工具，广泛应用于物流、仓库、工厂、医院、学校、商场、机场、体育场馆、车站等，具体结构如图 1—2—2 所示。

3. 电动托盘搬运车

这种叉车的承载能力为 1.6～3.0 t，作业通道宽度一般为 2.3～2.8 m，货叉提升高度一般在 0.21 m 左右，主要用于仓库内的水平搬运及货物装卸。它有步行式、站驾式和坐驾

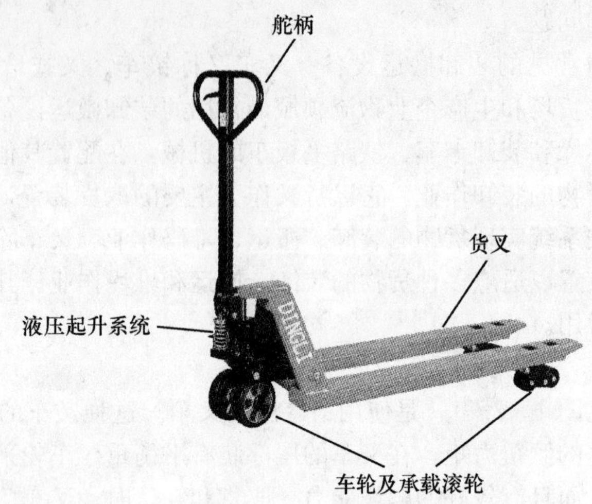

图 1—2—2　手动搬运车

式三种操作方式，可根据效率要求选择。电动托盘搬运车如图 1—2—3 所示。

图 1—2—3　电动托盘搬运车

4. 电动拣选叉车

在某些情况下（如在超市的配送中心），不需要整托盘出货，而是按照订单拣选多种品种的货物组成一个托盘，此环节称为拣选。按照拣选货物的高度，电动拣选叉车可分为低位拣选叉车（2.5 m 内）和中高位拣选叉车（最高可达 10 m），其相应的承载能力分别为 2.0～2.5 t（低位）和 1.0～1.2 t（中高位，带驾驶室提升）。如图 1—2—4 所示。

5. 手推液压叉车

手推液压叉车（见图 1—2—5）是利用人力推拉运行的简易插腿式叉车。其形式主要有手推液压式和电动液压式两种，用于工厂车间、仓库内，效率要求不高，需要有一定堆垛作业、装卸高度不大且单向搬运距离在 10 m 以内的场合。其起重能力为 0.5～1 t，起升高度为 1～3 m，货叉最低离地高度小于等于 0.1 m。

6. 前移式叉车

前移式叉车（见图 1—2—6）的结构与后面讲到的插腿式叉车类似，但在取货或卸货时，门架或货叉可由液压系统推动，移到前轮之外；运行时，门架、货叉又缩回车体内。前

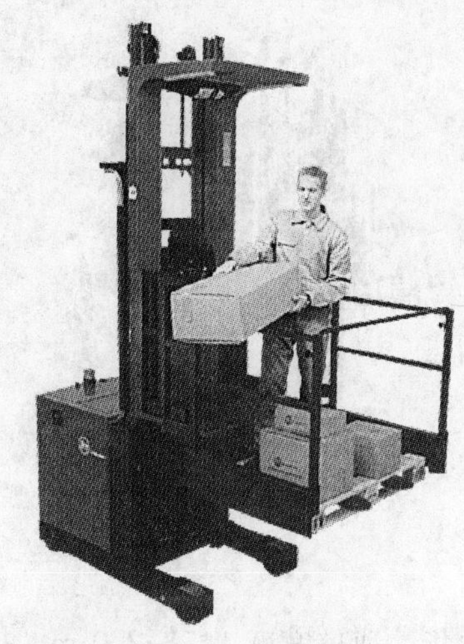

图 1—2—4　电动拣选叉车

手推液压叉车

电动液压式叉车

图 1—2—5　手推液压叉车

移式叉车的前轮直径大约为 0.3 m，因此，要收回货叉，必须先将货物升到一定高度。

7. 插腿式叉车

插腿式叉车（见图 1—2—7）的结构非常紧凑，货叉在两个支腿之间，因此无论取货或卸货，插腿式叉车都不会失去稳定。由于插腿式叉车结构紧凑，叉车尺寸小，转弯半径也小，适于库内作业。这种叉车一般采用蓄电池为动力，不会污染环境。这种叉车的座椅采用的是侧向布置方式，操作人员向叉车两侧及向后的视野良好，所以工作时，一般都采用倒车行走方式。由于叉车在叉取货物时，支腿和货叉都必须插入货物底部，因此，要求叉取的货物底部一般要高出地面 0.2 m 左右。

8. 三向堆垛叉车

三向堆垛叉车通常配备一个三向堆垛头，叉车不需要转向，旋转货叉就可以实现两侧的

图 1—2—6　前移式叉车

货物堆垛和取货，通道宽度 1.5～2.0 m，提升高度可达 12 m。其各种类型的叉车如图 1—2—8 所示。

图 1—2—7　插腿式叉车

二、常见的存储设施设备

配送中心内常见的存储设施设备是货架。货架泛指存放货物的架子。在仓库设备中，货架是指专门用于存放成件物品的保管设备。货架各部件名称如图 1—2—9 所示。

货架在配送中心中占有非常重要的地位，随着现代工业的迅猛发展，物流量的大幅度增加，货架的应用也越来越广泛。现代的物流配送企业不仅要求货架数量多，而且要求具有多功能，能适用不同种类货物的储存要求，并能实现机械化、自动化。常用的货架主要有托盘货架、重力式货架、层架、阁楼式货架、

图 1—2—8　三向堆垛叉车

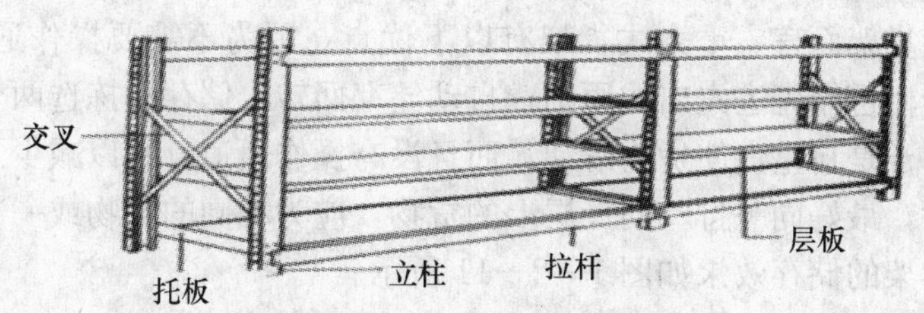

图 1—2—9 货架

高层货架、移动式货架、悬臂式货架、驶入式货架、驶出式货架、屏挂式货架、旋转式货架等类型。

1. 托盘货架

托盘货架以储存单元化托盘货物，配以巷道式堆垛机及其他储运机械进行作业。高层货架多采用整体式结构，一般是由型钢焊接的货架片（带托盘），通过水平、垂直拉杆及横梁等构件连接起来，用于储存适合堆码在托盘上或放置在箱式托盘中的货物。托盘货架的储存效果如图 1—2—10 所示。

图 1—2—10 托盘货架

2. 重力式货架

重力式货架的每一个货格就是一个具有一定坡度的存货滑道，入库起重机装入滑道的货物单元能够在自重作用下，自动地从入库端向出库端移动，直至滑道的出库端或者碰上已有的货物单元停住为止。位于滑道出库端的第一个货物单元被出库起重机取走之后，在它后面的各个货物单元便在重力作用下依次向出库端移动一个货位。为减少货箱与货架之间的摩擦力，在存货滑道上设有辊子或滚轮。

相对普通托盘货架而言，重力式货架有以下优点：因为不需要操作通道，故增加 60％的空间利用率；严格遵循先进先出的原则；自动储存回转；储存和拣选两个动作的分开大大提高了输出量，由于是自重力使货物滑动，而且没有操作通道，所以减少了运输路线和叉车的数量。在使用时，最好同一排、同一层上的货物，应为相同的货物或一次同时入库和出库的货物。重力式货架的储存效果如图 1—2—11 所示。

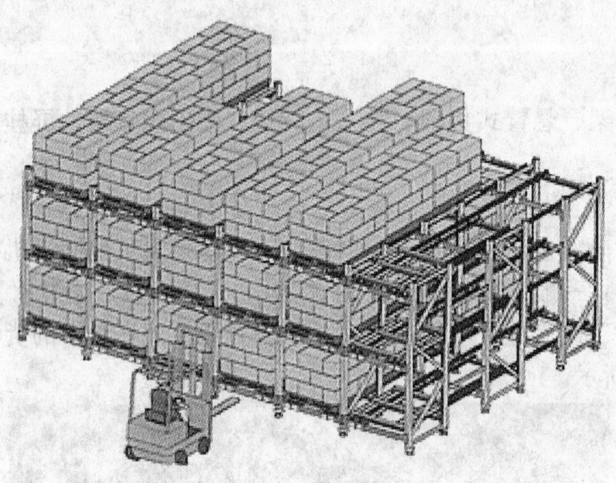

图 1—2—11　重力式货架

3. 层架

层架结构简单，适用性强，存取作业方便，但存放货物的数量有限，是人工作业仓库的主要存储设备。一般轻型层架主要适合人工存取作业，其规格尺寸及承载能力都与人工搬运能力相适应，高度通常在 2.4 m 以下。轻型层架主要用于存放小批量、另行发货的小件物资储存，其储存效果如图 1—2—12 所示。

图 1—2—12　层架

4. 阁楼式货架

阁楼式货架是一种充分利用空间的简易货架，它适合在场地有限、货物品种繁多而数量少的情况下建造一个中间阁楼以增加储存面积。阁楼式货架楼板上一般可放轻泡货物及中小件货物，能在现有的场地上增加几倍的利用率，可配合使用升降机操作。阁楼式货架采用全组合式结构，专用轻钢楼板，造价低，施工快。可根据实际场地和需要，灵活设计成二层、多层，充分利用空间。阁楼上一般采用轻型小车或托盘牵引小车作业。其储存效果如图 1—2—13 所示。

图 1—2—13　阁楼式货架

5. **高层货架**

自动化立体仓库的高层货架（见图 1—2—14）作为现代物流系统中的重要组成部分，是一种多层存放货物的高架仓库系统，主要由高层货架、巷道堆垛机、出入库输送设备、自动控制与管理系统组成。出入库辅助设备及巷道堆垛机能够在计算机管理下，完成货物的出入库作业，实施综合库房管理并与上级管理系统联网，可实现管理现代化、存取自动化。

图 1—2—14　高层货架

6. **移动式货架**

移动式货架易控制，安全可靠。每排货架由一个电动机驱动，由装在货架下的滚轮沿铺设于地面上的轨道移动。其突出的优点是提高了空间利用率，一组货架只需要一条通道，而固定型托盘货架的一条通道只服务于通道内两侧的两排货架。所以，在相同的空间内，移动式货架的储存能力比一般固定式货架高得多。其操作如图 1—2—15 所示。

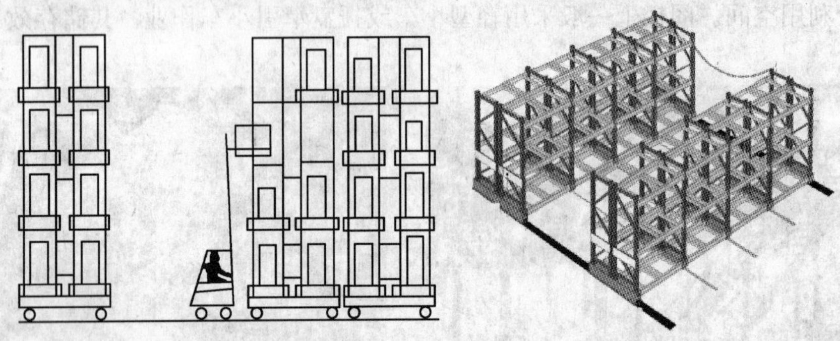

图 1—2—15　移动式货架

7. 悬臂式货架

悬臂式货架采用专用型立柱，配高强度悬臂，适用于存放长形物料、环状物料、板材和不规则物料等。前伸的悬臂可以是单面或双面，具有结构轻巧、载重能力强、空间利用率高的特点，单臂承重可达 0.5 t，特别加固的立柱结构，可以承受 2～3 t 的压力。加了搁板后，特别适合空间小、高度低的库房，管理方便，视野宽阔，与托盘货架相比，利用率更高。悬臂式货架根据承载能力可分为轻型悬臂式货架、中型悬臂式货架、重型悬臂式货架三种。悬臂式货架的储存效果如图 1—2—16 所示。

图 1—2—16　悬臂式货架

8. 驶入式货架

驶入式货架是指托盘的存入由里向外逐一存放的货架（见图 1—2—17），叉车进出使用相同的通道，储存密度非常高，但存取性差，不易做到货物先进先出。这种货架适合储存少品种、大批量货物，不宜存放太长、太重的货物。货架高度可达 10 m 以上。

9. 驶出式货架

驶出式货架（见图 1—2—18）与驶入式货架不同之处在于驶出式货架是通的，没有拉杆封闭。其前后均可安排存取通道，可实现货物先进先出。

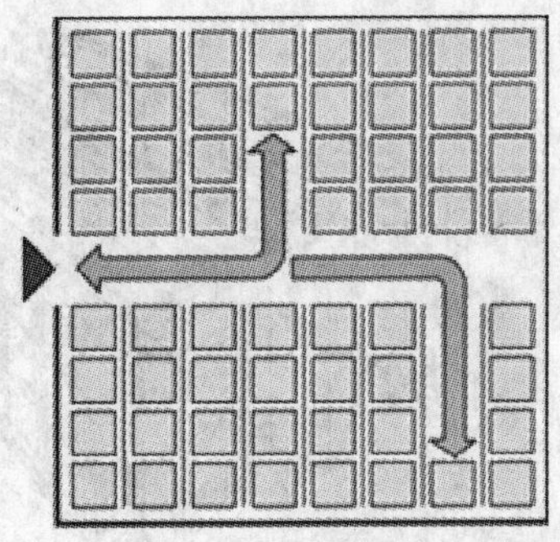

图 1—2—17　驶入式货架

10. 屏挂式货架

屏挂式货架由百叶式挂屏和挂箱组成，适用于储存多品种或多规格的各种小型零件，也可设置在手推车或托盘上，作工序间临时储存或装配线供料之用。其储存效果如图 1—2—19 所示。

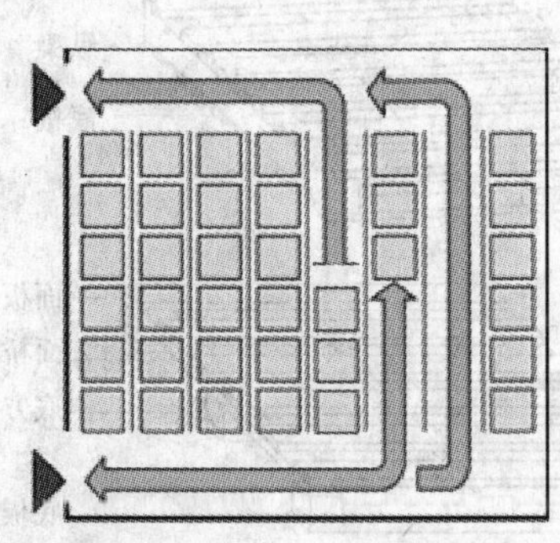

图 1—2—18　驶出式货架

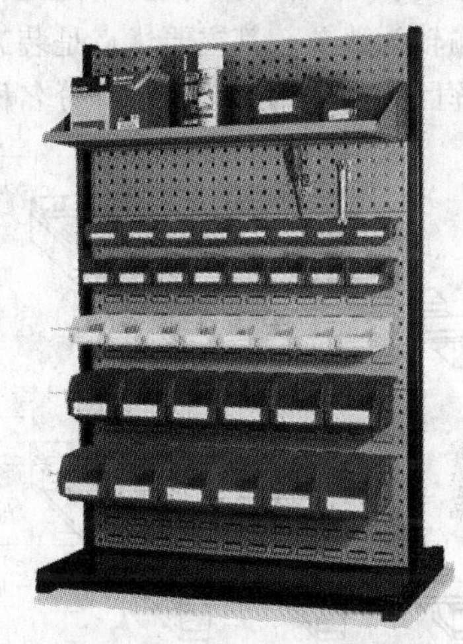

图 1—2—19　屏挂式货架

11. 旋转式货架

旋转式货架（见图 1—2—20）设有电力驱动装置（驱动部分可设于货架上部，也可设于货架底座内），货架沿着由两条直线和两条曲线组成的环形轨道运行，由开关或用小型电子计算机操纵。存取货物时，将货物所在货格编号通过控制盘按钮输入，该货格则以最近的距离自动旋转至拣货点停止。旋转式货架拣货路线短，拣货效率高。

三、常见的堆放设备

配送中心中常见的堆放设备是托盘和周转箱（物流箱）。

1. 托盘

托盘是最基本的物流器具，是指用于集装、堆放、搬运和运输的放置单元负荷的货物和制品的水平平台装置。它是静态货物转变成动态货物的载体，是装卸搬运、仓储保管及运输过程中均可利用的工具。它与叉车配合利用，可以大幅度提高装卸搬运效率；用托盘堆码货

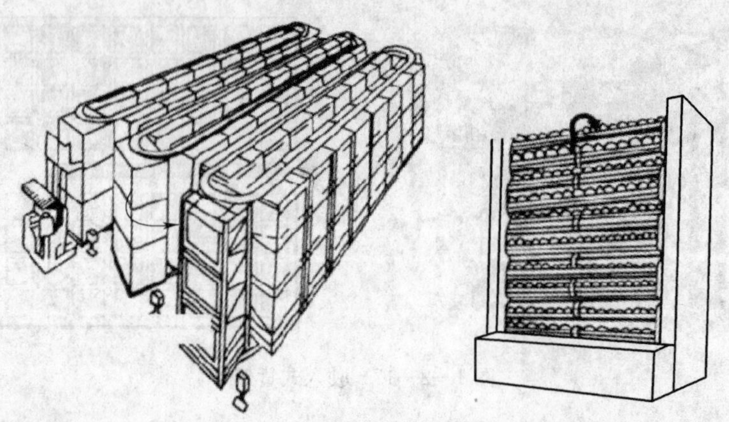

图 1—2—20　旋转式货架

物，可以大幅度增加仓库利用率；一贯托盘化运输，可以大幅度降低成本。托盘的利用最初始于装卸搬运领域，目前，托盘单元化包装、托盘单元化保管、托盘单元化装卸搬运、托盘单元化运输较为普及，其主要优点是装卸速度快，货损、货差少。在整个物流系统活动中，托盘能发挥巨大的作用。托盘各部分名称如图 1—2—21 所示。

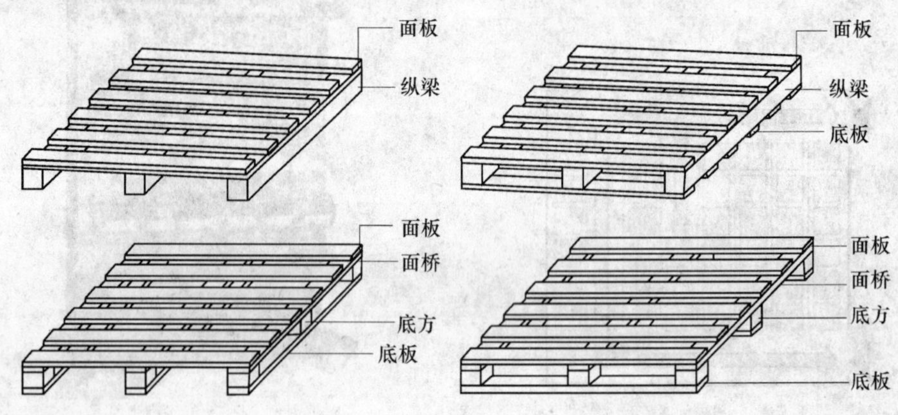

图 1—2—21　托盘各部分名称

我国托盘规格与国际标准化组织规定的通用尺寸是相一致的，主要有三种规格，分别为：1 000 mm×800 mm、1 200 mm×800 mm、1 200 mm×1 000 mm。根据配送中心不同的使用场合，托盘可分为不同的类型。

托盘按结构可以分为：平板托盘、箱型托盘、柱式托盘、折叠式托盘（见图 1—2—22）。其中平板托盘最为常见与常用。

托盘按材料可以分为：塑料托盘、金属（钢质）托盘、木质托盘、纸质托盘，如图 1—2—23 所示。其中纸质托盘多采用高强度蜂窝纸芯与高强度卡纸、纤维板组合而成。它利用可靠的力学原理来实现托盘的力学性能，以满足常规运输的要求。纸质托盘均为一次性托盘，具有质量轻、成本低、出口免检、处理简便等特点；其缺点在于承载力较小。

另外，托盘还有单面型、单面使用型、双面使用型、双面叉入式、四面叉入式等类型，如图 1—2—24 所示，其中四面叉入式托盘最为常见。

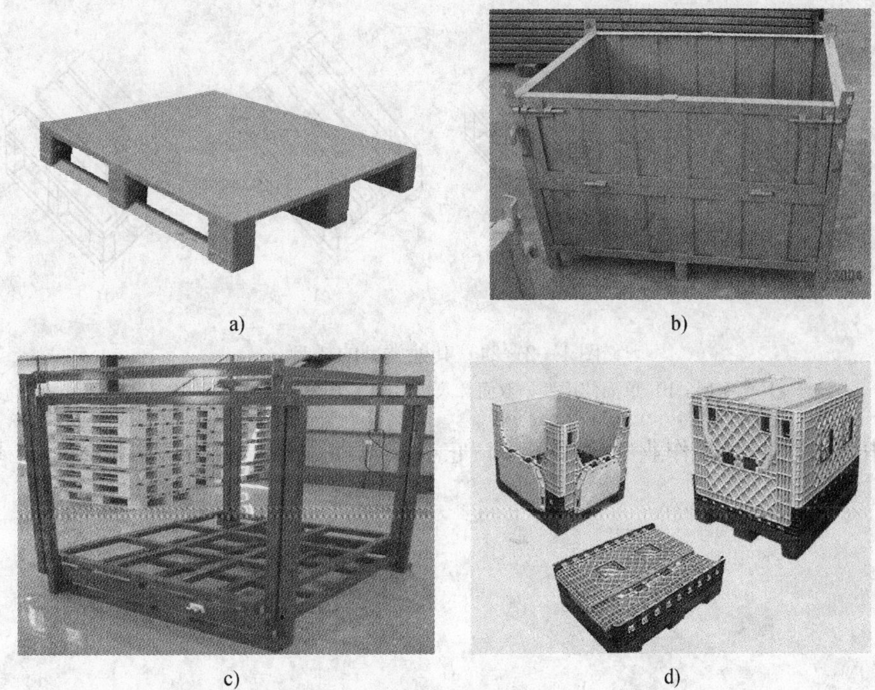

a)　b)　c)　d)

图 1—2—22　按结构分类的托盘

a）平板托盘　b）箱型托盘　c）柱式托盘　d）折叠式托盘

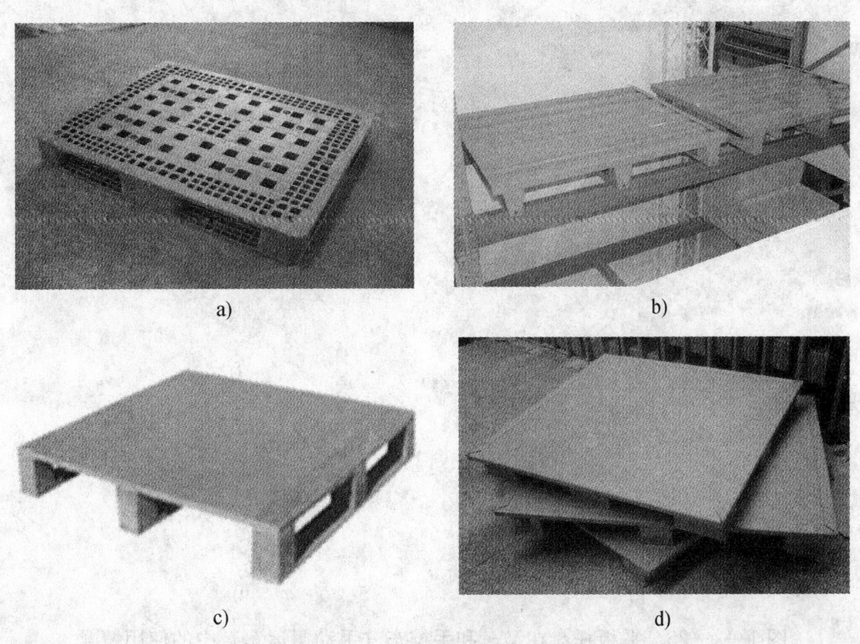

a)　b)　c)　d)

图 1—2—23　按材料分类的托盘

a）塑料托盘　b）金属（钢质）托盘　c）木质托盘　d）纸质托盘

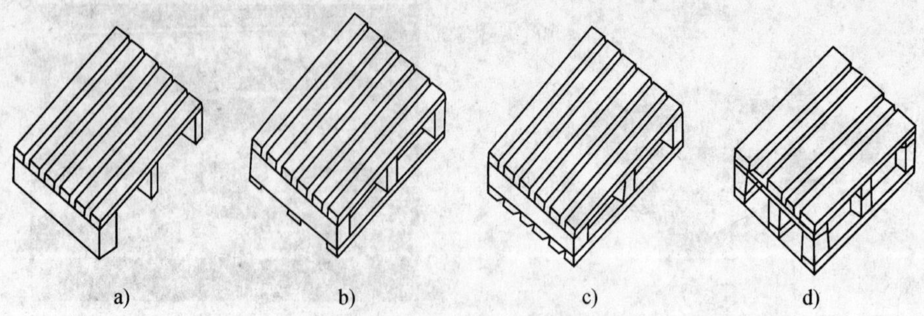

图 1—2—24　其他类型的托盘

a）单面型　b）单面使用型、双面叉入式　c）双面使用型　d）四面叉入式

平板托盘在实际物流作业中运用最多，它在叉车和手推车中的使用情况如图 1—2—25 所示。

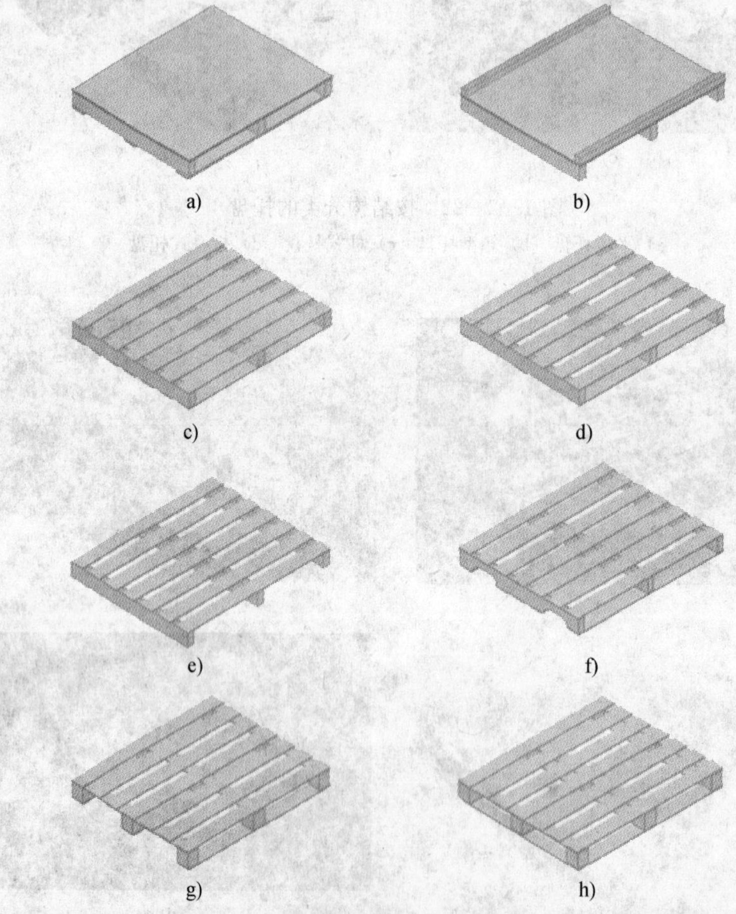

图 1—2—25　平板托盘在叉车和手推车（手动搬运车）中的使用情况

a）单密面、两边铲入　b）单密面、方档连接、两边铲入　c）底面两用、两边铲入

d）单面、两边铲入　e）单面、平头、两边铲入　f）单面、开凹位、四边铲入

g）单面、三字底、四边铲入　h）单面、日字底、四边铲入

2. 周转箱

周转箱也称物流箱，广泛用于机械、汽车、家电、轻工、电子等行业，能耐酸、耐碱、耐油污，无毒无味，可用于盛放食品等，清洁方便，零件周转便捷，堆放整齐，便于管理。其设计合理，品质优良，适用于工厂物流中的运输、配送、储存、流通加工等环节。可根据用户需求定做各种规格、尺寸，铝合金包边，可加盖，防尘，外形美观大方。一般中空板周转箱根据客户提供的尺寸设计制作，做到最合理装载，并可多箱重叠，有效利用厂房空间，增大零部件储存量，节约生产成本。配送中心常用的周转箱如图 1—2—26 所示。

图 1—2—26 常用周转箱

四、常见的配送车辆

在配送中心内，最常见的配送车辆是厢式货车。厢式货车又称厢式车，如图 1—2—27 所示，主要用于全密封运输各种物品。特殊种类的厢式货车还可以运输化学危险物品。厢式货车具有机动灵活、操作方便、工作高效、运输量大、充分利用空间、安全、可靠等优点，有后开门、左右开门、全封闭、半封闭多种类型。

图 1—2—27 厢式货车

厢式货车按照载重量多少可划分为：小型货车（载重量在 5.5 t 以下）、中型货车（载重量在 7.5～13 t）和重型货车（载重量在 16～30 t）。

思考与练习

1. 常见的装卸搬运设备有哪些？
2. 配送中心常用的叉车有哪些？试分析比较各种叉车的优缺点。
3. 常见的存储设备有哪些？在选用时应该注意哪些问题？
4. 常见的堆放设备有哪些？
5. 叉车与托盘配合使用时应注意哪些问题？

任务 3　配送中心组织结构、岗位职责与业务流程

学习目标

1. 了解配送中心的组织结构
2. 了解配送中心的入库、理货、拣货、送货等关键岗位职责
3. 了解配送中心的典型业务流程

一、配送中心的组织结构

物流配送企业的内部组织结构一般由行政部门、职能部门、仓库部门、信息中心、财务部门、运输部门等组成，其组织体系框架如图 1—3—1 所示。

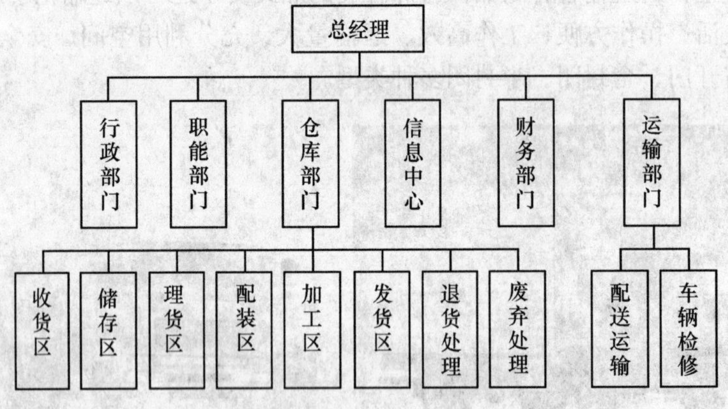

图 1—3—1　配送中心的组织结构

针对具体仓库部门与运输部门，配送中心的人员组织结构大致可分为金字塔型、参谋型、矩阵型以及运用型四种。

1. 金字塔型组织结构

金字塔型组织结构是按配送的基本职能来层层划分的，在这种形式下，下级对上级负责，上级的工作内容是监督下级，配送中心经理负责所有的活动，如订货、库存、运输、配货、客户服务等，其结构如图 1—3—2 所示。

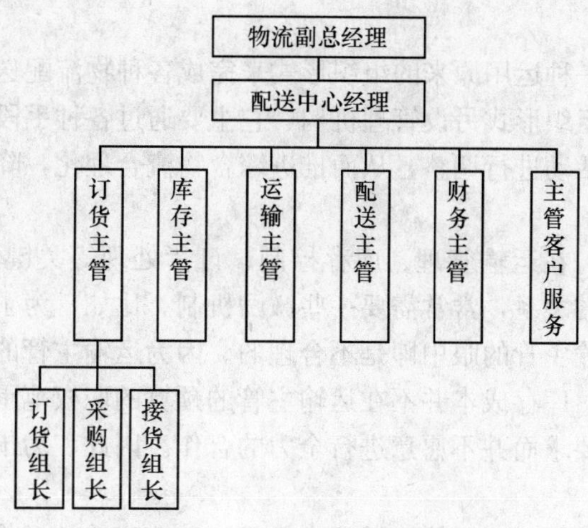

图 1—3—2　金字塔型组织结构

2. 参谋型组织结构

参谋型组织结构是一种由有关物流活动的参谋组织单独履行参谋职能，而基本的物流活动还是在配送中心进行的组织结构。参谋组织主要是计划、预测、客户服务、技术及成本分析等方面为配送中心经理决策提供参谋和建议，其结构如图 1—3—3 所示。

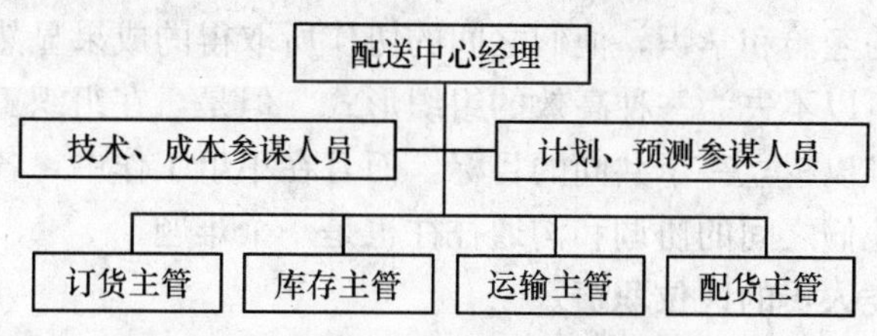

图 1—3—3　参谋型组织结构

3. 矩阵型组织结构

在矩阵型组织结构中，配送中心的计划与运作往往贯穿于配送中心的各项职能之中，配送中心经理负责整个配送系统的管理，但对其中的活动并没有直接的管辖权。配送中心分享职能部门的决策权，各项费用的支出既要通过各职能部门的审查，又要通过配送中心经理的审查，各部门协调合作以完成特定的配送作业，其结构如图 1—3—4 所示。

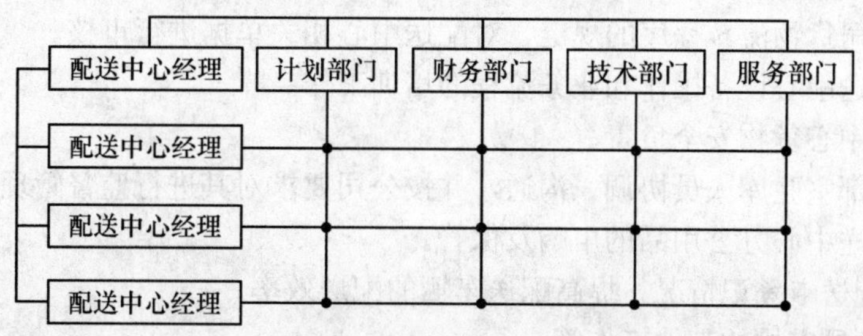

图 1—3—4　矩阵型组织结构

4. 运用型组织结构

运用型组织结构是一种运用原来的组织形式来完成各种物流配送活动和改善配送作业的组织结构，不必为这种组织形式另设管理机构，它主要通过各种手段和控制，以及采纳外聘专家的意见，对物流诸活动进行调整，从而推进综合物流合理化，降低物流成本。它的运作有如下特点。

（1）建立激励机制。在运输管理、库存控制、订货处理等关键活动分归不同部门管理时，为了协调它们之间的关系，常常需要一些激励机制。比如，为了降低库存成本而导致的运输费用的上升，在运输主管的眼中即是不合理的。因为运输主管的成绩主要是靠运输成本与预算的比较来体现的，库存成本并不在运输主管的预算的职权范围内，这可能导致主管人员为了完成自己的预算要求而并不愿意进行全力的合作。因此，为了促进合作，常需要一些其他的激励机制。

（2）协调委员会和工作小组。协调委员会也是一种非正式的运作型组织。协调委员会的成员由各主要环节的人员组成，委员会提供了沟通的方式，有利于各环节的合作，是解决协调问题的一种简单直接的方式。与协调委员会类似的一种非正式组织是工作小组，工作小组的重心是对交叉职能的工作进行安排和管理。协调委员会和工作小组都可以解决特定状况下出现的问题，比如，新的物流设施选址问题等。但协调委员会一般是为实施某些特定的任务而组建的。工作小组则是一个以完成基本工作为目标的相对固定的组织形式。小组成员来自不同的背景，有不同的经验和学识，他们之间的协作所取得的成果显然比成员各自的技能简单相加要有效得多，所以不失为一种高效的组织形式。但是，在组织工作小组时却常常会遇到一些障碍。比如，难以树立一个共同的目标，而且在小组工作中，各人之间的职责和权利分配难以清晰界定，他们之间的协调和沟通往往也是一个难题。

二、配送中心各类人员的岗位职责

以金字塔型组织结构的配送中心为例，它所涉及的主要管理岗位与基层操作岗位及其职责大致概述如下。

1. 配送中心经理岗位职责

（1）筹划和协调配送中心的具体工作。

（2）确保公司各项规章制度在配送中心贯彻落实。

（3）审订和修改配送中心的工作规程和管理制度。

（4）检查和审核配送中心员工的工作进度和工作绩效。

（5）根据公司货物流转程序的规定，对配送中心相关单据进行审核。

（6）负责配送中心设备操作和业务流程的培训工作。

（7）对配送中心货物安全负责。

（8）与其他部室驻库人员协调、沟通，并按公司要求对其进行监督管理。

（9）负责配送中心办公用品的申购及保管。

（10）了解配送卡登记情况，提高配送车辆的配送效率。

（11）完成领导安排的其他工作等。

2. 配送中心主管岗位职责

（1）主要负责安排仓库工作人员的日常工作，执行并监控配送中心作业流程及各项制度的实施，对仓库的正常运作负责。

（2）准确记账、报账，加强与台账的日对应与月盘点核查，与财务部门进行定期对账。

（3）合理对货位进行安排，做到货物码放整齐、清晰、便于操作，确保库容得到最充分的利用。

（4）提高仓储管理水平，提高提货客人的满意度，积极维护与库房相关单位的良好关系，确保突发问题的及时顺利解决。

（5）想方设法提高库房各项资源的利用率，降低单位成本。

（6）努力改善各项操作规程、管理工具的方法，使企业的服务更趋合理完善。

（7）提高自身业务水平和对下属员工进行必要的岗位知识培训，同时对下属员工工作进行激励及评估。

（8）按时完成上级经理交办的其他任务。

3. 入库验收员岗位职责

（1）货物入库前，入库验收员必须对照采购单，对照货物名称、规格、数量、送货单位和发票等一一进行清点核对，确认无误后，将到货日期及实收数量填入请购单。

（2）负责核对进货单与进货货物，详细检查进货货物的品名、规格、数量、重量。

（3）负责以货物的标志规定检查商标。

（4）负责检查货物的标志日期是否即将过期或已过期。

（5）负责对入库货物的外观进行检查。

（6）拒收仿冒货物及违禁品。

（7）按时完成上级主管交办的其他任务。

4. 入库管理员岗位职责

（1）负责货物入库过程中人员的选派与相关工具的选用，并安排工具使用时段与人员的工作时间、地点、班次等。

（2）负责制定货物入库管理制度及工作流程。

（3）对货物进行合理、安全存放。

（4）建立货物入库台账，每日进行货物入库记录及统计。

（5）严格按照手续办理货物入库。

（6）对退货及换货货物进行统计。

（7）按时完成上级主管交办的其他工作。

5. 保管人员岗位职责

（1）及时整理和清理储位，留足进货空间。

（2）配合进货部组织入库作业。

（3）堆码货物，确定货位并编号。

（4）随时点验货物，掌握货物储存动态。

（5）配合加工部开展加工作业，或配合组配部对出库货物进行分拣。

（6）按时完成上级主管交办的其他任务。

6. 养护员岗位职责

（1）主要负责对库存货物的养护工作。

（2）把好货物入库关，严格审查货物入库手续，防止不合格品入库。

（3）对入库货物进行合理堆垛苫垫，做到堆垛合理、安全牢固。

（4）掌握库存货物的商品性能，适当安排储存场所。

（5）加强仓库的温度和湿度管理，保持货物储存的合理温度和湿度。

（6）采取适当的措施，防止库存货物的霉变和腐蚀。

（7）对库存的特殊货物，根据其特性要求，采取相应的措施，保证货物在库存期间数量完整，质量完好。

（8）定期检查库容，保持仓库的卫生和清洁，防止鼠害和虫害。

（9）定期检查仓库设施、设备的运转情况，保证库区的储存条件处于良好的状态。

（10）按时完成上级主管交办的其他任务。

7. 加工人员岗位职责

（1）负责对货物进行分装、组合和贴标签、刷条形码等加工作业。

（2）负责对特定的货物进行特定的加工。

（3）按时完成上级主管交办的其他任务。

8. 搬运员岗位职责

（1）做好与上一道工序的衔接和配合，保证货物入库和出库的移动和搬运中不发生各种不合理的停顿。

（2）按照搬运业务规定进行，搬运货物时做到轻拿轻放，不野蛮搬运和装卸。

（3）根据各种货物的不同特性，合理选择和使用搬运作业设备和工具，做好日常维护和保养。

（4）根据特殊货物对搬运作业的要求，作出搬运作业设计，合理安排搬运人员和设备。

（5）加强搬运作业的安全生产管理，不发生各种安全事故。

（6）按时完成上级主管交办的其他任务。

9. 理货员岗位职责

（1）主要负责货物整理、拣选、配货、包装、复核和货物交接、验收、整理、堆码等。

（2）核对货物的品种、数量、规格、等级、型号和重量。

（3）按照凭单上的内容拣选货物。

（4）对拣选出的货物进行仔细复核。

（5）检验货物的包装、标志，对出货待运的货物进行包装、拼装、改装或加固包装，对经拼装、改装和换装的货物填写装箱单。

（6）在出库货物的外包装上标注收货人的标记。

（7）按货物的运输方式、流向和收货地点将出库货物分类整理、分单集中，填写货物起运单，通知运输部门提货发运。

（8）对货物进行搬运、整理、堆码。

（9）办理货物交接手续。

（10）按时完成上级主管交办的其他任务。

10. 配货人员岗位职责

（1）在储存部的配合下对出库货物进行分拣作业。

（2）按客户要求或方便运输的要求，将分拣出的货物进行分开放置。

（3）按照货物本身特性、订货单位分布情况和送货车辆状况，对货物进行组合配装。

（4）按时完成上级主管交办的其他任务。

11. 出库管理员岗位职责

（1）负责货物出库过程中人员的选派与相关工具的选用，并安排好工具的使用时段，以及人员的工作时间、地点、班次等。

（2）严格按照出库凭证发放货物，做到卡、物、账相符。

（3）对货物进行严格的复查，当出库货物与所载内容不符合时应及时处理，视具体情况对出库货物进行加工包装或整理。

（4）严格监督装载的货物上车，并进行现场管理。

（5）按时完成上级主管交办的其他任务。

12. 接单人员岗位职责

（1）汇总要货订单，确定配送所需要的货物种类和数量。

（2）查询现有库存货物的情况。

（3）制作缺货清单并组织订货。

（4）组织人力、物力接收供应商送达的货物。

（5）按时完成上级主管交办的其他任务。

13. 机务员岗位职责

（1）负责配送中心使用的仓储设施设备、装卸搬运设施设备、货物养护设施设备和运送车辆等的保养和维护，保证设备处于正常使用状态。

（2）制订合理的设备和车辆使用、保养、维护计划，执行设备的预防保养制度。

（3）定期检查各种在用的设施设备，及时发现设施设备使用中的各种事故隐患，保证生产安全。

（4）加强技术改造，节约设备的运营费用，降低仓储成本。

（5）对机械设备操作员进行定期的技术培训。

（6）按时完成上级主管交办的其他任务。

14. 库存控制员岗位职责

（1）负责对现有库存的详细分析，内容包括资金占用量及入库控制、储位管理、现存货分布等。

（2）随时掌握库存相关详细数据，加强对库存量的控制及其跟踪管理。

（3）根据商品现有库存量、采购提前期等数据确定各类货物的经济订购批量和订购时间。

（4）做好对仓库货物的定期盘点和循环盘点监督，确保对仓库库存货物的数量管理控制一步到位。

（5）在实际调查、理论分析、掌握数据的基础之上，编制合理的库存计划，最大限度地降低库存成本。

（6）按时完成上级主管交办的其他任务。

15. 仓储会计岗位职责

（1）协助财务主管制订库存计划、财务预算、监督计划。

（2）负责财务核算、审核、监督工作，按照企业及政府有关部门的要求，及时编制库存财务报表并报送相关部门。

（3）负责员工报销费用的审核、凭证的编制和登账。

（4）对已审核的原始凭证及时填制记账凭证并记账。

（5）寻求降低成本的途径及方法，控制库存费用支出及企业税收。

（6）执行财务主管委派的各类财务工作。

（7）对月度现金流量进行预测、成本核算，准备预测的相关报告。

（8）管理和监督出纳人员的工作。

（9）按时完成上级主管交办的其他任务。

16. 仓库值班员岗位职责

（1）熟悉业务，认真钻研，提高业务水平，积极妥善地处理好职责范围内的一切业务。

（2）坚守工作岗位，不做与值班无关的事项，不得擅离职守。

（3）对于重大、紧急和超出职责范围内的业务，应及时地向上级业务指挥部门、企业领导汇报和请示，以便把工作做好。

（4）加强安全责任，保守机密，不得向无关人员泄露有关仓库内部的情况。

（5）维护好值班室秩序与环境，严禁他人在工作时间大声喧哗，禁止无关人员随便进入。

（6）按规定时间交接班，不得迟到早退，并在交班前写好值班记录，以便分清责任。

（7）遇有特殊情况需要代班或换班者必须经主管同意，否则责任自负。

（8）按时完成上级主管交办的其他任务。

三、配送中心的业务流程

配送中心的特性和规模不同，其运营涵盖的作业项目和作业流程也不完全相同，但其基本作业流程大致可以归纳如下，如图1—3—5所示。

配送中心作业流程主要可分为入库验收作业、在库管理作业、出库发货作业、配送运输作业等模块，下面简单介绍其中的几个比较典型单一的作业流程。

1. 进货作业

进货作业是指对货物实体上的接收，从货车上将货物卸下，并核对该货物的数量及状态（数量检验、品质检验、技术检验、开箱检查等），然后将必要信息书面化。它既是配送的基础环节，又是决定配送成败与否、规模大小的最基础环节，同时，也是决定配送效益高低的关键环节。具体进货作业流程如图1—3—6所示。

2. 拣货作业

拣货作业是指根据客户的订货要求或配送中心的送货计划，迅速准确地将货物从其储位或其他区域拣选出来，并按一定的方式进行分类集中，等待配装送货的作业过程。在配送作业的各个环节中，拣货作业是非常重要的一环，它是整个配送中心作业系统的核心工序。具体拣货作业流程如图1—3—7所示。

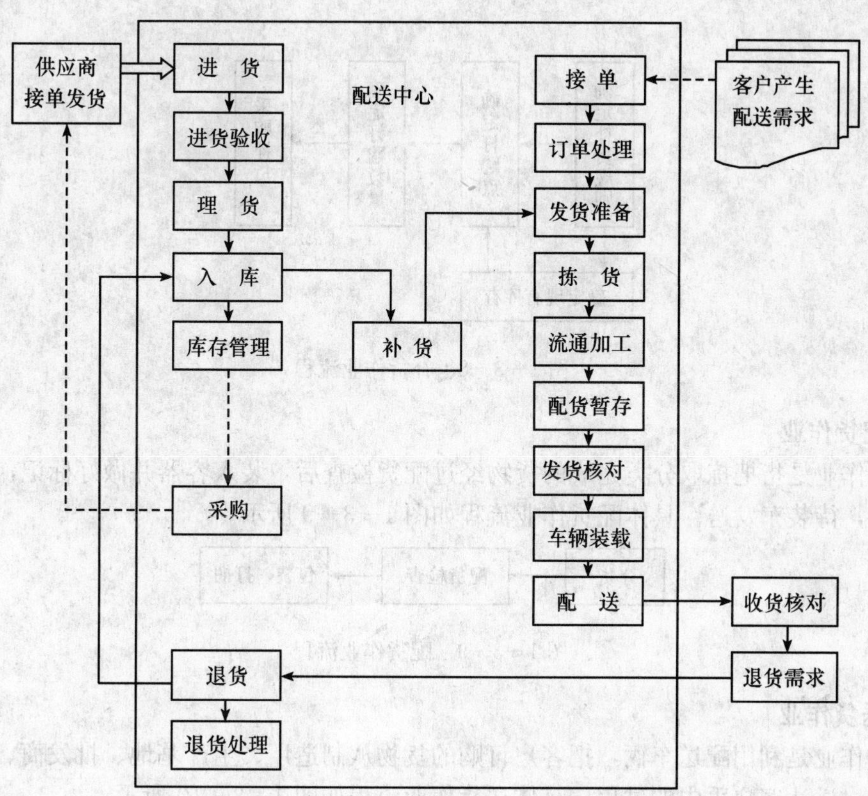

图 1—3—5 配送中心作业流程

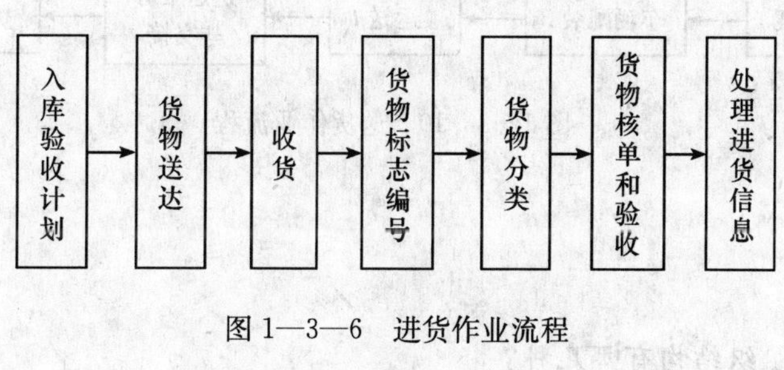

图 1—3—6 进货作业流程

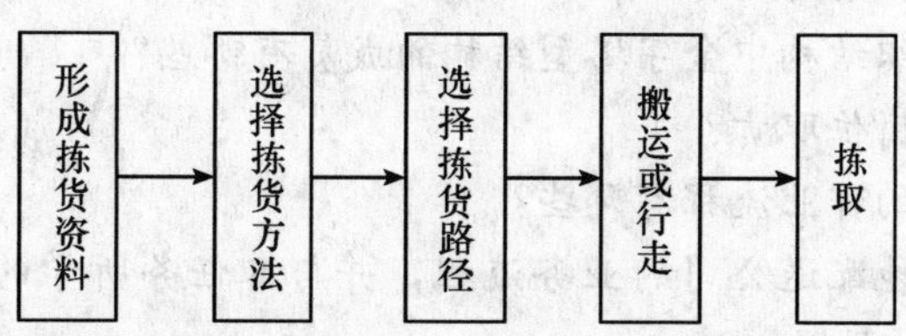

图 1—3—7 拣货作业流程

3. 补货作业

补货作业的目的是保证拣货区库存水平，确保充足的货源供应。补货通常是以托盘为单位，从货物保管区将货物移到拣货区的作业过程。具体补货作业流程如图 1—3—8 所示。

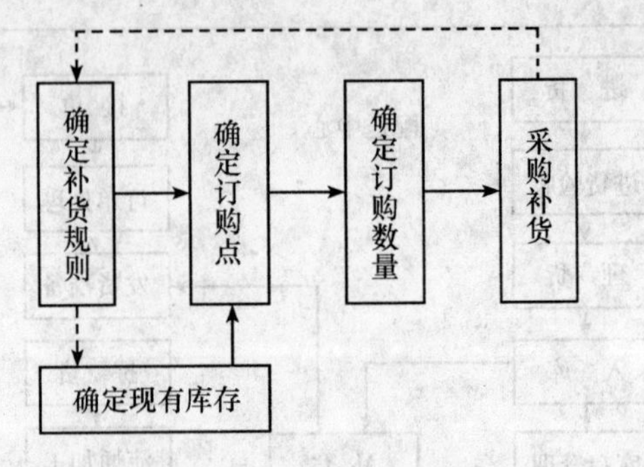

图 1—3—8　补货作业流程

4. 配货作业

配货作业是指把拣取分类完成的货物经过配货检查后，装入容器并做好标记，再运到配货准备区，待装车发送。具体配货作业流程如图 1—3—9 所示。

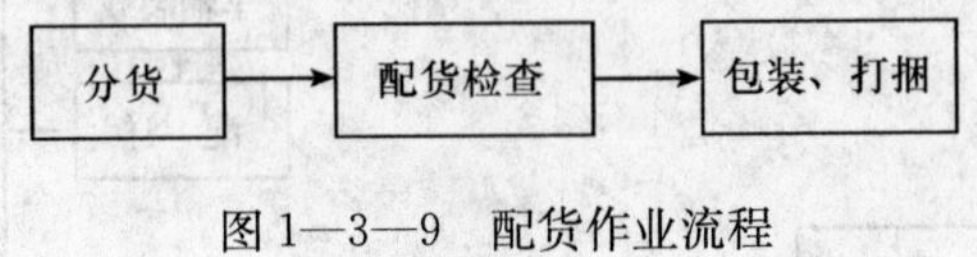

图 1—3—9　配货作业流程

5. 送货作业

送货作业是利用配送车辆，把客户订购的货物从制造厂、生产基地、批发商、经销商或配送中心，送达客户手中的过程。具体送货作业流程如图 1—3—10 所示。

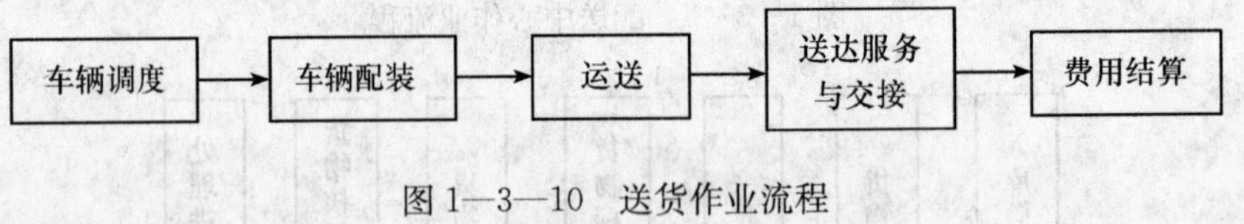

图 1—3—10　送货作业流程

思考与练习

1. 配送中心的组织结构有哪几种？
2. 配送中心人员组织结构中金字塔型结构的成员有哪些？
3. 配送中心有哪些岗位职责？
4. 配送中心中典型的作业流程有哪些？
5. 实地调研一家本地配送公司的业务流程，并与本任务所学的流程进行对比，如果存在区别，讨论可能存在的原因。

模块二

配送中心入库业务

任务1　配送中心入库验收作业

学习目标

1. 掌握入库验收作业的组织原则
2. 掌握入库验收作业的质量验收方法
3. 掌握入库验收作业的数量验收方法
4. 掌握入库验收作业的异常问题处理方法

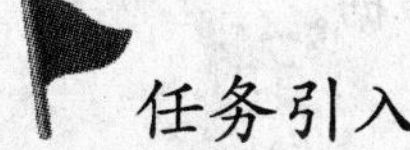

任务引入

深圳 WL 物流公司的配送中心于 2011 年 7 月 12 日向东莞 DF 供应商发出了食品与日用品的入库通知单（见表 2—1—1），DF 供应商根据入库通知单准备了货物与送货单（见表 2—1—2），并于 2011 年 7 月 15 日送达该配送中心。作为该配送中心的入库验收员，应该如何处理这批入库货物？

表 2—1—1　　　　入库通知单

深圳 WL 物流公司入库通知单（订货单）

订单编号：20110711001

至：东莞 DF 食用品有限公司　　　　2011 年 7 月 12 日

编号	货物条形码	货品名称	规格	单位	数量	包装	备注
1	6921568022	葱香排骨面	80 g	盒	960	24 盒/箱	
2	6933568156	凉茶	310 mL	罐	480	24 罐/箱	
3	6903568512	健康沐浴露	1 L	瓶	240	12 瓶/箱	
4	6953568225	花生牛奶	250 mL	瓶	720	24 瓶/箱	

制单人：赵某　　收货地址：深圳市福田区福强路×××号　　电话：(0755) ××××××××

表 2—1—2　　　　送货单

东莞 DF 食用品有限公司送货单

送货编号：20110711001

至：深圳 WL 物流公司配送中心　　　　2011 年 7 月 15 日

送货地址：深圳市福田区福强路×××号　　　　电话：

编号	货物条形码	货品名称	规格	单位	送货数量	实收数量	备注
1	6921568022	葱香排骨面	80 g	盒	960		
2	6933568156	凉茶	310 mL	罐	480		
3	6903568512	健康沐浴露	1 L	瓶	240		
4	6953568225	花生牛奶	250 mL	瓶	720		

制单人：　　　　送货人：　　　　收货人：

注：一式三联。一联供应商存根，一联配送中心存根，一联财务核算部存根

任务分析

本任务为典型的入库验收作业，在学习了模块一中的配送中心常见的仓储设施设备、入库验收员岗位职责及配送中心基本业务流程的基础上，完成入库验收任务。操作要点如下。

（1）入库验收准备，包括人员准备、单证准备和工具设备准备。

（2）核对单证，进行入库验收作业，包括数量验收和质量验收。

（3）处理入库验收过程中的异常问题，并填写送货单，制作入库验收单据。

相关知识

一、入库验收作业的必要性

货物入库验收作业是货物验收准备、入库验收、异常问题处理、验收交接等的总称。入库验收作业对配送中心来说相当必要，原因如下。

1. 由于入库货物的来源复杂、运输条件存在差异、包装质量不同，在发货时及运输途中，数量和质量可能会产生变化。为确保入库货物数量的准确与质量的完好，必须对入库货物进行认真、细致的验收。

2. 通过货物入库验收，可以发现问题，明确责任，提供处理依据，同时也是配送中心提出拒收、退货、索赔的依据。

二、入库验收作业的组织原则

入库验收作业是配送作业的基础环节之一，只有保证入库验收作业的顺利进行，才能有效地保证整个配送的畅通，以提高配送效率，降低配送成本。所以，入库验收作业的组织原则就是要保证入库验收作业的顺利进行，圆满地完成入库计划。在规划入库验收作业计划时，一般应注意掌握以下原则。

1. 尽可能将多样活动集中在同一个工作站，以节省空间和时间。

2. 尽可能平衡停泊装卸站台的配送车。例如，按照进出货需求状况制定配车排程，不要将耗时的入库作业放在高峰时间。

3. 利用配送车司机卸货，以减轻公司作业员的负担，避免卸货作业的拖延。

4. 使码头、站台至储货区的活动尽量保持直线流动。

5. 根据相关性安排活动，使距离最小化或减少步行的机会。

6. 将人力安排在高峰时间，使货物能维持正常迅速的移动。

7. 考虑使用可流通的容器，以减少更换容器的动作。

8. 考虑后续存取及方便查询的需要，应详细记录进货单据。

9. 对于小量进货宜安排小车。

三、入库验收作业的基本要求

1. 认真及时

货物的验收工作直接关系到企业的经济利益，影响到货物的存放与养护。因此，配送中心入库验收员必须以高度的责任心，认真及时地对入库货物进行验收，提交验收结果，以保证货物尽快入库。如果验收时发现到货数量不对，质量不符合要求，要进行退货、换货或向对方提出索赔时，均应在规定期限内提出，否则，超过规定期限（尤其是进口货物），银行不予办理手续，超过索赔期限，供货方也不予负责。因此，验收工作必须抓紧，应在一定期限内完成。

2. 质量完好

要求包装完好，货物质量、规格、型号、等级符合合同规定的要求。

3. 准确

对于入库货物的数量、规格、质量、品名及配套情况等的验收，要求做到准确无误，如实地反映货物当时的实际情况，不能带有主观偏见和臆断。要严格按照合同规定的标准进行验收。在对进口货物验收时，必须坚持实事求是的原则，做到有理、有利、有节，划清责任，严格按照规定验收。需提出索赔时，根据要充分，理由要充足。

4. 程序规范

按验收程序，根据单证核对实物，检验货物的数量和质量，做好验收记录，处理验收中发现的问题。

四、入库验收作业的流程

货物入库验收的程序包括验收准备、验收实物、填写单证、异常事件处理等过程。货物入库验收包括质量验收和数量验收两个方面。

1. 验收准备

（1）初步了解货物的品种、产地、特性、规格、型号、数量、计量方法，做到心中有数。

（2）准备相应的检验工具、装卸搬运工具，并检查工具的准确性。

（3）准备好全部验收凭证和资料。

（4）安排搬运人员与验收人员，确定堆放地点，选择合理的堆放方法，准备好苫垫材料等。

2. 核对单证

(1) 必须核对的单证包括存货单位提供的入库通知单、订货合同等。入库通知单是仓库据以接收货物的主要凭证。由于货物来源复杂，其入库单的式样、名称也不相同，但无论何种入库单均应具备来源、收货方、配送方、货物名称、品种、数量、规格、单价、实收数、制单时间、收单时间及验毕时间等内容，供货合同是供需双方执行货物供应协作任务并承担经济责任而签订的协议书，具有法律效力。因此，仓库应严格按合同收入货物。

(2) 核对供货单位提供的质量证明书或合格证、装箱单、磅码单和发货明细表等。

(3) 运输单位提供的运单，若入库前发现货物在运输中有残损情况时，还必须有普通记录或商务记录。

核对单证就是将上述单证加以整理并核对。供货单位提供的质量证明书、合格证、发货明细表等均应与合同相符。

3. 入库验收作业

(1) 质量检验。质量检验应根据国家（或合同或企业）规定的标准来检验。例如，国产电器销售包装上应标明有关标志内容（产品名称、规格型号、商标、产品重量和包装细数、色别标志、包装外形尺寸、储存与运输注意事项和标志、制造厂名和厂址），要有产品认证合格证书、厂家生产许可证、产品说明书、合格证明和保修卡等。

质量检验包括货物的内在质量检验和货物的外观质量检验。质量检验的方法主要有理化检验法和感官检验法，前者用于货物内在质量检验，后者用于货物外观质量检验。对于技术性较强的物理、化学、力学性能等内在质量检验，一般由专门的质量检验部门进行化验和测定，并做好记录。配送中心入库验收员一般只对入库货物进行外观质量的检验。

入库验收员通过感官或简单仪器检查货物的外观质量。例如，货物外观是否完整、变形、破裂、损坏，货物是否受潮、沾污、腐蚀、霉烂，零部件是否齐全无缺，食品是否变质过期、霉烂。

1) 仪器检验。仪器检验是利用各种试剂、仪器和机器设备，以货物的规格、成分、技术标准等进行物理、化学和生物性能分析。为弥补感官检验的不足，提高验收效率，入库验收员应根据货物性能和特点，采用不同的验收方法。

2) 感官检验

①视觉检验。主要是观察货物的外观质量，看外表有无异状。如针织品的变色、油污，竹、木制品、毛织品的生虫，金属制品的氧化、生锈，药品水剂的浑浊、沉淀、渗漏、盛器破损等。操作中还可根据货物的不同特点采用不同的方法，以提高工效。

视觉检验在具体操作过程主要有两种：包装检验与开箱检验。

a. 包装检验。货物在运输和销售过程中一般都有包装，包装的好坏与黏温、对货物的安全储存、运输有着直接的关系。所以，对货物包装必须严格进行验收。检查货物包装是否完好，是否有损坏、污渍、水渍情况；包装的货物名称、标志、规格型号是否与货单上写明的品牌相同；货物的规格、等级是否符合合同的要求。

检验外包装时要特别注意：第一，人为的撬起、挖洞、开缝，通常是被盗的痕迹；第二，水渍、黏温是雨淋、渗透或货物本身出现潮解、渗漏的表现；第三，污染，是由于装配不当，引起货物间互相沾污、染毒或货物本身腐败所致；第四，由于包装、结构性能不良或在装卸搬运过程中乱捧乱扔、摇晃碰撞而造成包装破损。

包装材料的含水量（见表 2—1—3）是影响货物保管质量的重要指标，一些包装物含水量高，表明货物受损害的可能性也比较大，需要多次检验。

表 2—1—3　　各种包装材料的含水量

包装材料	含水量	说明
木箱	18%～20%	内装易霉、易锈货物
	18%～23%	内装一般货物
纸箱	12%～14%	五层瓦楞纸的外包装及纸板衬垫
	10%～12%	三层瓦楞纸的外包装及纸板衬垫
胶合板箱	15%～16%	
布包	9%～10%	

b. 开箱检验。开箱检查货物的外观质量、货物名称、商标、型号、规格、等级是否相符；有无厂名、厂址、生产日期；包装箱内应随带的资料是否齐全（如产品合格证、使用说明书、装箱单、保修卡等）。

②听觉检验。通过轻敲某些货物，细听发声，鉴别其质量有无缺陷。如以原箱尚未开盖的热水瓶为例，可转动箱体，听其内部有无玻璃碎片撞击声，从而辨别有无破损。

③触觉检验。一般直接用手探测包装内货物有无受潮、变质等异状。如针、棉织品是否受潮、有无发脆，胶质品、胶囊剂类货物有无溶化、发黏。

④嗅觉、味觉检验。工作人员用鼻和舌鉴别货物有无发生变质或串味等现象。如检验香水等有无挥发失香，茶叶、香烟有无异味等。一些老验收员经过多年的实践和摸索，在感官检验货物方面积累了很多经验，可归纳为一看、二摇、三摸、四嗅。

（2）数量检验。数量检验应根据发货单位规定的计量单位来进行。如发货单位规定按重量交货的货物，应过磅验收；对规定按件（台）交货的货物，应点件（台）数验收。

数量检验应先按运输包装点验货物的件数、重量，根据包装细数推算全部货物的数量后，再开箱点验每箱内装货物的数量。

开箱点验分为全检和抽验。

对运输包装破损的货物，或批量小、规格多、包装不整齐的货物，或贵重的货物，应该打开全部运输包装和销售包装点验数量，以全检结果作为实收数量。

对批量大、包装规格统一的货物，或对销售包装完好严密、打开包装易损坏或不易恢复原包装的货物，或对按件标明内装数量的货物，可以采取抽查点验的方法（简称抽验），一般抽查率为 5%～15%，以抽查数推算全部验收货物的数量。

确定抽查比例的大小，通常考虑货物的性能、价值、包装好坏、厂商信誉、生产技术、生产时间、气候状况、运输工具与方式等因素。对易腐易损货物及尚未掌握性能的新产品要多抽查；对价值低的原材料、粗制品要少抽查。反之，对贵重货物要多抽查；对包装质量较差的货物要多抽查；对生产日期较久、较接近保质期的货物要多抽查；对长途运输、中转环节较多的货物要多抽查。如果在抽查中发现问题，应扩大抽查比例，甚至全部开箱检查。

1）计重货物的点验方法

①衡器验斤。对散装计重的货物，卸载时每次整车称量毛重、皮重，计算净重；对按件计重的货物，用平均除皮和三重核实两种方法。

a. 平均除皮法。如果包装规格不一、轻重不同，可随机抽取称量部分货物，计算平均皮重，以总毛重减去总皮重得到总净重。

b. 三重核实法。如果包装标准统一，并标明毛重、皮重、净重，可通过随机抽取称量部分货物，检验其是否与包装上标明的“三重”相符，如误差在允许范围内，则按包装上标明的“三重”验收；如误差超出允许范围，则采用上述平均除皮法计算总净重。

②理论换算。对一些数量大、衡器验斤相当费时的货物，可以通过检尺丈量，根据理论重量换算出货物重量。它适用于规格、长度一致的五金、钢材、木材类货物，以及以根、支、粒为单位计量的散装货物。

例如，金属材料重量的理论换算公式：重量＝横截面积×长度×密度

在进行货物数量检验时，要有相应的验收记录，如磅码单、丈量单、点验单等。发现货物质量不符合要求、包装污损、货物数量溢余等异常情况时，还要认真具体记录这些货物存在问题的表现和数量。

2）计件货物的点验方法。逐件点数，即对按件、台、只等计量的货物，逐件、台、只等清点记录，合计求出总数；分批轧点，即对包装大小统一、体积不大的货物，将货物等行、等列、等高堆放，根据行、列、高相乘计算总件数；定额装载，即对数量大、包装统一的货物，可利用托盘、起重机、平板车等装载搬运工具，每次定额装载，将装载次数乘以每次装载件数来计算总件数。

4. 异常问题的处理

在货物入库验收过程中，经常会遇到数量问题、质量问题、单货问题等，这些问题的处理基本原则如下。

（1）数量问题。在货物验收中，遵循以单为主，以单验货的原则。如果发现数量与货单、运单、验收单不相符时，应在货运交接单上如实注明。对于送货入库方式，应向发货方反映，待对方核实。核实后，如果是数量少送，则应补货；如果是数量多送，则应补单；如果是发货方错开单、漏开单，则应办理更正手续。对于托运入库方式，则应向接运员和业务主管部门反映。

（2）质量问题。入库货物的质量问题主要包括货物残损、变形、沾污、变质等情况。如果货物残损变形、沾污轻微，不影响使用，应做好记录，上报业务部与发货方协商处理。如果货物变质，或者残损、变形、沾污严重，影响使用，应做好记录，拒收这部分货物。

（3）单货问题。单货问题表现为品种、规格、数量等与货单、运单、验收单不相符，有以下几种情况。

1）有货无单。原因是异地购进货物时，货先到，收款单据未到。

2）有单无货。异地购进货物时，收款单据先到，货未到（或部分货物未到）。

3）单货不符。表现为收款单据或货单、运单与实际验收的货物不符，可能是单据错串，货物错发。

对于异地购进货物时，收款单据先到、货未到的情况，不存在检验入库问题。对于有货

无单和收款单据先到、部分货物未到的情况，保管员都应根据货单、运单或收款单据对实际送达的货物进行验收。对于单货不符的货物，应尽快向业务部门报告，可暂不验收，待查清原因后再处置。

（4）索赔。进口货物在订货合同上均规定有索赔期限。进口机械、电器、仪表、车辆等，除索赔期外，还订有使用保证期，发现质量、规格、性能、重量（除合理磅差外）等有问题时，应在索赔期内对外提出索赔。合同订有保证期的货物，发现内在质量低、零件残损和性能等不符合合同规定，属于供货责任的，在保证期内也可以对外提出索赔。

5. 验收交接

货物验收完毕，必须对入库货物信息进行处理。对入库货物经过点数、查验之后，可以安排卸货、入库堆码，这就表示配送中心接收货物，入库验收作业的各项作业环节已经完毕。待各项作业活动完毕，配送中心与送货方应该办理交接手续，签署单证，完成验收手续。

验收交接手续是指配送中心对收到的货物向送货方进行的确认，表示已经接收货物。办理完交接手续意味着划清了运输、送货部门和配送中心的责任。通常，验收交接手续包括如下内容。

（1）接收货物。配送中心以送货单为依据，通过理货、查验货物，将不合格货物剔出、退回或者编制残损单证等明确责任，确定收到货物的确切数量及货物的表面状态是否良好。

（2）接收文件。接收送货方送交的货物资料、运输的货运记录、普通记录等，以及随货的、在运输单证上注明的相应文件，如图样、准运证等。

（3）签署单证。配送中心与送货方或承运方共同在送货人交来的送货单、交接清单上签署和批注，并留存相应单证。配送中心提供的相应入库、查验、残损单证、事故报告，由送货人或承运人签署。

（4）制作入库单。入库验收员把送货单交给配送中心的信息处理员制作入库单，或由入库验收员直接填写入库单。完成入库单操作后表明仓库的此货物库存正式增加。常见的入库单样表见表 2—1—4、表 2—1—5。

表 2—1—4　　入库单（样一）

入库单

订购单编号：　　　　编号日期：

<table>
<tr><td rowspan="2">编号</td><td rowspan="2">名称</td><td rowspan="2">订购数量</td><td colspan="2">规格符合</td><td rowspan="2">单位</td><td rowspan="2">实收数量</td><td rowspan="2">单价</td><td rowspan="2">总价</td></tr>
<tr><td>是</td><td>否</td></tr>
<tr><td></td><td></td><td></td><td></td><td></td><td></td><td></td><td></td><td></td></tr>
<tr><td></td><td></td><td></td><td></td><td></td><td></td><td></td><td></td><td></td></tr>
<tr><td></td><td></td><td></td><td></td><td></td><td></td><td></td><td></td><td></td></tr>
<tr><td>是否分批交货</td><td></td><td colspan="2">科目会计</td><td></td><td colspan="4">厂商供应</td></tr>
<tr><td rowspan="2">检查</td><td>抽样</td><td>不良百分比</td><td colspan="2" rowspan="2">验收结果</td><td rowspan="2">检查主管</td><td rowspan="2"></td><td rowspan="2">检查员</td><td rowspan="2"></td></tr>
<tr><td>全数</td><td>不良数</td></tr>
<tr><td>总经理</td><td colspan="2">成本会计</td><td colspan="3">仓库</td><td colspan="3">采购</td></tr>
<tr><td></td><td>主管</td><td>核算</td><td colspan="2">主管</td><td>收料</td><td>主管</td><td>制单</td><td></td></tr>
</table>

表 2—1—5　　　　　　　　　　入库单（样二）

供货商			订购单号			验收员		
运单号						验收日期		
运货日期			复核员			复核日期		
序号	储位名称	商品名称	商品规格型号	商品编码	包装单位	应收数量	实收数量	备注

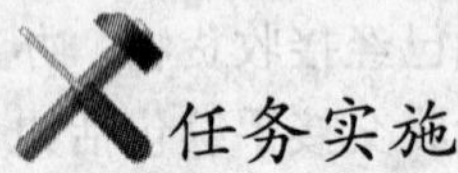

任务实施

本任务的重点在于配送中心入库验收员负责接收到库货物，并检验货物的外观与数量。在实际操作中，只有通过严格的入库验收，才能保障配送中心业务的顺利开展。

1. 入库验收准备

为保证验收工作及时、准确地完成，提高验收效率，减少劳动消耗，入库验收员在接到入库通知后，首先根据到货货物的特性，准备装卸搬运设备、托盘、人员、入库凭证、储位等，如图 2—1—1 所示。

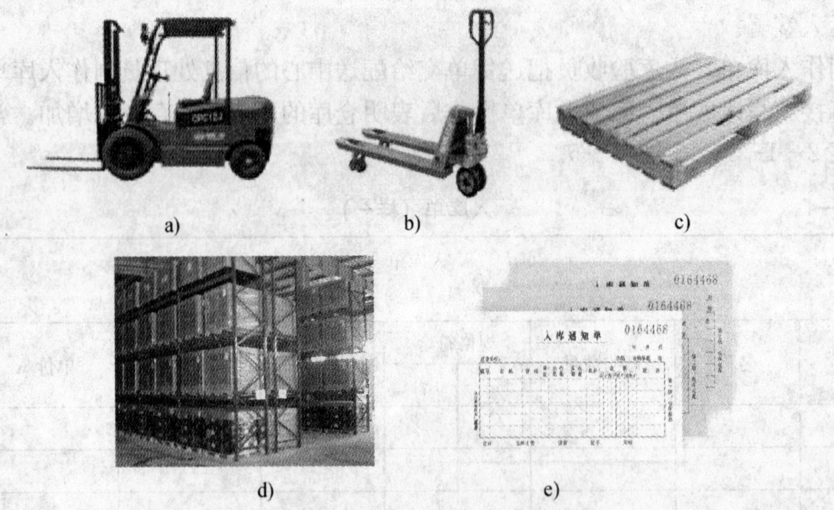

a)　b)　c)　d)　e)

图 2—1—1　入库验收准备工作

a）叉车　b）搬动车　c）托盘　d）空储位　e）入库通知单

2. 核对单证

在货物送达后，入库验收员对照供应商发货员或货运司机提交的送货单（见表 2—1—6）和之前发来的入库通知单，确认货物名称、规格、数量、包装等内容是否一致。

表 2—1—6　　送货单签收

东莞 DF 食用品有限公司送货单

送货编号：20110711001

至：深圳 WL 物流公司配送中心　　2011 年 7 月 15 日

送货地址：深圳市福田区福强路×××号　　电话：(0755) ××××××××

编号	货物条形码	货品名称	规格	单位	送货数量	实收数量	备注
1	6921568022	葱香排骨面	80 g	盒	960	950	外包装破损
2	6933568156	凉茶	310 mL	罐	480	480	
3	6903568512	健康沐浴露	1 L	瓶	240	240	
4	6953568225	花生牛奶	250 mL	瓶	720	720	

制单人：李某　　送货人：　　收货人：

注：一式三联。一联供应商存根，一联配送中心存根，一联财务核算部存根

3. 检验货物质量

在单据核对无误后，作为验收人员，应重点注意以下几个问题。

(1) 检查货物的外包装是否有破损、污损等；封箱标志等是否完整。

(2) 有特殊检验要求的货物，将会有“倾斜”“冲击”等专用检验标志，必须认真检验这些标志是否发生变化。

(3) 如果合同中明确规定需要抽检或开箱检查的货物，必须按照规定抽验或开箱检查，以确认货物的品种、规格、生产日期、质量等是否符合要求。

4. 检验货物数量

清点货物的整件数量，如图 2—1—2 所示。除合同有明确规定外，一般不需开箱检查清点箱内数量。

图 2—1—2　验收人员正在检验数量

5. 签收单据

按照上述步骤完成并确认验收无误后，验收员需要在送货单上的“实收数量”栏填写实收数量，并在“备注”栏里写明拒收原因，最后在相应位置签名确认，见表 2—1—6。

6. 填写入库单

入库验收员根据验收情况如实填写入库单，见表 2—1—7。

表 2—1—7　　入库单

供货商	东莞 DF 食用品有限公司	订购单号	20110711001	验收员	王某
运单号	201107150088			验收日期	2011 年 7 月 15 日
运货日期	2011 年 7 月 15 日	复核员		复核日期	

序号	储位名称	商品名称	规格	条形码	包装	应收数量	实收数量	备注
1	S12	葱香排骨面	80 g	6921568022	盒	960	950	外包装破损
2	S22	凉茶	310 mL	6933568156	罐	480	480	
3	T13	健康沐浴露	1 L	6903568512	瓶	240	240	
4	S31	花生牛奶	250 mL	6953568225	瓶	720	720	

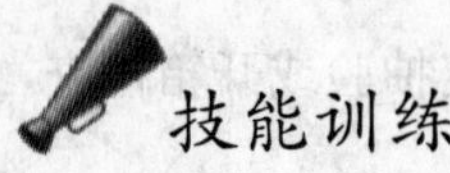

技能训练

深圳和平物流公司的配送中心于 2011 年 8 月 1 日向广州 NF 供应商发出了去屑洗发水等日用品的入库通知单（见表 2—1—8），NF 供应商根据入库通知单准备了货物与送货单（见表 2—1—9），并于 2011 年 8 月 5 日送达该配送中心。作为该配送中心的入库验收员，试着完成这批货物的入库验收工作。

表 2—1—8　　入库通知单

深圳和平物流公司入库通知单（订货单）

订单编号：20110801001

至：广州 NF 日用品有限公司　　2011 年 8 月 1 日

编号	货物条形码	货品名称	规格	单位	数量	包装	备注
1	6921568022	去屑洗发水	1 L	瓶	240	12 瓶/箱	
2	6933568156	去痒沐浴露	1 L	瓶	240	12 瓶/箱	
3	6903568512	洁净洗手液	500 mL	瓶	500	12 瓶/箱	
4	6953568225	盒巾纸	130 抽	盒	500	24 盒/箱	

制单人：赵某　　收货地址：深圳市福田区福强路×××号　　电话：(0755) ××××××××

表 2—1—9　　送货单

广州 NF 日用品有限公司送货单

送货编号：20110805001

至：深圳和平物流公司配送中心　　2011 年 8 月 5 日

送货地址：深圳市福田区福强路×××号　　电话：(0755) ××××××××

编号	货物条形码	货品名称	规格	单位	送货数量	实收数量	备注
1	6921568022	去屑洗发水	1 L	瓶	240		
2	6933568156	去痒沐浴露	1 L	瓶	240		
3	6903568512	洁净洗手液	500 mL	瓶	500		
4	6953568225	盒巾纸	130 抽	盒	500		

制单人：李某　　送货人：　　收货人：

注：一式三联。一联供应商存根，一联配送中心存根，一联财务核算部存根

思考与练习

1. 简述入库验收作业的必要性。

2. 简述入库验收作业的组织原则。

3. 详述入库验收作业的质量验收方法与内容。

4. 详述入库验收作业的数量验收方法与内容。

5. 简述入库验收过程中对异常问题的处理方法。

6. 任务 1 中，如果供应商送到配送中心的货物没有相关单据，货物是否可以接收？应该如何处理？请写出相对详细的操作说明。

任务 2　配送中心理货作业

学习目标

1. 掌握货物分类的方法

2. 了解货物包装的标记、标志及其物流标签

3. 掌握货物的堆码苫盖与垫底等操作方法

任务引入

深圳 WL 物流公司配送中心的信息管理员，将收货入库的入库单转成入库理货单（见表 2—2—1），并打印交给配送中心的理货员，要求理货员尽快理好货，以便后续上架完成入库手续。作为该配送中心的理货员，应该如何整理这批入库货物？

表 2—2—1　　入库理货单

供货商	东莞 DF 食用品有限公司		订购单号	20110711001		验收员	王某	
运单号	201107150088					验收日期	2011 年 7 月 15 日	
运货日期	2011 年 7 月 15 日		复核员			复核日期		
序号	储位名称	商品名称	规格	条形码	包装	应收数量	实收数量	复核数量
1	S12	葱香排骨面	80 g	6921568022	盒	960	950	
2	S22	凉茶	310 mL	6933568156	罐	480	480	
3	T13	健康沐浴露	1 L	6903568512	瓶	240	240	
4	S31	花生牛奶	250 mL	6953568225	瓶	720	720	

任务分析

本任务的重点在于配送中心理货员根据货物的性质、类别、包装、形状、尺寸、货物标志与标签等相关要求，结合自己的工作经验，使用正确的堆码技术与垛形，堆垛货物，并利用无线手持设备完成理货作业或填写入库理货单。具体操作要点如下。

（1）根据货物性质与相关要求，准备托盘、苫盖、垫底等材料。

（2）根据货物分类，货物标记、标志及物流标签整理货物。

（3）根据货物性质与外包装尺寸，选择合理的堆码方法。

（4）按照堆码标准，合理完成堆码作业。

（5）根据堆码要求审核堆码质量，加固货垛。

（6）使用无线手持设备完成理货作业，或填写入库理货单。

相关知识

一、货物分类

货物分类是将多品种货物按其性质或其他条件逐次区分，分别归入不同的货物类别，并进行系统的排列，以提高作业效率。

1. 货物分类的原则

完全、合理的分类能使繁杂的作业变得具有系统性，因此，对货物进行分类应遵循下列原则。

（1）分类应按统一标准、同一原则区分。

（2）分类应根据企业自身的需要，选择适用的分类形式。

（3）分类应系统地展开，逐次细分，层次分明。

（4）分类应明确且相互排斥，当一种产品归于某类，绝不能再分至其他类。

（5）分类应具有安全性和普遍性，分类系统应能包罗万象，适用于广大的地区类别，使所有货物均能清楚归类。

（6）分类应有不变性，以免造成货物混乱。

（7）分类应有伸缩性，以便随时增加新产品或新货物。

（8）分类应确切实用，绝不可流于空想。

2. 货物分类的方式

货物分类的方式主要有以下几种。

（1）为适应货物储存保管的需要，可按照商品的特性分类。

（2）按商品的使用目的、方法及程序分类，如把需要流通加工的分为一类，直接性原料分为一类，间接性原料分为一类等。

（3）为货物采购便利而按交易行业分类。

（4）为方便财务处理，可按会计科目分类。

（5）按货物状态分类，如货物的内容、形状、尺寸、颜色、重量等。

（6）按资讯分类，如货物送往目的地、顾客类别等。

二、货物的包装标记与标志

1. 包装标记

货物包装标记是根据货物本身的特征，用文字和阿拉伯数字等在外包装的明显位置注明规定的记号。货物标记一般分为：一般描述性标记、牌号标记、等级标记等几种。标记的具体内容如下。

（1）一般描述性标记。它是用来说明货物实体基本情况的，为如图 2—2—1 所示的 1～6 信息内容。标记的内容主要有货物名称、货物型号、编号、货物包装尺寸、货物重量、产地名称、收货人标志、贸易合同编号、目的地、货件编号。对于使用时效性较强的货物，还要写明成分、储存期或保质期。

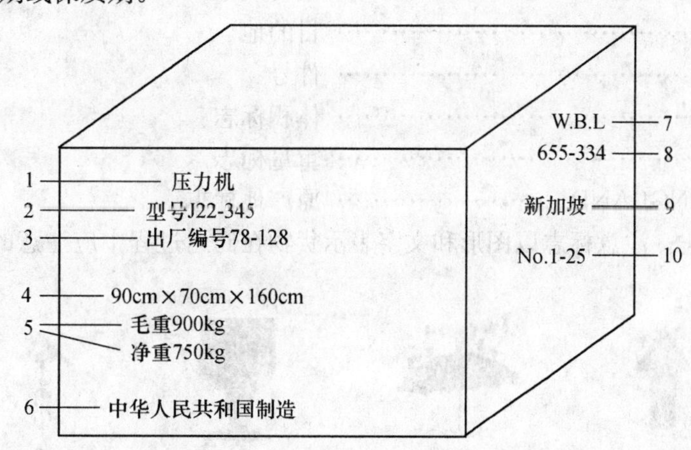

图 2—2—1 货物包装标记

1—货物名称 2—货物型号 3—编号 4—货物包装尺寸 5—货物重量（毛重、净重）
6—产地名称 7—收货人标志 8—贸易合同编号 9—目的地 10—货件编号

（2）表示货物收发货地点和单位的标记。这是用来表明货物起运、到达地点和收发货单位等的文字记号，为如图 2—2—1 所示的 7～10 信息内容。它在铁路行李运输中经常采用。对于进出口货物，这种标记由商务部统一编制向国外订货的代号。这种标记主要有三个作用：①保密性强，有利于物流中货物的安全；②减少签订合同和运输过程中的翻译工作；

③作为运输中的导向作用，可以减少错发、错运等事故。

(3) 牌号标记。它是用来专门说明货物名称的标记。一般牌号标记不提供有关货物的其他信息，只说明名称，牌号标记应列在包装的显著位置。

(4) 等级标记。它是用来说明货物质量等级的记号，常用“一等品”“二等品”“优质产品”“获×××奖产品”等字样。

2. **包装标志**

包装标志是用来指明被包装货物的性质和物流活动安全，以及理货分运需要的文字和图像的说明。包装标志便于工作人员辨认识别货物，利于交接、装卸、分票、清点、查核，以避免错发、错卸、错收。包装标志一般包括下列内容。

(1) 运输标志。运输标志通常由一个简单几何图形和一些字母、数字及简单的文字组成。它不仅是运输过程中辨认货物的依据，而且在一般贸易合同、发货单据和运输、保险文件中，是记载有关标志的基本部分。运输标志一般由以下三部分组成。

1) 目的港和目的地名称。

2) 收货人或发货人的代号。多用简单的几何图形，如三角形、圆形等。图形内外刷以字母表示发货人和收货人名称的代号。

3) 件号、批号。指货主对每件货物包装的编排的顺序号。它由顺序号和总件号组成，通常写成 1—200 或 1/200，前面的 1 代表该批货物的第一件，后面的 200 代表总件数。此外，根据货物特点和买卖双方的具体要求标注出货物原产地、合同号、许可证号，以及体积和重量等内容。例如：

8OEKRT—05008CN …………………… 收货人号
CHINA ………………………………… 目的地
No. 25/100 …………………………… 件号
44×50×60 …………………………… 体积标志
G：126kGS …………………………… 重量标志
MADE IN ENGLAND …………………… 原产地标志

(2) 注意标志。注意标志以图形和文字表示货物在储运过程中应注意的事项，如图 2—2—2 所示。

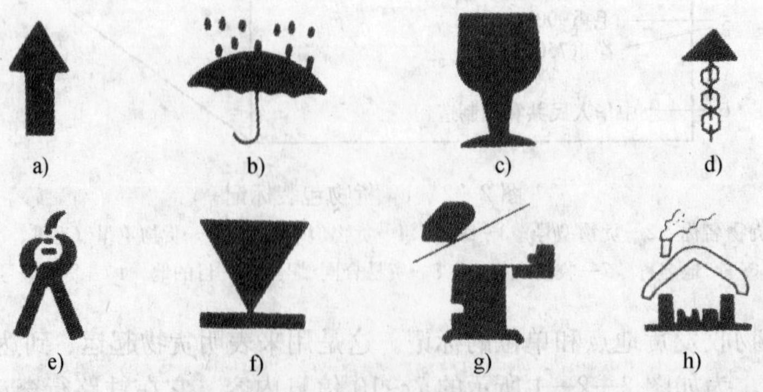

图 2—2—2 货物常用的注意标志

a) 向上 b) 防湿 c) 小心轻放 d) 由此吊起 e) 由此开启 f) 重心点 g) 防热 h) 防冻

注意标志一般由发货人负责绘制，在运输货物标志中，有一些注意标志见表 2—2—2。

表 2—2—2　　运输货物标志中的注意标志

序号	注意标志	中文解释
1	USE NO HOOK	禁用手摸
2	KEEP FLAT	必须平放
3	NO TRU BE LAID FLAT	不要平放
4	STAND ON END，TO BE KEEP UP SIGHT	必须竖放
5	DO NOT TURN OVER	切勿倒置
6	NOT TO BE THROWN DOWN	不要抛扔
7	NOT TO BE DROPPED	小心摔坏
8	KEEP COOL，TO BEST OWED IN COOL FLACE	保持低温
9	FRAGILE WITH CARE	小心易碎

（3）警告性标志。警告性标志又称危险品标志，是对易爆品、易燃品、有毒物品、腐蚀性物品、放射性物品等危险品，在其运输包装上清楚而明确印刷的标志，以警告工作人员，使其在装卸、运输和保管过程中，按货物的特性采取相应的保护措施，保护货物与人身的安全。警告标志按照国家颁布的《危险货物包装标志》印制。联合国国际海事组织对危险货物也规定了《国际海运危险品标志》，并已被许多国家采用。中国出口危险品时，除应印刷危险品标志外，还应印刷国际海运的危险品标志。常见的警告性标志如图 2—2—3 所示。

三、货物的物流标签

在实际物流活动中，物流单元在整个物流供应链中活动，在物流各环节需要采集的数据各不相同，可以将相关信息制作在一个或两个物流标签上，在供应链的不同环节采集相关信息。

1. 物流标签信息内容

物流标签上表示的信息有两种基本形式，即文本和图形组成的信息及自动数据采集设计的机读信息。后者设计的机读符号条形码是传输结构化数据的可靠而有效的方法，允许在供应链中的任何节点获得基础信息。这两种形式能够将货物信息添加于同一标签上。目前，常用的物流标签是 EAN. UCC 物流标签。

EAN. UCC 物流标签由三部分构成：顶部包括自由格式信息，中部包括文本信息和解释条形码的信息，底部包括条形码和相关信息。

物流标签的版面划分为三个区段：供应商区段、客户区段和承运商区段（见图 2—2—4）。图中最上面的一个标签为承运商的信息，其中“420”表示收货方与供货方在同一国家（或地区），其后数字是收货方的邮政编码，从图中文字不难看出，这个物流标签所标志的货物是从美国的 NEW YORK 运送到 DAYTON OHIO，是在同一个国家中进行运输，“401”表示货物托运代码；中间的物流标签标志的是客户的信息，“410”后跟交货地点的位置码，也就是客户的位置码；最下面的标签是供应商区段的内容，“00”后跟发运的物流单元。

一个标签区段是信息的一个合理分组，这些信息一般在特定时间才知道。标签上有三个标签区段，每个区段表示一组信息。一般来说，标签区段从顶部到底部的顺序依次为：承运

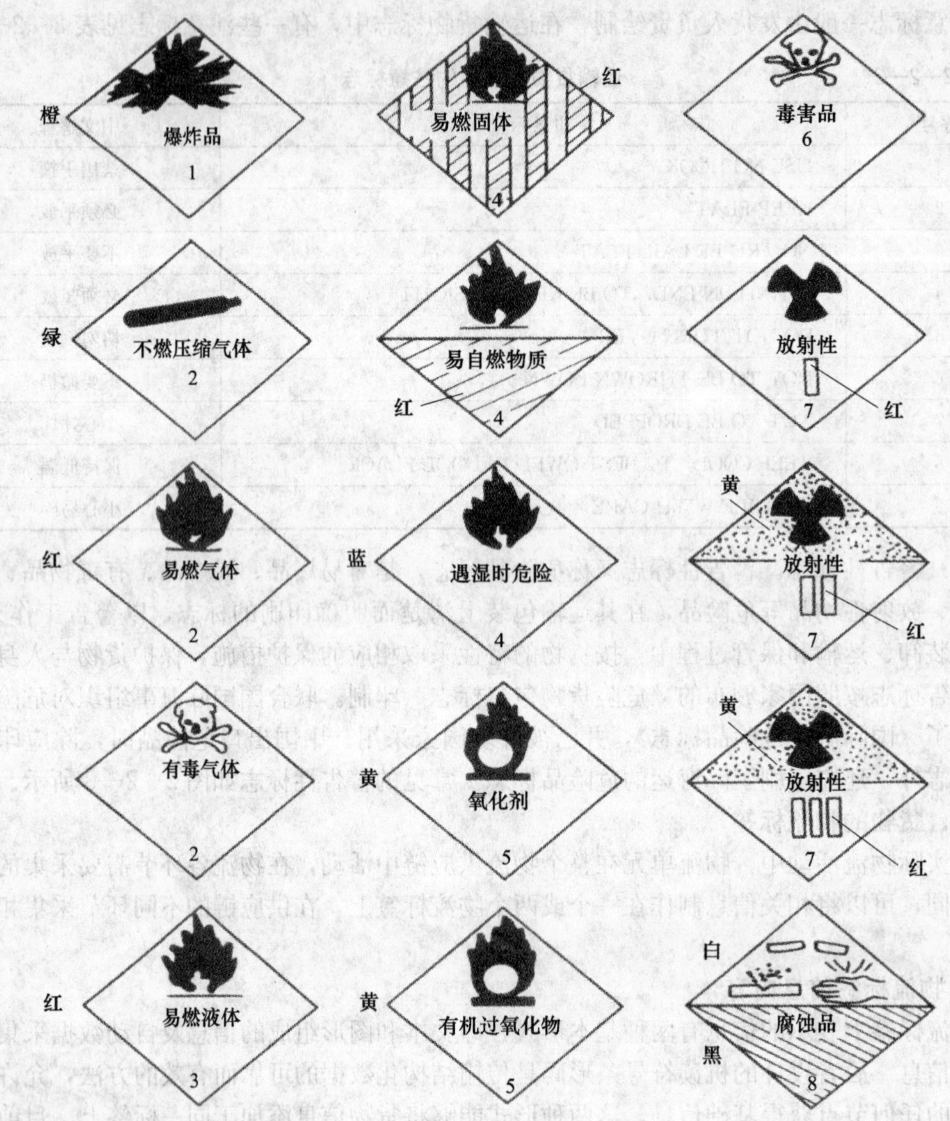

图 2—2—3　常见的警告性标志

商、客户和供应商，根据需要也可做适当调整。

(1) 供应商区段。供应商区段所包含的信息一般是供应商在包装时确定的。SSCC 在此作为物流单元的标志，如果过去使用 GTIN，在此也可以与 SSCC 一起使用。

对供应商、客户和承运商都有用的信息，如生产日期、包装日期、有效期、保质期、批号、系列号等，皆可采用 IJCC/EAN. 128 条形码符号表示。

(2) 客户区段。客户区段所包含的信息，如到货地、购货订单代码、客户特定运输路线和装卸信息等，通常是在订购时和供应商处理订单时确定的。

(3) 承运商区段。承运商区段所包含的信息，如到货地邮政编码、托运代码、承运商特定运输路线、装卸信息等，通常是在装货时确定的。

图 2—2—4　物流标签的版面

2. 物流标签的位置

每个完整的单元，无论是贸易项目，还是物流单元，都应至少有一个条形码符号。条形码符号距离任何垂直边的最小值不得小于 50 mm。在实际运用中，通常使用两个标签（或印刷条形码），贴在物流单元相邻的两侧。一个贴在短边，另一个贴在它右侧的长边，在仓库应用中，这样可以保证在连续翻转中总能看得见标签，如图 2—2—5 所示。

如果物流单元已经使用了 EAN—13、UPC—A、ITF—14 或 UCC/EAN—128 来标志贸易项目，则物流标签应贴在上述条形码的旁边，且不能覆盖原有条形码，并保持水平一致，如图 2—2—6 所示。

高度小于 1 m 的托盘，条形码位置应尽可能高，但距离物流单元底边不应超过 800 mm。高度超过 1 m 的托盘或其他物流单元，标签应位于距离物流单元底部 400～800 mm 的位置，标签与物流单元垂直于底面边线的距离应大于 50 mm，如图 2—2—7 所示。

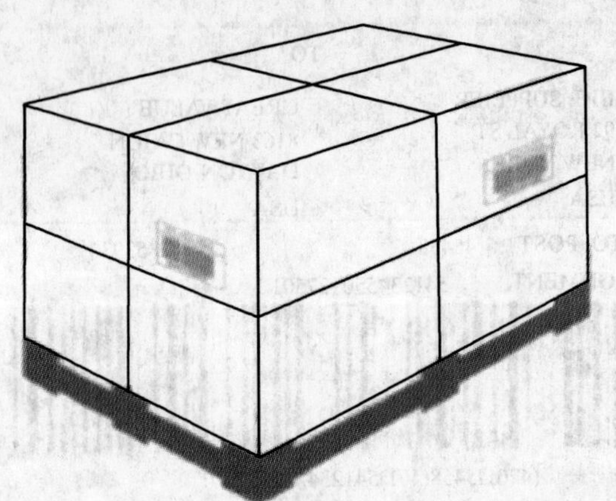

图 2—2—5　物流标签位置一

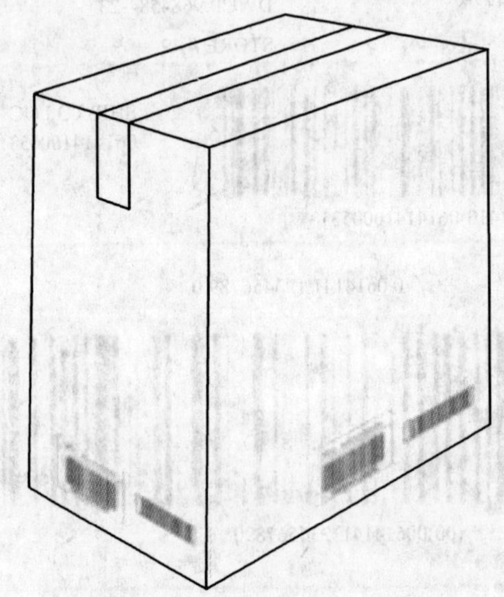

图 2—2—6　物流标签位置二

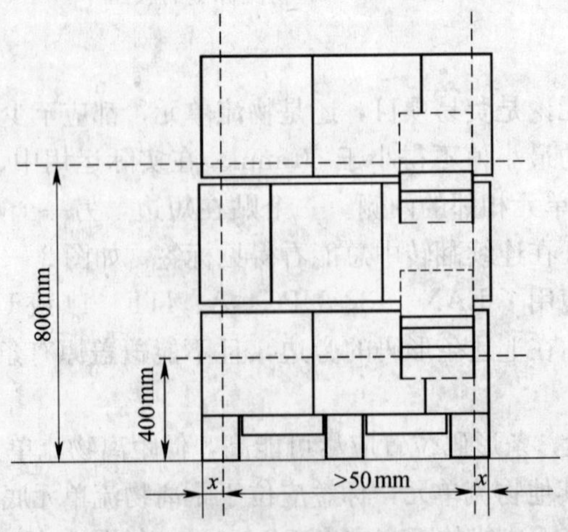

图 2—2—7　物流标签位置三

四、货物的堆码原则与注意事项

1. 堆码原则

货物堆码是入库货物堆存的操作及其方式、方法的总称。货物堆码要科学、标准，应当符合安全第一、进出方便、节约仓容的原则。这是货物保管工作中的一项重要内容，具体如下。

(1) 确保人身、货物与仓库（建筑本身及设备）安全的原则。货物堆码时，必须根据包装的紧固程度和形状、货物性能的要求及仓库设备等条件进行操作。要按照安全操作规定使用各项设备，使堆垛作业正确，货垛稳固，以防止货垛倒塌及其他毁货伤人的事故。对危险货垛要及时翻桩。

堆码严禁超载，即不允许货垛重量超过仓库地面（货架结构）的设计负重。码高层数以不压坏底层物品及包装为原则。货垛与墙、柱顶、门窗及照明设施保持一定距离，即垛距、墙距、柱距、顶距、灯距要符合安全管理的要求。

(2) 便利物品出入库操作的原则。为考虑在库物品先进先出、快进快出的要求，货垛不可阻塞通道，或堆成死垛（各种货物的货垛被其他货垛围住堵塞，提货时需翻垛倒堆）。货垛的位置应统筹安排，注意货垛之间、货垛与设备之间的距离，走、支道的设置要合理，切实保证收发货、货物检查、养护等作业的方便。

(3) 节约仓容和苫垫物料的原则。为使堆码在符合安全、方便的原则下达到多储（节约仓容），堆码方法和操作技术要不断改善提高，货垛大小、高低要适当，垛形要合理，这样才能节约仓容和苫垫物料。

2. 堆码的注意事项

物品堆垛关系到人身、货物、设备、库房的安全，关系到货物的正常、加速吞吐发运，关系到仓库存储量的高低，关系到仓库的整齐、美观等。因此，在堆垛中，应注意以下几个问题。

(1) 注意库房最大负荷量。库房最大负荷量的确定，可会同当地建筑部门，根据仓库的建筑结构，结合折旧程度来核定每平方米可负荷多少重量。负荷量以 kg/m^2 为计量单位。要使货垛不超过库房最大负荷量，堆码前应先计算一下。计算方法是：先算某种物品每平方米可放几件，毛重多少，用毛重除库房最大负荷量，所得结果就是最多堆几层高。反过来，对已经堆好的货垛，要计算它是否超重。

若：每平方米件数×每件物品毛重×垛层数＜库房每平方米负荷量，则为不超重；反之，则为超重。

(2) 注意“五距”符合安全管理要求。这里的“五距”指的是垛距、墙距、柱距、灯距、顶距。为了安全，物品堆码不仅不能无限制堆高，而且不同桩脚之间，货垛和墙壁、柱子、天花板之间，都应保持一定距离，不能靠墙、靠柱，不能相依，不能碰顶。无论采取哪种堆垛形式，库房内都要留出一定走道，以便于货物进出和消防灭火，检查操作和清洁打扫。走道宽窄，要依据货物包装大小、搬运工具类型和业务性质来确定。一般而言，通往库房的中间大道，宽为 1.5～2.5 m，货垛间的小走道为 1 m。

墙距是货垛与墙的距离。为有利于通风散热，防止墙潮，便于开关窗户、检查货物和保护建筑物安全，墙距一般为 0.3～0.5 m；柱距要求一般可比墙距小些，为 0.1～0.2 m。不论哪种库房，货垛顶层照明灯四周及灯下的距离一般应不少于 0.5 m；垛距一般为 0.1 m。

顶距是货垛顶层与库房平顶之间的距离。它的作用是有利于顶部空气流通，清除垛顶积尘，便于检查屋漏和接漏，防止屋顶导热。顶距一般应为 0.5～0.9 m，当然这要视库房条件而言。如一层的库房，一般应留 0.8 m。多层建筑的库房，底层和中间层可留 0.3～0.5 m（货垛较大、库房通风条件差的，可留 0.6～0.8 m），顶层留 0.9 m。人字形屋顶的库房，一般以天平木为货垛高度标准，在不影响货物安全的前提下，根据屋顶高度，可适当超过天平木。

（3）注意货物性能和保管要求。堆码货物层次分明，货物标记、标志及标签向外，便于清点，有利于先进先出。对由于货物特性而不可倒置的货物，堆码时应按规定要求（如包装外有箭头标志），不倒置、不侧放。容易变形的包装和易破碎的货物，堆码时不重压；吸湿性强、不耐热和容易自燃的货物，要堆通风垛；破箱、破包及时修补，不经修补不上垛；受潮的货物要通风晾晒，符合保管要求再堆垛。

对于不同批次的货物，最好不要拼堆在一个货垛或货位上。如为了节约仓容，多批货物必须拼在一起时，应注意到货物更新的要求。

堆垛货物还要考虑养护要求。如堆垛的货物是否有气体串味而沾污同库房所堆垛的其他货物的可能，是否与同库房所堆垛的货物性能相抵触，是否与同库储存货物消防方法一致等。

3. 堆码的基本要求

（1）合理。要求不同性质、品种、规格、等级、批次的货物和不同客户的货物，应分开堆放。货垛形式适应货物的性质，有利于货物的保管，能充分利用仓容和空间；货垛间距符合作业要求及防火安全要求；大不压小，重不压轻，缓不压急，不会围堵货物，特别是后进货物不堵先进货物，确保先进先出。

（2）牢固。堆放稳定结实，货垛稳定牢固，不偏不斜，必要时采用衬垫物料固定，不压坏底层货物或外包装，不超过库场地坪承载能力。货垛较高时，上部适当向内收小。易滚动的货物，使用木契或三角木固定，必要时使用绳索、绳网对货垛进行绑扎固定。

（3）定量。每一货垛的货物数量应保持一致，采用固定的长度和宽度，且为整数，如 50 袋成行，每层货量相同或成固定比例递减，能做到过目知数。每垛的数字标记清楚，货垛牌或料卡填写完整，并排放在明显位置。

（4）整齐。货垛堆放整齐，垛形、垛距标准化和统一化，货垛上每件货物都排放整齐，垛边横竖成列，垛不压线；货物外包装的标记和标志一律朝垛外。

（5）节约。尽可能堆高，避免少量货物占用一个货位，以节约仓容，提高仓库利用率；妥善组织安排，做到一次作业到位，避免重复搬倒，节约劳动消耗；合理使用苫垫材料，避免浪费。

（6）方便。选用的垛形、尺度、堆垛方法应方便堆垛、搬运装卸作业，提高作业效率；垛形方便理数、查验货物，方便通风、苫盖等保管作业。

五、货物的堆码方法

1. 堆码方法

货物堆码方法通常有三种：一是散堆法，适用于存放没有包装或不需要包装的货物，如煤炭、矿石等大宗货物；二是货架堆码法，适用于存放小五金、交电零件及工艺品等贵重、零星小件货物；三是垛堆法，适用于堆放有外包装（如箱、桶、袋、篓等）的物品和不需要包装的大件货物，如大五金、木材等。

垛堆法在货物保管过程中运用最广、最多。按货物底层排列形状来分，有正方形、长方形、环圆形等；从堆放外形来看，一般可以分为平方垛（即上下齐直的立方垛）和起脊垛（即上小下大的尖顶垛）两种。一般存放在库房和货棚内的货物适宜用平方踩。存放在露天垛场的货物，用起脊垛较为适宜。

2. 常见的垛形

垛形是指货物在配送中心码放的形状。垛形的确定根据货物的特性及保管的需要，以能实现作业方便、迅速和充分利用仓容为原则。常见的仓库垛形如下。

（1）平台垛。平台垛是先在底层以同一个方向平铺摆放一层货物，然后垂直继续向上堆积，每层货物的件数、方向相同，垛顶呈平面，垛形呈长方体。当然在实际堆垛时，并不是采用层层加码的方式，而是往往从一端开始，逐步后移。平台垛适用于包装规格单一、包装规则的大批量货物，如能够垂直叠放的方形箱装货物、大袋货物、规则的软袋成组货物、托盘成组货物等。平台垛只是用在配送中心内和无须遮盖的堆场堆放的货物码垛。

平台垛具有整齐、便于清点、占地面积小、堆垛作业方便的优点。但该垛形的稳定性较差，特别是小包装、硬包装的货物可能存有货垛端头倒塌的危险，所以在必要时（如太高、长期堆存、端头位于主要通道等）应在两端采取稳定的加固措施。对于堆放很高的轻质货物，往往在堆码到一定高度后，向内收半件货物后再向上堆码，以保证货垛稳固。

标准平台垛的货物件数为

$$A = L \times B \times h$$

式中 A——总件数；
L——长度方向的件数；
B——宽度方向的件数；
h——层数。

与平台垛相似的，在配送中心最常用的垛形有重叠式、正反交错式、旋转交错式、纵横交错式等，如图 2—2—8 所示。

（2）起脊垛。先按平台垛的方法码垛到一定的高度，以卡缝的方式逐层收小，将顶部收尖成屋脊形。起脊垛是用于堆场场地堆货的主要垛形，货垛表面的防雨遮盖从中间起向下倾斜，便于雨水排泄，以防止水湿货物。有些配送中心由于建筑物陈旧或简陋，有漏水现象，对于仓内的不耐水货物也采用起脊垛堆垛并遮盖。

起脊垛是平台垛的变形，以适应遮盖、排水的需要，具有平台垛操作方便、占地面积小的优点，适用平台垛的货物都可以采用起脊垛堆垛。但是起脊垛由于顶部压缝收小，形状不规则，无法在垛堆上清点货物，顶部货物的清点需要在堆垛前以其他方式进行。另外，由于起脊的高度使货垛中间的压力大于两边，因而采用起脊垛时，库场使用定额要以脊顶的高度来确定，以免中间底层货物或库场被压损坏。

起脊垛的货物件数为

$$A = L \times B \times h + \text{起脊件数}$$

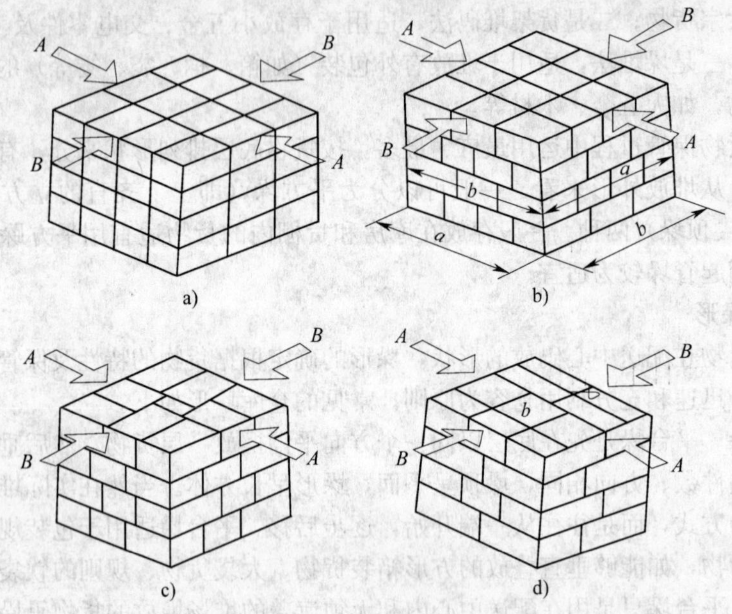

图 2—2—8　四种平台垛相似的垛形

a）重叠式　b）正反交错式　c）旋转交错式　d）纵横交错式

式中　A——总件数；

L——长度方向的件数；

B——宽度方向的件数；

h——未起脊时的层数。

（3）立体梯形垛。立体梯形垛是在最底层以同一方向排放货物的基础上，向上逐层同方向减数压缝堆码，垛顶呈平面，整个货垛呈下大上小的立体梯形形状。立体梯形垛用于包装松软的袋装货物和上层面为非平面而无法垂直叠码的货物的堆码，如横放的桶装、卷形、捆包货物。立体梯形垛极为稳固，可以堆放得较高，使仓容利用率较高。对于在露天堆放的货物采用立体梯形垛，为了排水需要也可以在顶部起脊。

为了增加立体梯形垛的空间利用率，在堆放可以立直的筐装、矮桶装货物时，底部数层可以采用平台垛的方式堆放，达一定高度后再采用立体梯形垛。

每层两侧面（长度方向）收半件（压缝）的立体梯形垛件数为

$$A=(2L-h+1)\times B\times h/2$$

式中　A——总件数；

L——长度方向的件数；

B——宽度方向的件数；

h——层数。

（4）行列垛。行列垛是将每批货物按件成行或列排放，每行或列为一层或数层高，垛形呈长条形。行列垛用于存放批量较小的货物的库场码垛，如零担货物。为了避免混货，将每批货物独立开堆存放，使每个长条形货垛的端头都延伸到通道边，以便直接作业而不受其他货物阻挡。每垛货量较少，垛与垛之间都需留空，垛基小而不能堆高，使得行列垛占用库场面积大，库场利用率较低。

（5）井形垛。井形垛用于长形的钢材、钢管及木方的堆码。它是在以一个方向铺放一层货物后，再以垂直的方向铺放第二层货物，货物横竖隔层交错逐层堆放。垛顶呈平面，井形垛垛形稳固，但层边货物容易滚落，需要捆绑或者收进。井形垛的作业较为不便，需要不断改变作业方向。

井形垛货量计算为

$$A=(L-h+1)\times B\times h/2$$

式中　A——总件数；

L——长度方向的件数；

B——宽度方向的件数；

h——层数。

（6）梅花形垛。对于需要立直存放的大桶装货物，将第一排（列）货物排成单排（列），第二排（列）的每件靠在第一排（列）的两件之间卡位，第三排（列）同第一排（列）一样，然后每排（列）依次卡缝排放，形成梅花形垛。梅花形垛货物摆放紧凑，充分利用了货件之间的空隙，节约了库场面积。

对于能够多层堆码的桶装货物，在堆放第二层以上时，将每件货物压放在下层的三件货物之间，四边各收半件，形成立体梅花形垛。

单层梅花形货垛货量计算为

$$A=(2B-1)L/2$$

式中　A——总件数；

L——长度方向的件数；

B——宽度方向的件数；

h——层数。

3. 垛形确定的依据

采取什么样的堆码形式，是由货物的种类、性能、数量和包装情况（包装的体积和形态、含量和支撑能力），以及仓库高度、设备条件、地面负荷和保管期限、储存季节等条件来决定的。不同的货物，有不同的保管要求，堆码的方法也应有所不同。

（1）需要经常通风的货物。有些货物有散湿、散热的特殊要求，如茶叶，特别是在梅雨季节，应堆通风垛。

（2）不耐压的货物。有的货物采用软性的包装，而货物本身受过重的压力容易损毁；有的货物由于包装质量较差，支撑能力低，受重压后，包装和货物也都会受到损毁。对这些货物的货垛高度应适当控制。

（3）无外包装而容易变形的货物。如轮胎、自行车圈、胶管等，承受重压过久就会变形，在储存期间应经常翻桩通风。且这类货物因容易倒桩，不宜堆得过高，如能采用专用货架保管更为妥善。

（4）容易渗漏的货物。桶装、瓶装的液体货物，如药品、化妆品等，由于本身的腐蚀性和包装质量的关系，往往发生渗漏情况，堆码时可采取行列式堆垛法。

（5）笨重货物。这类货物由于包装含量过大，在确定码高的层数时，既要考虑仓库的充分利用，又要考虑包装的支撑能力和库房地面的承重力，应留有余地，保持在安全系数之内。

4. 货垛的加固方法

为了保证货垛的不偏不斜、不歪不倒、稳定牢固，必要时，可以使用衬垫、绳网、木柱、钢柱等对货垛加以固定。货垛的加固如图 2—2—9 所示。

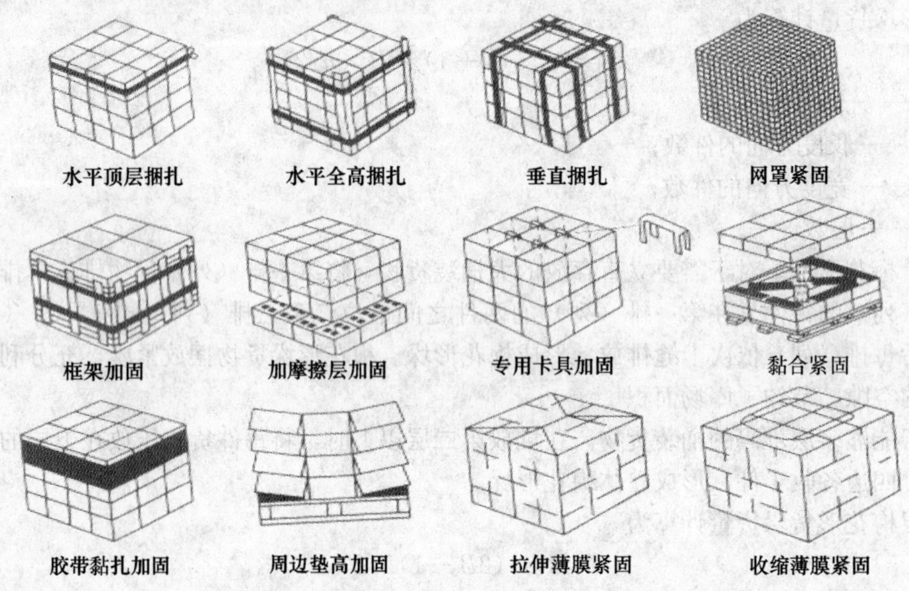

图 2—2—9 货垛加固

六、货物的苫盖与垫底

货物苫垫是防止各种自然条件对储存货物质量影响的一项安全措施。苫垫可分为苫盖和垫底。苫盖、垫底都应根据货物的性能、堆放场所、保管期限，以及季节、温湿度、光照日晒、风吹雨淋等情况合理选择。

1. 苫盖

苫盖一般是指对堆放在露天货场的货物，为避免直接日晒和风、雨、霜、雪的侵损所采取的保护措施。对于库房、货棚中有些需要防尘的货物也可作简单的苫盖。对苫盖的基本要求是：刮风揭不开，下雨渗不进，垛要整齐，肩有斜度。其主要方法有以下几种。

（1）苫布（篷布、塑料布等）苫盖法。这是用苫布把整个货垛遮盖起来的方法。要不留空隙，垛顶斜面必须平整，以免下雨时低凹地方积水，渗入垛内使货物受损。垛底的枕木、石块不可露在苫布外面，以防止雨水顺延渗入垛内。苫好后，要把苫布上的绳子紧拴在下面石墩或地面特设的拉襻（石柱、铁环等）上，以免被大风掀起。堆垛大小，要根据苫布面积而定，如垛大布小时，应用两块或几块苫布连接，苫布连接处要放宽重叠部分（一般要求为 1.5 m），上面块在外，下面块在内，以防止水从连接处渗入货垛。

（2）席片苫盖法。通常是指用芦席或草席自货垛底部逐渐向上作围盖，盖好后外形似鱼鳞的方法，也称“鱼鳞”苫盖法，可防止漏雨。

（3）竹架苫盖法。这是以粗竹竿在垛顶搭起人字架子（人字架搭多少，依货垛长度而定，一般以每隔 1 m 放一个为宜，货垛两端必须要放），再在人字架上苫盖席子（席子应上外下内，一直往下顺延，层层连接，直至整个货垛全部遮满）的方法。

（4）隔离苫盖法。这种方法主要适用于怕热、怕潮货物。操作时，垛间可用席片、竹片隔离；垛围可用席片反转向上层层钉牢，使货垛与席片之间留有一定空隙，以起到散热、散潮作用。苫盖货垛的方法很多，材料也不少，必须从实际出发，合理选择。苫盖货垛，还要注意不同的货物性能、季节气候和垛形的不同要求。如五金物品怕潮，苫垛必须更严密；多雨地区，苫垛的布、席等要加层，并注意连接处是否牢固、致密，以确保安全；温度过高地区，要注意垛形的散热、隔热性。再则，苫盖一定要便于进出仓操作和货物检查。

2. 垫底

垫底一般是指在货垛下面用各种物料铺垫，为防地面的潮湿，以便于通风，防止货物受潮、霉变、残损所采取的保护措施。

货物如何垫底，首先取决于储存场所和货物性能这两个基本条件。配送中心的条件很复杂，垫底工作一般主要在货场和底层库房（货棚）进行。货场和底层库房多数是泥土、煤屑或水泥地坪，本身所含水分的蒸发或受冷、暖空气的侵入会使垛底一二层货物受潮、霉变。因此，采取垫底措施是十分必要的。

露天货场垫底。货场在使用前，必须平整、夯实，四周开挖明沟，便于排除积水。货场上堆放的货垛体积和重量比较大，所以要选择较坚固耐压的垫底材料，如枕木、水泥块、花岗石等。垫底高度应视气候条件和防汛要求而定，一般应不低于 500 mm，地势低洼和可能积水的场地则要适当加高。垫底贴面一层，可放花岗石或水泥条（垫木贴面容易腐烂），上面再架设垫木或垫木架。要注意垫木或垫木架不能露在货垛外面，以防雨水顺着垫木流进货垛。

底层库房垫底材料，一般都用垫板、垫架、花岗石等，有时也用稻糠。垫底时，要注意垫底材料的排列方向，第一层垫木或石块的空隙要对准走道或门窗，以利垛底迎风、散潮。对于比较不耐潮的物品，还需在垫木架上加铺油毛毡、芦席或防潮纸等隔潮材料，以阻止地坪潮气侵入货物。垫底高度视仓内地坪标高而定，一般要求为 300 mm，使用垫木、垫架或石块等材料垫底时，要求与走、支道形成直线，以保持走、支道畅通和仓间整齐。

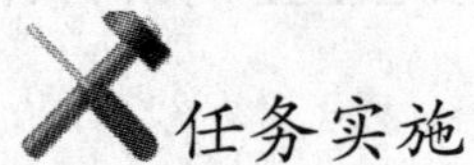

任务实施

1. 准备空托盘

在配送中心内，理货最需准备的主要设备即是空托盘（见图 2—2—10），根据现有四种货物的包装箱的尺寸，测算可能使用托盘的数量。

2. 整理货物

根据货物的性质与分类要求，将同一种类别的货物放在一起，并按货物外包装上所显示的标记、标志及物流标签把货物整理整齐，并放在理货区。

3. 选择堆码方法

配送中心内最常用堆码方法有重叠式堆码、正反交错式堆码、纵横交错式堆码、旋转交错式堆码等。根据货物性质及包装特点选用正反交错式堆码，如图 2—2—11 所示，货物垛

图 2—2—10　空托盘

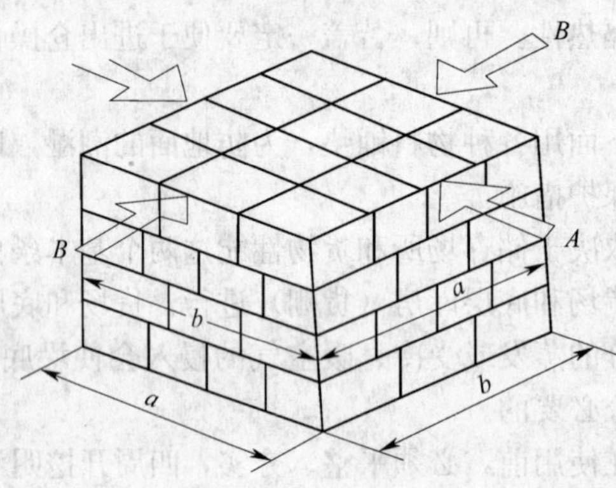

图 2—2—11　正反交错式堆码

形共四层，从下往上看：第一层与第三层的货物摆放的朝向一致，都朝向 B 方向；同理第二层与第四层货物摆放朝向也一致，都朝向 A 方向。奇数层与偶数层货物长度的朝向在水平上正好垂直。

4. 货物堆码

（1）将货物箱平行排列，根据托盘规格决定列数和每列的数量。

（2）堆码过程中按先远后近的原则堆码。

（3）将底层的货物箱堆码整齐，箱与箱之间不留空隙。

（4）箱与箱的交接应为正面与正面衔接，侧面与侧面衔接。

（5）将货物箱逐层堆码，层与层之间的货物箱平行，货物箱的四个角边重叠，方向相同，直到堆码完成。

堆码过程中，可能出现的堆码图谱，如图 2—2—12 所示。

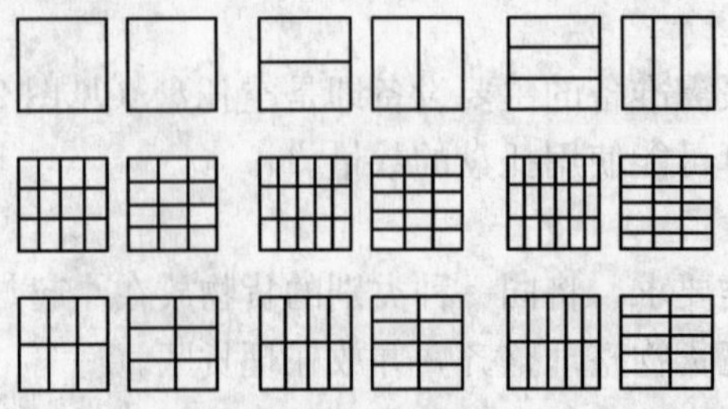
图 2—2—12　正反交错式图谱

5. 检查堆码质量

堆码合格的标准为：堆码的纸箱不超出托盘的范围，整齐，不超高。如果出现如图 2—2—13 所示的情况，则说明堆码不合格。

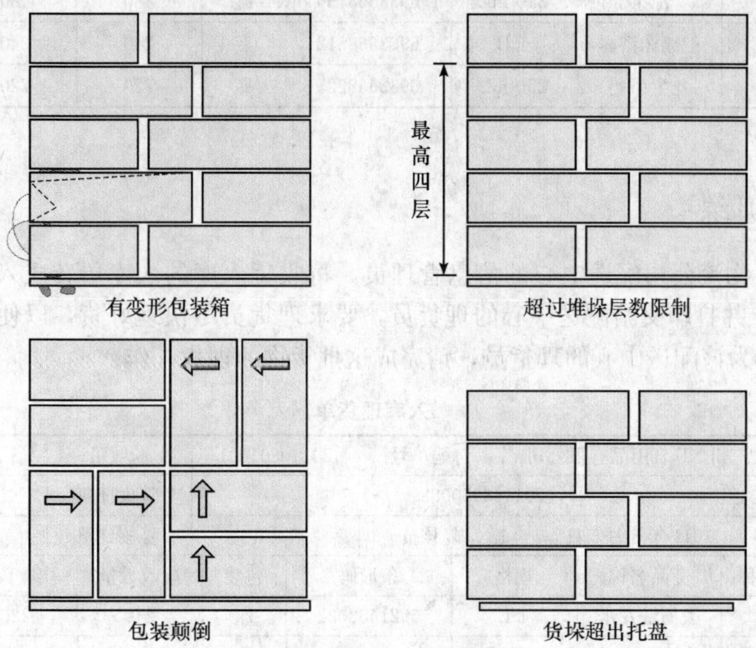

图 2—2—13 不合格的堆码

6. 复核货物数量

根据货垛清点货物数量，并与入库单的数量再次进行核对。

7. 完成理货作业

完成理货作业的方式有两种，一种即用无线手持设备，及时把理货确认的数据传到配送中心的信息系统内；另一种是填写入库理货单，然后把单据交还给信息处理员，由信息处理员更新确认货物库存信息。

(1) 理货人员利用无线手持设备登录相应的信息系统，完成理货，如图 2—2—14 所示。

图 2—2—14 无线手持设备

(2) 填写入库理货单（见表 2—2—3），然后把表格交还信息处理员，完成理货作业。

表 2—2—3 **入库理货单**

供货商	东莞 DF 食用品有限公司	订购单号	20110711001	验收员	王某
运单号	201107150088			验收日期	2011 年 7 月 15 日
运货日期	2011 年 7 月 15 日	复核员	陈先生	复核日期	2011 年 7 月 15 日

续表

序号	储位名称	商品名称	规格	条形码	包装	应收数量	实收数量	复核数量
1	S12	葱香排骨面	80 g	6921568022	盒	960	950	950
2	S22	凉茶	310 mL	6933568156	罐	480	480	480
3	T13	健康沐浴露	1 L	6903568512	瓶	240	240	240
4	S31	花生牛奶	250 mL	6953568225	瓶	720	720	720

技能训练

深圳 WL 物流公司配送中心的信息管理员，将收货入库的入库单转成入库理货单（见表 2—2—4），并打印交给配送中心的理货员，要求理货员尽快理好货，以便后继上架完成入库手续。作为该配送中心的理货员，请完成这批货物的理货工作。

表 2—2—4　　入库理货单

供货商	广州 NF 日用品有限公司	订购单号	20110801001	验收员	张某
运单号	201108050088			验收日期	2011 年 8 月 5 日
运货日期	2011 年 8 月 5 日	复核员		复核日期	

序号	储位名称	商品名称	规格	条形码	包装	应收数量	实收数量	复核数量
1	S12	去屑洗发水	1 L	6921568022	瓶	240	220	
2	S22	去痒沐浴露	1 L	6933568156	瓶	240	240	
3	T13	洁净洗手液	500 mL	6903568512	瓶	500	500	
4	S31	盒巾纸	130 抽	6953568225	盒	500	470	

思考与练习

1. 根据所学货物分类的知识，对教室中的所有物品进行分类，并写出分类的原则和方法。
2. 简述货物的标记、标志及物流标签。
3. 在对货物进行堆码的时候，应该如何选择合适的垛形？
4. 何种类型的货物在堆码操作之后需要进行加固操作？
5. 理货时货物出现货损，应该如何处理？损失应该由谁来负责，请说明原因。

任务 3　配送中心存货作业

学习目标

1. 了解装卸搬运和货位分配的原则及配送中心布局的类型
2. 掌握配送中心货位编码的方法
3. 能够使用装卸搬运设备完成存货作业

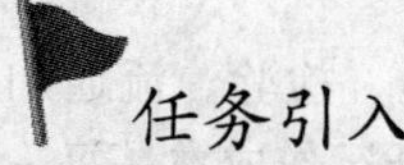

任务引入

深圳A物流公司配送中心的理货员整理好入库货物（见表2—3—1），并需要进一步按配送中心的区域划分和货位设计的原则，将货物搬运到指定的位置，以及使用相应的搬运装卸设备，将货物存放在指定的货架上，以完成货物的整个入库操作过程。作为该配送中心的理货员，应该如何存储这批入库货物？

表2—3—1　　入库理货上架单

<table>
<tr><td colspan="2">供货商</td><td colspan="2">东莞B食用品有限公司</td><td>订购单号</td><td>20110711001</td><td>验收员</td><td colspan="2">王某</td></tr>
<tr><td colspan="2">运单号</td><td colspan="4">201107150088</td><td>验收日期</td><td colspan="2">2011年7月15日</td></tr>
<tr><td colspan="2">运货日期</td><td colspan="2">2011年7月15日</td><td>复核员</td><td>张某</td><td>复核日期</td><td colspan="2">2011年7月15日</td></tr>
<tr><td>序号</td><td>货位名称</td><td>货物名称</td><td>规格</td><td>条形码</td><td>包装</td><td>应收数量</td><td>实收数量</td><td>复核数量</td></tr>
<tr><td>1</td><td>S123</td><td>葱香排骨面</td><td>80 g</td><td>6921568022</td><td>盒</td><td>960</td><td>950</td><td>950</td></tr>
<tr><td>2</td><td>S221</td><td>凉茶</td><td>310 mL</td><td>6933568156</td><td>罐</td><td>480</td><td>480</td><td>480</td></tr>
<tr><td>3</td><td>T131</td><td>健康沐浴露</td><td>1 L</td><td>6903568512</td><td>瓶</td><td>240</td><td>240</td><td>240</td></tr>
<tr><td>4</td><td>S311</td><td>花生牛奶</td><td>250 mL</td><td>6953568225</td><td>瓶</td><td>720</td><td>720</td><td>720</td></tr>
<tr><td colspan="2">理货时间</td><td></td><td>理货员</td><td></td><td colspan="2">上架情况</td><td colspan="2"></td></tr>
</table>

任务分析

本任务的重点在于配送中心理货员根据货物的实际情况，结合自己的工作经验，确定货物搬运的基本线路，选择合适的装卸搬运工具，搬运及上架货物，并利用无线手持终端设备，完成货物入库的整个过程。具体操作要点如下。

（1）根据货物的具体情况，选择合适的装卸搬运设备。

（2）确定货物到达储存位置的搬运线路。

（3）利用搬运设备将货物搬运到储存位置。

（4）利用装卸设备将货物存放在货架上。

（5）利用无线手持终端设备扫描条形码，或将理货单交回配送中心信息员，完成货物入库的整个过程。

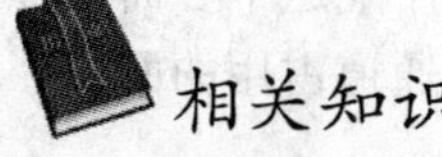

相关知识

配送中心货物由入库到最后出库，其中最重要的环节就是货物在库时的管理。也就是说，当货物进入配送中心后，应该如何放置、放置何处、如何管好。这些都属于存货作业管理的内容。存货作业管理的好坏决定了整个物流作业的顺畅与否。

储存作业管理应该达到以下几个目标：空间利用率的提高；劳动力及设备的有效使用；存取方便；质量保证；管理科学。

一、配送中心场所布局

配送中心储存场所除了储存货物之外，还进行货物的入库、装卸搬运、检验、流通加工、包装、出库等其他的作业程序，因此如何提高储存场所的利用率及降低运作成本是每一物流企业重点关注的问题。根据货物的特性、储存要求等，科学合理地设计配送中心场所区域布局，是储存货物第一步要做的事。

1. 配送中心总平面布局

配送中心总平面布局，不仅包括区域划分及建筑物等平面位置的确定，还包括运输线路的组织与布置、库区安全防护及绿化和环境保护等项内容。配送中心总平面布局，首先是按作业功能进行分区，根据配送中心各种建筑物性质、使用要求、运输关系及安全要求等，将货物性质相同、功能相近、联系密切，对环境要求一致的建筑物分成若干组；再结合配送中心用地内外的具体条件，合理地进行功能分区。应使配送中心总平面布局能充分、合理地利用机械化进行作业。

配送中心总平面一般可以划分为仓储作业区、辅助作业区、行政生活区。

(1) 仓储作业区。仓储作业区是配送中心的主体，配送中心的货物保管、检验、包装、分类、整理、存货、发货、配送等都在这个区域里进行。配送中心仓储作业区布局所要考虑的因素主要有减少运动的距离、有效地利用时间、充分利用配送中心面积。

(2) 辅助作业区。在辅助作业区内进行的活动是为主要业务提供各项服务，如设备维修、加工制造、各种机械的存放等。辅助作业区的主要建筑物包括维修加工场所，以及动力车间、车库、工具设备库、物料库等。

(3) 行政生活区。行政生活区由办公室和生活场所组成，具体包括办公楼、警卫室、化验室、宿舍和食堂。行政生活区一般布置在配送中心的主要出入口处，并与作业区用墙隔开。这样既方便工作人员与作业区的联系，又避免非作业人员对配送中心作业的影响和干扰。

仓储作业区与辅助作业区分开的目的，是避免在辅助作业区内发生的灾害事故危及存货区域。在划定各个区域时，必须注意使不同区域所占面积与配送中心总面积保持适当的比例。货物储存的规模决定了主要作业场所规模的大小。同时，配送中心主要作业的规模又决定了各种辅助设施和行政生活场所的大小。各区域的比例必须与配送中心的基本职能相适应，确保货物接收、发运和储存保管场所尽可能占最大的比例，提高配送中心的利用率。

在配送中心总平面布局时，需要规划仓库内搬运通道。货物出入库和库内搬运应相互衔接，但库内各个区域应保持贯通。这些搬运通道构成了配送中心内部四通八达的搬运网络。配送中心搬运网络布置得是否合理，对于配送中心组织仓储作业和有效利用配送中心面积都将产生很大的影响。另外，应在满足各项作业需要的前提下，尽可能减少通道占用的面积。

2. 配送中心存储作业区布局

配送中心存储作业区布局是指对货区内的货垛、通道、垛间距、收发货区等进行合理的规划，并正确处理它们的相对位置。配送中心存储作业区布局主要依据各类货物的出入库频率，按频率高低分为 A、B、C 类。A 类货物作业量大，应占据作业最有力的货位；B 类次之；C 类再次之。

配送中心存储作业区布局的形式可分为垂直式和倾斜式。

（1）垂直式布局。垂直式布局是指货垛或货架的排列与配送中心的侧墙互相垂直或平行，具体包括横列式布局、纵列式布局和纵横式布局。

1）横列式布局。横列式布局是指货垛或货架的长度方向与配送中心的侧墙互相垂直。这种布局的主要优点是主通道长且宽，副通道短，整齐美观，便于存取查点，如果用于库房布局，还有利于通风和采光；缺点是主通道占用面积多，使仓库的面积利用率减少。如图2—3—1所示，其中A、B、C分别表示出入库频率高、中、低货物存放的相应位置。

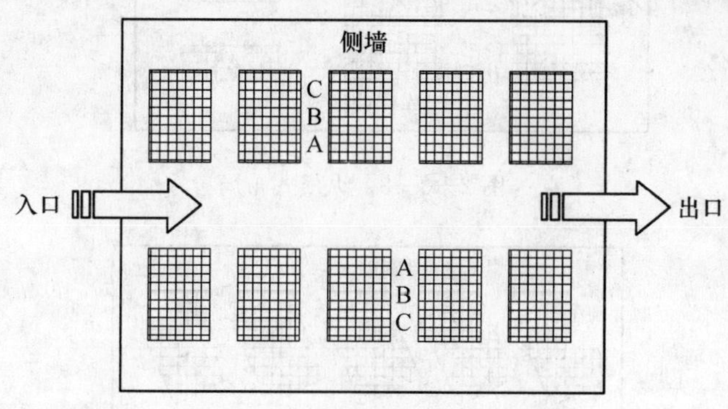

图2—3—1　配送中心横列式布局

2）纵列式布局。纵列式布局是指货垛或货架的长度方向与配送中心侧墙平行。这种布局的优点主要是根据库存货物的不同在库时间和进出频繁程度安排货位，在库时间短、进出频繁的货物放置在主通道两侧，在库时间长、进出不频繁的货物放置在里侧。如图2—3—2所示。

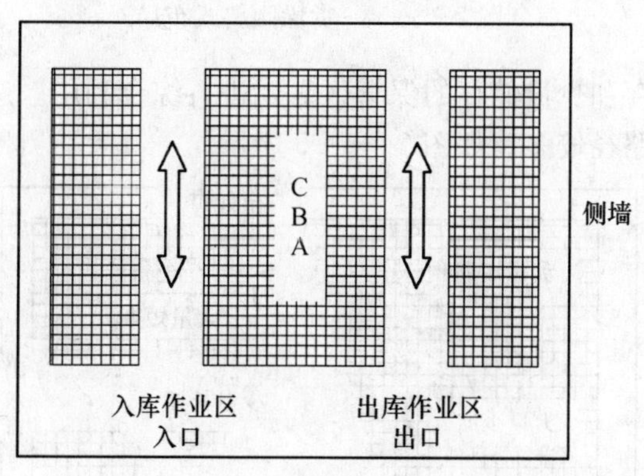

图2—3—2　配送中心纵列式布局

3）纵横式布局。纵横式布局是指在同一保管场所内，横列式布局和纵列式布局兼而有之，综合利用两种布局的优点。如图2—3—3所示。

（2）倾斜式布局。倾斜式布局是指货垛与货架与配送中心侧墙或主通道呈60°、45°或30°夹角。具体包括货垛倾斜式布局和通道倾斜式布局。

1）货垛倾斜式布局。货垛倾斜式布局是横列式布局的变形，是为了便于叉车作业，缩小叉车的回转角度，提高作业效率而采用的布局方式。如图2—3—4所示。

2）通道倾斜式布局。通道倾斜式布局是指通道斜穿保管区，把配送中心划分为具有不

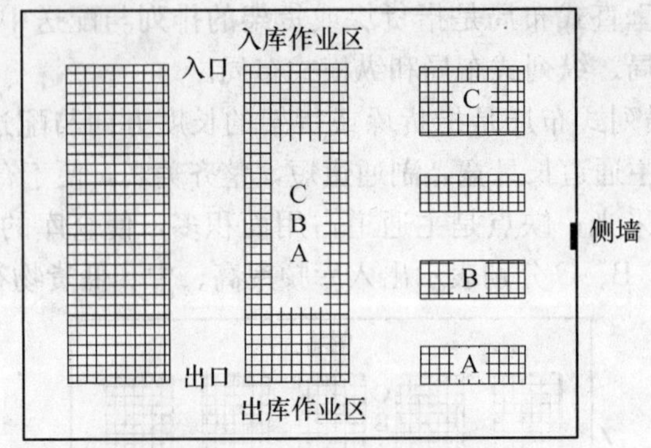

图 2—3—3 纵横式布局

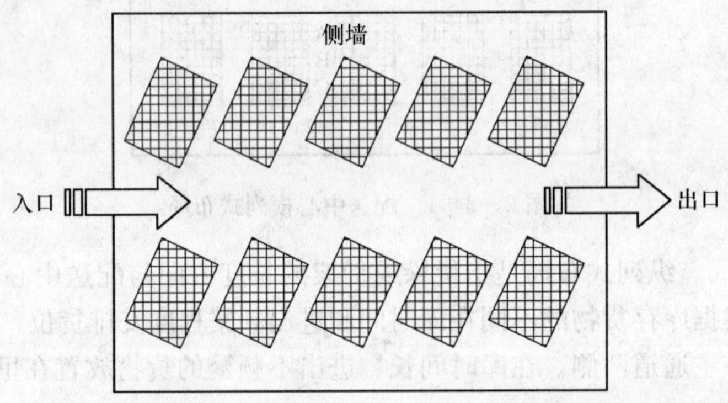

图 2—3—4 货垛倾斜式布局

同作业特点，如大量储存和少量储存的保管区等，进行综合利用。这种布局形式下，库内形式复杂，货位和进出库路径较多。如图 2—3—5 所示。

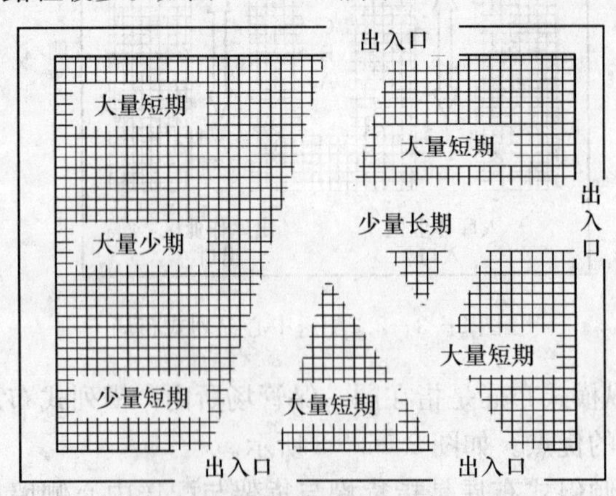

图 2—3—5 通道倾斜式布局

配送中心存储作业区布局的目的，一方面是为了提高配送中心平面和空间利用率；另一方面是为了提高存货保管质量，方便进出库作业，从而降低仓储处理成本。

二、装卸搬运的基本原则

装卸搬运只能改变劳动对象的空间位置，不能改变劳动对象的性质和形态，既不能提高又不能增加劳动对象的使用价值。但装卸搬运必然要有劳动消耗，包括活劳动消耗和物化劳动消耗。这种劳动消耗量要以价值形态追加到装卸搬运对象的价值中去，从而增加了产品成本。因此，应科学、合理地组织装卸搬运过程，尽量减少用于装卸搬运的劳动消耗，在装卸搬运作业合理化方面，可遵循以下七项原则。

1. 省力化原则

所谓省力，就是节省动力和人力。因为货物装卸搬运不产生价值，作业的次数越多，货物破损和发生事故的频率就越大，费用也越高。因此，首先应考虑尽量不装卸搬运或尽量减少装卸搬运次数，集装化装卸、多式联运、集装箱化运输、托盘一贯制物流等都是有效的做法；其次利用货物本身的重量和落差原理，如采用滑槽、滑板等工具；再次减少从下往上的搬运，多采用斜坡式，以减轻负重。总之，省力化装卸搬运原则是：能往下则不往上，能直行则不拐弯，能用机械则不用人力，能水平则不要上斜，能滑动则不摩擦，能连续则不间断，能集装则不分散。

2. 活性化原则

活性是指从物的静止状态转变为装卸状态的难易程度。如果容易或适于下一步装卸搬运作业，则活性化高。如配送中心中的货物整齐堆码则活性高，货物堆放乱七八糟则活性低；货物放在托盘上则活性高，货物散乱在地面上则活性低等。因此，要尽量选择活性高的装卸搬运操作。

3. 顺畅化原则

顺畅化是指作业场所无障碍、作业不间断、作业通道畅通，如叉车在配送中心中作业时应留有安全作业空间，转弯、后退等动作不应受面积和空间限制；人工进行货物搬运时应有合理的通道，脚下不能有障碍物，头顶应留有空间；不能人撞人，人挤人；用手推车搬运货物时，地面上不能坑坑洼洼，不应有电线、工具等杂物影响小车行走；防止机械化、自动化作业途中停电、线路故障、作业事故等。货物装卸搬运的顺畅化是确保作业安全、提高作业效率的重要方面。

4. 短距化原则

短距化是指以最短的距离完成装卸搬运作业，最明显的例子是生产流水线作业。它把各道工序连接在输送带上，通过输送带的自动运行，使各道工序的作业人员以最短的动作距离完成作业，大大节约了时间，减少了人的体力消耗，大幅度提高了作业效率。缩短装卸搬运距离不仅省力、省能，也能使作业快速高效。

在仓储作业区布局一定的情况下，组织工作水平的高低是决定搬运距离的主要因素。如对库房、堆场的合理分配，对物资在库房内、堆场内的合理布置，对收货、发货时专用线通道及货位的合理确定等，都能缩短搬运距离。如果这些问题处理不好，就会增加搬运距离。

5. 单元化原则

单元化装卸搬运是提高装卸搬运效率的有效方法，如集装箱、托盘等单元化设备的利用等都是单元化的例证。

6. 连续化原则

连续化装卸搬运的例子很多，如输油和输气管道、气体输送设备、带传送机、辊道输送机、旋转货架等都是连续化装卸搬运的有力证明。

7. 人性化原则

装卸搬运是重体力劳动，很容易超过人的承受限度。如果不考虑人的因素，就容易发生野蛮装卸、乱扔乱摔现象。在对搬运的东西包装和捆包时，应考虑人的正常能力和抓、拿的方便性，也应注重安全性和防污染性等。

三、货位管理

1. 货位分配原则

货位分配时应遵循以下基本原则。

(1) 明确标示储存位置。先将储存区域详细地进行规划，划分区域，并对每个区域进行明确的编号和定位。要做到不仅每一项预存的货物有明确的位置可以储放，而且每一个货位还必须能被明确的标示和记录。

(2) 有效定位存储货物。依据恰当的保管分区分类方式，确定合适的储存单位和储存方式，将货物准确地储存在预定的货位上。

(3) 准确记录货位的变动。当货物被放在预定货位后，就必须经常检查和维护，因出货、清仓或其他因素引起货物位置和数量变动时，必须准确记录，这样才能使实际货位情况与管理系统反映的信息一致，使管理系统对后续作业环节实现准确控制。这一原则是货位管理作业是否有效的关键所在，也是最烦琐的工作之一。

2. 货位管理流程

货位管理的目标是尽可能提高储存空间的使用效率，提高进出货及盘点作业速度，坚持先进先出，做到配送快，无缺货。同时，维护和保管好库存货物。要实现这一目标，在管理方法上应严格各种表格信息的登录和管理。同时，采用科学而有效的计算机控制技术，并做好系统的监督和维护工作。货位管理的流程（见图 2—3—6）为：从储存目标出发，确定相应的储存条件，在分析储存条件的基础上规划储存空间，并选定储存搬运设备及相应的配置方式，建设储存系统，然后对储存货位进行编码，货物通过人工表单或者自动控制系统进入预定的货位，在货位管理中还必须加强货位管理的检查与维护。

3. 货位编码方法

货位编码如同人的住址，货物编号如同姓名，一封信（记忆系统）只有在住址、姓名清楚的条件下，才能被迅速正确地送达收信人手中。一般货位编码的方法有四种。

(1) 地址式。利用保管区域中的现成参考单位，如建筑物第几栋、区段、排、行、层、格等，依照其相关顺序来进行编码，即“六号定位法”。这种编码方式由于其所标注代表的区域通常以一个货位为限，且其有相对顺序性可依循，使用起来容易、方便，所以目前是物流中心使用最多的编码方式。但由于其货位体积所限，适合一些量少或单价高的货品储存使用，如 ABC 分类中的 C 类货品。如果配送中心面积较小，也可采用“四号定位法”，即库、架、行、层，同样也能迅速定位货物位置，如图 2—3—7 所示，货位编码 01-09-03-04，表示存放在第一库房、第九货架、第三层、第四位。如果配送中心只有一个库房，但大的货位小还有具体的小位置，则同样也可采用“四号定位法”，即架、行、层、位，如 S123，表示

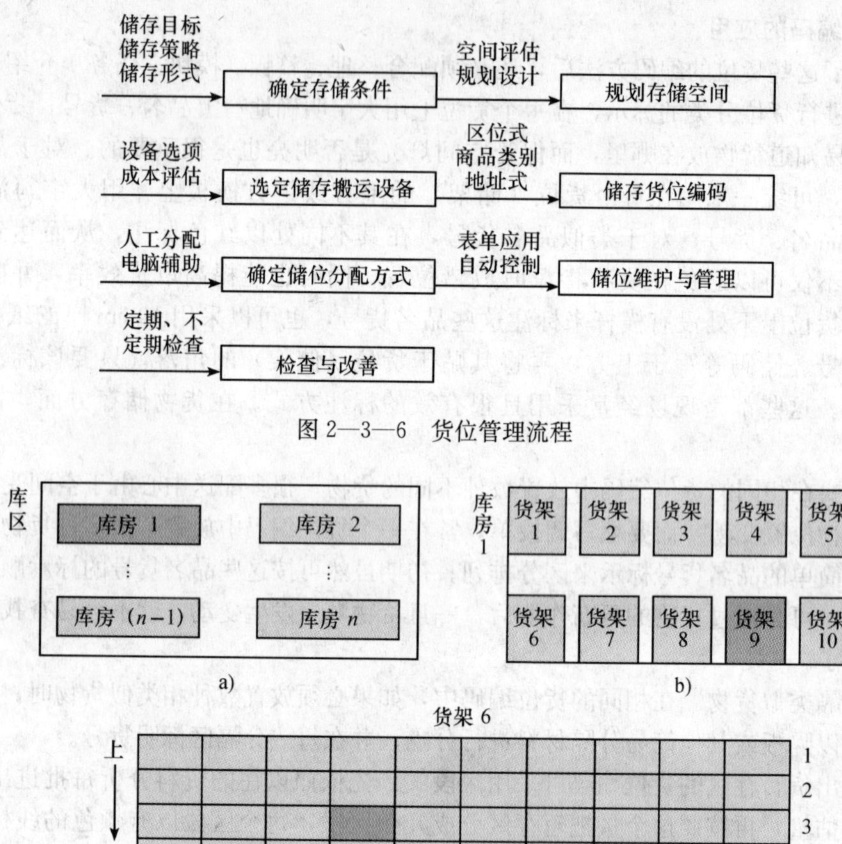

图 2—3—6 货位管理流程

图 2—3—7 四号定位法

a）库区 b）库房 c）货架

S货架、第一层、第二列、第三个位置。

（2）区段方式。把保管区域分割为几个区段，再对每个区段编码。此种编码方式是以区段为单位，每个号码所标注代表的货位区域将会很大，因此适用于容易单位化的货物及大量或保管周期短的货物。在ABC分类中的A、B类货物也很适合此种编码方式。以货物物流量的大小来决定其所占区段的大小，以货物进出货的频率来决定其配置的顺序。

（3）品项群别方式。把一些相关性货物经过集合以后，区分成几个品项群，再对每个品项群进行编码。此种编码方式适用于比较容易进行货物群别保管及品牌差距大的货物，如服饰、五金方面的货物。

（4）坐标式。利用空间概念来编排货位的方式，由于这种编排方式对每个货位定位切割细小，在管理上比较复杂，对流通率很小、需长时间存放的货物，因此对一些生命周期较长的货物比较适用。

一般而言，由于储存货物特性不同，所适合采用的货位编码方式也不同，而如何选择编码方式就得根据保管货物的储存量、流动率、保管空间布置及所使用的保管设备等选择。

4. 货位编码的应用

在了解了这些货位的编码方法后，还必须配合整理、整顿（模块三任务1介绍了相关知识内容）来进行货位分类的标示，在每个货位上用大字明确地写上品名、货号、货位、条形码，以便容易知道货物放在哪里，而保管空间灯光是否明亮也是很重要的。对于品名非常接近的情形，可统一采用在每个货位（储架）的上方或下方横板上，用大字写满这个货位的编号、品名、货号；对于类似品名货号，在其不同处以红色标注，从而达到醒目的目的。这样不仅可以避免在货物指派时放错位置，同时也能提高取货效率，并防止错误发生。若是货位上下处没有横杆来标注这些品名货号，也可以采用10 cm厚的纸板用大字把品名、货号、储码等写于上方，再将其贴于货位（储架）的角落，只要该标注不妨碍货物的存取。这些都是现场经常采用且很有效的标注方式。在货物储存方面，需要注意几个要点。

（1）不要在相同的货位编码中放置数种不同的货物。很多配送中心由于空间受限，或是为了简化货物位置变动，而要填写调拨单，常在一个货位编码中放置了很多种货物，这些货物仅靠一些简单的品名货号标示来区分排列。初期虽然可按这些品名货号的标示顺序来依序地拣取货物，可是经过货物的更新作业后，一旦货物顺序发生变动，就不容易查找、拣取所需要的货物了。

（2）分隔类似货物。在相同的货位编码中，如果必须放置数种相类似货物时，则应对这个货位空间以隔板或其他简易分隔材料进行分隔，并在每一分隔区标明货号。

（3）进出货暂存区的货位编码可采用区段式。先依照以往的资料分析每批进出的货量，求取一个概估量，再按照这个量把暂存区分成几个区段，每个区段以有颜色的线标示区分，并在每个区段前方靠近走道处标出20 cm大的储区编号。这样便可明了目前暂存区的存放情况，并作为相关作业的参考依据。

（4）对货物进行标示。存储区的编码及品名、货号的标示必须考虑补货的指引方便，尤其是流动货架在其后方的粘贴标示，甚至条形码也附上，以供补货时可用条形码读取机扫描，并作确认登录。

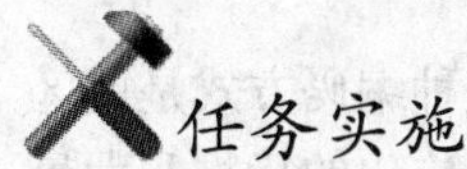

任务实施

1. 选择合理的装卸搬运工具

根据此批货物的特点，选择手动搬运车对货物进行搬运作业，用电动液压叉车进行上架作业。

2. 确定货物搬运行走线路

根据配送中心的仓储作业区布局，确定货物搬运线路，如图2—3—8所示。

3. 搬运货物

搬运货物（见图2—3—9）到相应的货架旁边，并使用电动液压叉车，把货架放在架上。

4. 上架作业

理货员根据货位理货单所显示的货物货位进行上架操作，如图2—3—10所示。

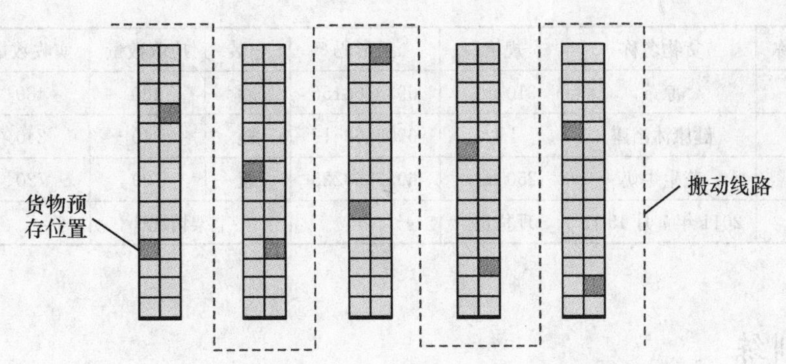

图 2—3—8 搬运行走线路

图 2—3—9 搬动货物操作

图 2—3—10 电动液压车上架操作

5. 完成整个入库操作过程

货品上架作业完成后，理货员使用无线手持设备（见图 2—2—14）扫描货架上的条形码，完成货物与货位之间的配对，完成整个入库操作过程，或者在理货上架单（见表 2—3—2）上填写上架完成情况，并将单据交还给配送中心的信息员。

表 2—3—2 入库理货上架单

供货商		东莞 B 食用品有限公司		订购单号	20110711001		验收员	王某
运单号		201107150088					验收日期	2011 年 7 月 15 日
运货日期		2011 年 7 月 15 日		复核员	张某		复核日期	2011 年 7 月 15 日
序号	货位名称	货物名称	规格	条形码	包装	应收数量	实收数量	复核数量
1	S123	葱香排骨面	80 g	6921568022	盒	960	950	950

续表

序号	货位名称	货物名称	规格	条形码	包装	应收数量	实收数量	复核数量
2	S221	凉茶	310 mL	6933568156	罐	480	480	480
3	T131	健康沐浴露	1 L	6903568512	瓶	240	240	240
4	S311	花生牛奶	250 mL	6953568225	瓶	720	720	720
理货时间		2011 年 7 月 15 日	理货员		上架情况		完成	

技能训练

深圳 A 物流公司配送中心的理货员整理好入库货物（见表 2—3—3）后，需要进一步按配送中心的区域划分和货位设计的原则，将货物搬运到指定的位置，并使用相应的搬运装卸设备将货物放入指定的货架上，以完成货物的整个入库操作过程。作为该配送中心的理货员，应该如何存储这批入库货物？

表 2—3—3　　入库理货上架单

供货商	广州 C 日用品有限公司		订购单号	20110801001		验收员	张某	
运单号	201108050088					验收日期	2011 年 8 月 5 日	
运货日期	2011 年 8 月 5 日		复核员			复核日期		
序号	储位名称	商品名称	规格	条形码	包装	应收数量	实收数量	复核数量
1	B121	去屑洗发水	1 L	6921568022	瓶	240	220	
2	C221	去痒沐浴露	1 L	6933568156	瓶	240	240	
3	D131	洁净洗手液	500 mL	6903568512	瓶	500	500	
4	E313	盒巾纸	130 抽	6953568225	盒	500	470	
理货时间			理货员		上架情况			

思考与练习

1. 配送中心的布局形式有哪几种？各具有哪些优点？

2. 装卸搬运的主要原则有哪些？哪些原则体现了提高效率？

3. 简述货位分配的原则。

4. 目前使用最广泛的货位编码方法是哪一种？

5. 任务 3 中，存货后，如果发现货物放错货架位置了，而且相关单据已经处理完并交给相应的人员，应该如何处理此情况？

模块三

配送中心在库业务

任务1　配送中心保管养护作业

学习目标

1. 了解配送中心保管养护的基本原则
2. 了解配送中心的保管养护的影响因素
3. 掌握配送中心的货物保管养护措施

任务引入

国际某ISO认证机构受邀到深圳A物流公司配送中心考察，发现其配送中心内货物保管养护工作不到位，如货物外包装上有明显的灰尘、货架上有其他不相关的物品、货物变质、货物外包装破损等，出现的问题见表3—1—1。作为该配送中心的保管员，应该如何处理这些常见问题？

表3—1—1　　保管保养常见问题

序号	产品类型	存在的主要问题	备注
1	水果类	货物未到期已变质	
2	日用品类	外包装灰尘多	
3	饮料类	货物变形或变质	
4	食品类	内外包装破损	
5	耗材类	与不相关货物放一起	
6	工具设备类	摆放不整齐	

任务分析

货物在配送中心的保养维护，是根据货物本身的理化性质及所处保管的场所的保管条件，采取行之有效的措施，来保证货物的质量和数量的仓库技术工作。其目的是保全货物原有的使用价值。货物的保管保养就是要采取有效的、经济的方法来延缓或抑制在库货物的质量和数量的变化，把它控制在不影响今后使用的范围内。做好货物的保管保养工作，需要结合 5S 管理进行，内容如下。

（1）对配送中心内的货物进行质量检查。

（2）使用温湿度计测量配送中心内的温度、湿度。

（3）控制配送中心内的温度、湿度。

（4）采取防霉腐措施防止货物变质。

（5）采取防虫鼠害措施防止货物损失。

（6）按 5S 管理要求，检查配送中心内部的工具设备及作业的规范性。

相关知识

一、保管养护的基本原则

储存在仓库中的货物种类繁多，并且有着不同的特性，因此在货物的保管保养过程中，养护工作的任务就是要针对货物的不同特性和储存要求，积极创造合理的储存条件，采取科学的养护技术措施，保证货物在储存中的安全。面向库存货物，根据库存数量的多少、发生质量变化的速度、危害程度、季节变化等因素，按轻重缓急分别研究制定相应的技术措施，使储存货物具有使用价值，以避免和减少货物损失，降低保管损耗，为企业创造经济效益和社会效益。

货物在养护过程中应遵循“以防为主、以治为辅、防治结合”的储存养护原则。要做到早防、早治，将防与治渗透到整个货物储存养护过程中。做好货物储存养护中的防治结合工作，不仅是养护技术问题，同时也是养护管理的问题。因此，需要运用科学合理的技术，不断实践，选择符合规律的、行之有效的养护措施，来搞好货物储存养护工作。货物在保管养护中应遵循的基本原则如下。

1. 掌握货物的性能，合理安排储存养护场地

货物进入储存养护状态之前，为了确保货物养护质量在出库时仍具有使用价值，应该充分了解和掌握货物的各项性能、储存要求等，采取分区分类储存方法，按储存“三一致”要求，进行储存养护场地的安排。

2. 严格入库验收

货物在入库之前，在运输、搬运、装卸、堆垛等过程中，可能受到雨淋、水湿、沾污或操作不慎，以及运输中震动、撞击致使货物或包装受到损坏，通过入库验收即能及时发现，以分清责任界限。因此，对入库货物除了核对数量、规格外，还应该按比例检查其外观有无变形、变色、沾污、生霉、虫蛀、鼠咬、生锈、老化、沉淀、聚合、分解、潮解、溶化、风化、挥发、含水量过高等异状，有条件的还应进行必要的质量检验。

3. 选择合理的堆垛苫垫

应根据入库货物的性质、包装条件、安全要求，采用适当的堆垛方式，以达到安全牢固、合理、定量、整齐和节约的仓储操作要求和“五距”要求。根据货物的包装形状、重

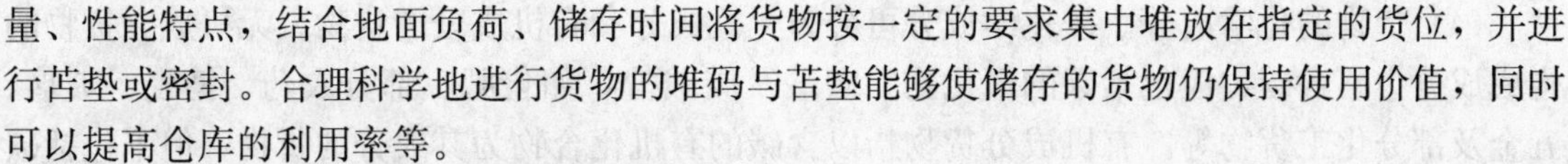

量、性能特点，结合地面负荷、储存时间将货物按一定的要求集中堆放在指定的货位，并进行苫垫或密封。合理科学地进行货物的堆码与苫垫能够使储存的货物仍保持使用价值，同时可以提高仓库的利用率等。

4. 加强配送中心温度、湿度控制管理

温度和湿度是影响各类货物在储存过程中发生质量变化的重要因素，因此，在货物储存过程中，对不同的货物应依据不同的储存要求，控制在一个适宜的温度、湿度范围内。这就需要科学掌握自然气候变化规律，并通过采取各种措施，使库房内的温度和湿度得到控制与调节，创造与货物养护适宜的温度、湿度条件，以确保货物的质量不变。

5. 坚持储存货物的在库检查

处于储存养护过程中的货物，由于受到自身和其他各种因素的影响，其质量发生变化是绝对的，只是变化快慢不同而已。因此需要根据其性质、储存条件、储存时间及季节气候变化，分别确定检查周期、检查比例、检查内容，进行日常检查、定期检查或临时检查。在检查中发现异状，要扩大检查比例，并根据具体情况，及时采取适当的技术措施处理，减缓货物的损失。

6. 开展科学试验研究

对入库储存的货物及时检验质量，开展对货物质量变化规律的研究和进行采取养护措施的科学试验，是养护科研工作的一项主要内容。通过试验的可靠数据，证实养护措施的可靠性以指导实践。再通过保管实践的数据反馈，使养护措施的可靠性得到验证，或根据其不足处再作进一步研究改进。

二、影响货物保管养护的因素

货物发生质量变化，是由一定因素引起的。为了确保货物的安全使用，必须找出其质量变化的原因，掌握其质量变化的规律。通常引起货物质量变化的因素有内因和外因两种，内因决定了变化的可能性和程度，外因是促进这些变化的条件。

1. 影响货物质量变化的内因

货物本身的组成成分、分子结构及其所具有的物理性质、化学性质和力学性质，决定了其在储存期发生损耗的可能程度。通常情况下，有机物比无机物易发生变化，无机物中的单质比化合物易发生变化，固态货物比液态货物稳定且易保存保管，液态货物又比气态货物稳定并易保存保管；化学性质稳定的货物不易变化，不易产生污染；物理吸湿性、挥发性、导热性都差的货物不易变化；机械强度高、韧性好、加工精密的货物易保存保管。

（1）货物的物理性质。货物的物理性质主要包括货物的吸湿性、导热性、耐热性、透气性等。

（2）货物的力学性质。货物的力学性质是指货物的形态、结构在外力作用下的反应。货物的这种性质与其质量关系极为密切，是体现适用性、坚固耐久性和外观的重要内容，它包括货物的弹性、可塑性、强度、韧性、脆性等。货物的这些力学性质对货物的外形及结构变化有很大影响。

（3）货物的化学性质。货物的化学性质是指货物的形态、结构，以及货物在光、热、氧、酸、碱、温度、湿度等作用下，发生货物本质改变的相关性质。与货物储存紧密相关的化学性质包括：货物的化学稳定性，货物的毒性、腐蚀性、燃烧性、爆炸性等。

（4）货物的化学成分。按化学成分可分为无机成分和有机成分的货物。无机成分货物的构成成分中不含碳，但包括碳的氧化物、碳酸及碳酸盐，如化肥、部分农药、搪瓷、玻璃、五金及部分化工货物等。有机成分货物指以含碳的有机化合物为其成分的货物，但不包括碳的氧化物、碳酸与碳酸盐。属于这类成分的货物，其数量相当庞大，如棉、毛、丝、麻及其制品，化纤、塑料、橡胶制品、石油产品、有机农药、有机化肥、木制品、皮革、纸张及其制品，蔬菜、水果、食品、副食品等。

（5）货物的结构。货物的种类繁多，各种货物又有各种不同形态的结构，所以要求用不同的包装盛装。如气态货物，其分子运动快、间距大，多用钢瓶盛装，其形态随容器而变；液态货物，其分子运动比气态慢，间距比气态小，其形态随容器形状而变；只有固态货物，有一定固定外形。

总之，影响货物发生质量变化的因素很多，这些因素主要包括货物的性质、成分、结构等内在因素，这些因素是既相互联系又相互影响的统一整体，工作中决不可偏废。

2. 影响货物质量变化的外因

货物储存期间的质量变化虽然是货物内部活动的结果，但与储存的外界因素有密切关系。这些外界因素主要包括自然因素、人为因素和储存期。

（1）自然因素。自然因素主要指温度、湿度、有害气体、日光、尘土、杂物、虫鼠雀害、自然灾害等。

1）温度对保管货物的影响。除冷库外，配送中心的温度直接受天气温度的影响，其内货物的温度也随天气温度同步变化。一般来说，绝大多数货物在常温下都能保持正常状态，大部分货物对温度的适应都有一定范围。但低沸点、易挥发的货物，在高温下易挥发；低熔点的货物，温度高时易熔化变形及粘连流失；具有自燃性的货物，在高温下因氧化反应而放出大量的热，当热量聚积不散时，导致自燃发生。温度过低，也会对某些货物造成损坏。

2）湿度对保管货物的影响。不同货物对环境湿度（相对湿度）要求有很大差别，部分货物的温度、湿度范围要求见表3—1—2。霉菌、微生物和蛀虫在适宜的温度和相对湿度高于60%时繁殖迅速，可在短时期内使棉毛丝制品、木材、皮革、食品等霉变、腐朽，部分霉菌生长的湿度范围要求见表3—1—3。具有吸湿性的货物，在湿度较大的环境中会结块。绝大多数金属制品、电线、仪表等在相对湿度达到或超过80%时，锈蚀速度加剧。但是某些货物对储存环境的要求是保持一定的潮湿度，如木器、竹器及藤制品等，在相对湿度低于50%的环境中会因失水而变形开裂，但是当相对湿度大于80%时又容易霉变，部分货物存储的相对湿度范围要求见表3—1—4。纯净的潮湿空气对货物的影响不大，尤其是对金属材料及其制品，但如果空气中含有有害气体时，即使相对湿度刚达到60%，金属材料及其制品也会迅速锈蚀。

表3—1—2　　部分货物的温度、湿度范围要求

种类	温度（℃）	相对湿度（%）
金属材料及其制品	5～30	≤75
碎末合金	0～30	≤75
塑料制品	5～30	50～70

续表

种类	温度（℃）	相对湿度（%）
压层纤维材料	0～35	45～75
树脂、油漆	0～30	≤75
汽油、煤油、轻油	≤30	≤75
重质油、润滑油	5～35	≤75
轮胎	5～35	45～65
电线	0～30	45～60
工具	10～25	50～60
仪表	10～30	70
轴承、钢珠、滚针	5～35	60
巧克力	18～22	50～65

表 3—1—3　　部分霉菌生长的湿度范围要求

项目	货物含水量（%）	相对湿度（%）
小部分曲霉	13	70～80
青霉	14～18	≥80
毛霉、根霉、大部分曲霉	14～18	≥90

表 3—1—4　　部分货物存储的相对湿度范围要求

货物名称	相对湿度（%）
棉花	≤85
棉布	50～80
毛织品	50～80
皮鞋、皮箱	60～75
烟叶	50～80
纸张、书籍	50～80
草制品、竹制品	60～75
鲜鸡蛋	80～90
茶叶	≤65
冻肉	90～95

3）大气中有害气体对保管货物的影响。大气中有害气体主要来自燃料，如煤、石油、天然气、煤气等燃料排放出的烟尘，以及工业生产过程中排出的粉尘、废气。能对空气产生污染的气体主要有氧、二氧化碳、二氧化硫、硫化氢、氯化氢和氮等。货物储存在有害气体浓度大的空气中，其质量变化明显。如二氧化硫气体溶解度很大，溶于水中能生成亚硫酸，当它遇到含水量较大的货物时，能强烈地腐蚀货物中的有机物。在金属电化学腐蚀中，二氧化硫也是构成腐蚀电池的重要介质之一。空气中含有 0.01%的二氧化硫，就能使金属锈蚀增加几十倍，使皮革、纸张、纤维制品脆化。特别是金属制品，必须远离二氧化硫发源地。

目前，主要是用改进和维护货物包装或在货物表面涂油涂蜡等方法，以减少有害气体对货物质量的影响。

4）日光、尘土、杂物、虫、鼠、雀等对库存货物的影响。适当的日光可以去除货物表面或体内多余的水分，也可抑制微生物等的生长，但长时期在日光下暴晒，会使货物或包装物出现开裂、变形、变色、退色、弹性降低等现象。尘土、杂物能加速金属锈蚀，影响精密仪器仪表和机电设备的精密度和灵敏度。虫、鼠、雀不仅能毁损货物和仓库建筑，还会污染货物。

自然灾害主要有雷击、暴雨、洪水、地震、台风等，对货物的影响不言而喻。

（2）人为因素。人为因素是指人们未按货物自身特性的要求或未认真按有关规定和要求作业，甚至违反操作规程，而使货物受到损坏和损失的情况。这些情况主要包括如下。

1）保管场所选择不合理。由于货物自身理化性质，决定了不同的货物在储存期所要求的保管条件不同，因此，对不同的货物应结合当地的自然条件选择合理的保管场所。一般条件下，普通的黑色金属材料、大部分建筑材料和集装箱可在露天货场储存；不耐雨雪侵蚀、阳光照射的货物应在普通库房及货棚中储存；要求一定温（湿）度条件的货物应相应存放在冷藏、冷冻、恒温、恒温恒湿配送中心；易燃、易爆、有毒、有腐蚀性的危险货物必须存放在特种配送中心。

2）包装不合理。为了防止货物在储运过程中可能受到冲击、压缩等外力而被损坏，应对货物进行适当的捆扎和包装，如果捆扎和包装不牢，将会造成倒垛、散包，使货物丢失和损坏。包装材料或包装形式选择不当，不仅起不到保护作用，还会加速货物受潮变质或受污染霉烂。

3）装卸搬运不合理。装卸搬运活动贯穿于仓储作业过程的始终，是一项技术性很强的工作，对各种货物的装卸搬运均有严格规定，如对平板玻璃必须立放挤紧捆扎，大件设备必须在重心点起钩吊装，胶合板不可直接用钢丝绳吊装等。实际工作表明，装卸搬运不合理，不仅会给货物造成不同程度的损坏，还会给劳动者的生命安全带来威胁。

4）堆码苫垫不合理。垛形选择不当、堆码超高超重、不同货物混码、没有按需苫盖或苫盖方式不对，都会导致货物损坏变质。

5）违章作业。在库内或库区违章明火作业、烧荒或吸烟可能会引发火灾，从而造成更大的损失，带来更大的危害。

（3）储存期。货物在仓库中停留的时间越长，受外界因素影响发生变化的可能性就会越大，而且发生变化的程度也会越深。

货物储存期的长短主要受采购计划、供应计划、市场供求、技术更新、甚至金融危机等因素的影响，因此配送中心应坚持先进先出的发货原则，定期盘点，将接近保存期限的货物及时处理，对于落后产品或濒临淘汰的产品，限制入库或随进随出。

三、货物保管养护的措施

配送中心应高度重视货物保管工作，以制度、规范的方式明确保管养护工作责任，并针对各种货物的特性制定保管方法和程序，充分利用现有的技术手段开展针对性的保管养护。

配送中心的保管养护措施主要有：经常对货物进行检查测试，以及时发现异常情况；及时、合理地对货物通风；控制阳光照射；防止雨雪水浸湿货物，及时排水除湿；除虫灭鼠，消除虫鼠害；妥善进行湿度控制、温度控制；防止货垛倒塌；防霉除霉，剔出变质货物；对特殊货物采取针对性的保管措施等。

1. **定期检查保管货物**

在配送中心内保管的货物性质各异、品种繁多、规格型号复杂、进出库业务活动每天都在进行，而每一次货物进出库业务都要称量货物或清点件数，加之货物受周围环境因素的影响，使货物可能发生数量或质量上的损失，所以对保管货物和仓储工作进行定期或不定期检查非常必要。

2. **搞好配送中心清洁卫生**

储存环境不清洁，易引起微生物、虫类寄生繁殖，从而危害货物。因此，对配送中心内外环境应经常清理，彻底铲除仓库周围的杂草、垃圾等物，必要时使用药剂杀灭微生物和潜藏的害虫。对容易遭受虫蛀、鼠咬的货物，要根据货物性能和虫鼠生活习性及危害途径，及时采取有效的防治措施。

3. **控制配送中心货物温度、湿度**

温度是表示物质冷热程度的物理量，具体是指温标上的标度。目前工作中都采用1968年的国际实用温标，即国际实用摄氏度；湿度是表示大气干湿程度的物理量，常用绝对湿度、饱和湿度、相对湿度等方法表示。相对湿度表示的是空气的潮湿程度，是仓库湿度管理中的常用标度。相对湿度越接近100%，说明绝对湿度越接近饱和湿度，空气越潮湿；反之，空气越干燥。在气温和气压一定的情况下，绝对湿度越大，相对湿度也越大。

（1）温度、湿度的测量。配送中心的温度、湿度管理是一项基本工作，配送中心保管员要定时观测并记录绝对湿度、相对湿度、温度等。在库房内应将温度、湿度表放置在库房中央，离地面约1.4 m处，不可放在门窗附近或墙角。库房外测量时，应设置百叶箱，内放温度、湿度计。百叶箱应置于空旷通风的地方，距地面约1 m，箱门向北。

1）温度的测定方法。测量库内外温度时需要使用温度计。经常使用的温度计都是根据水银或酒精热胀冷缩的原理制成的，构造简单。此外，还有自动温度计，它是连续测量并自动记录气温变化的仪器，主要由感应部分和自动记录部分组成。感应部分是利用双金属片膨胀系数的不同来测定的，自动记录部分由筒形的自动记录钟组成。

2）湿度的测定方法。测定湿度主要使用干湿球温度计和自动记录湿度计。

干湿球温度计是把两支同样的温度计平行固定在一块板上，其中一支温度计的球用纱布包裹，纱布的一端浸泡在一个水盆里，利用水分蒸发时吸热的原理，两个温度计显示一定的温度差，在测得两支温度计温度的同时，可以查对“温湿对照表”，获得此时库内或大气的相对湿度值。

自动记录湿度计可以连续记录空气中的湿度变化，它也是由感应部分和自动记录部分组成的。其中感应部分用脱脂的毛发制成，毛发属于纤维组织，有许多毛细孔，当空气中湿度增大时，毛发吸收水分而膨胀，当空气中的水分减少时，毛发失去部分水分而收缩；自动记录部分与自动温度记录计相同。

（2）温度湿度变化规律。温度的日变化规律通常为单峰型，即大气温度从8时开始迅速升高，到14—15时达最高值，过后随着日照减弱而逐渐下降，到次日2时左右为最低。温度的年变化规律因各地区地理位置和地形地貌不同而各有差异。如云贵高原四季如春，四季温差不大；东南沿海和海南无明显冬季，只有雨季和旱季之分；内陆地区及其他地区四季分明，年最低温度在1月中旬至2月中旬，5月后气温显著升高，7月中旬至8月中旬为气温最高时期。在货物保管中，1—2月须防低温冻坏货物；7—8月须防高温。结合地理位置来看，淮河以南地区以防高温为主，防冻为辅；淮河以北广大地区及东北、西北地区以防冻为主，防高温为辅。

绝对湿度反映空气中水蒸气的实际含量，由于在不同的自然地理条件下，或在不同的季节中，绝对湿度的日变化规律不完全相同，因此在我国有一高一低（单峰型）和两高两低（双峰型）绝对湿度日变化形式：单峰型是指绝对湿度在一天内出现一次最高值和一次最低值，这种类型出现在沿海地区及江湖一带，内陆地区的秋冬季节也常表现为这种类型。这种变化为每日日出前气温最低时，绝对湿度最低；日出后随着气温增高绝对湿度增大，至14—15时达到最高值，而后随日照减弱绝对湿度降低。双峰型是指绝对湿度在一天内出现两次最高值和两次最低值，一般内陆地区春夏季节绝对湿度日变化属这种类型。这种变化为日出前绝对湿度最低，日出后随气温上升，绝对湿度迅速增加，8—9时出现第一次绝对湿度最高；随即大气垂直运动加快，热交换运动开始，地面热湿空气上升，空中干冷空气下降，干湿空气混合使绝对湿度开始下降，14—15时热交换运动相对停止时，绝对湿度达到第二次最低，之后水蒸气又在不断蒸发，20—21时绝对湿度达到第二次最高。绝对湿度的年变化受降雨雪量的影响最大，一般情况下雨季绝对湿度高。北方地区七八月份为雨季，绝对湿度最高，东北地区冬季绝对湿度最高，南方地区四五月份进入梅雨季节，此时绝对湿度最高。

相对湿度也有日变化和年变化的一般规律。相对湿度的日变化基本上由气温变化决定，气温上升，由于饱和湿度增大，于是相对湿度减小；而气温下降，饱和湿度降低，相对湿度增大。

（3）控制配送中心的货物温度。普通配送中心的温度控制主要是避免阳光直接照射货物，因为阳光直接照射的地表温度要比气温高很多，午间甚至高出近一倍。配送中心遮阳采用建筑遮阳和苫盖遮阳。不同建筑材料的遮阳效果不同，混凝土结构遮阳效果最佳。不耐热货物应存放在配送中心内阳光不能直接照射的货位。

对温度较敏感的货物，在气温高时可以采用洒水降温，包括采取直接对货物洒水，对不耐水货物可以用苫盖、仓库屋顶洒水降温。在日晒降低的傍晚或夜间，将堆场货物的苫盖适当揭开通风，也是对露天堆场货物降温保管的有效方法。

货物自热是货物升温损坏的一个重要原因。对容易自热的货物，应经常检查其温度，当发现升温时，可以采取加大通风、洒水等方式降温，并翻动货物散热降温；必要时，可以采取在货垛内存放冰块、释放干冰等措施降温。

此外，仓库里的热源也会造成温度升高，应避开热源，或者在高温季节避免使用仓库内的热源。

在严寒季节，气温极低时，可以采用加温设备对货物加温防冻。在预报的寒潮袭来之前对货物进行保暖苫盖，也具有短期保暖效果。

（4）降低配送中心的空气湿度。空气除湿是利用物理或化学的方法，将空气中的水分除去，以降低空气湿度的一种有效方法。除湿的方法主要有：利用冷却方法使水汽在露点温度下凝结分离；利用压缩法提高水汽压，使之超过饱和点，成为水滴而被分离除去；使用吸附剂吸收空气中的水分。

1）冷却法除湿。这种方法是利用制冷的原理，将潮湿空气冷却到露点温度以下，使水汽凝结成水滴分离排出，从而使空气干燥的一种方法，也称为露点法。通常采用的是直接蒸发盘管式冷却除湿法。其原理是在冷却盘管中，直接减压蒸发来自压缩制冷机的高压液体冷媒，以冷却通过盘管侧的空气，使之冷却到所要求的露点以下，水汽凝结成水被除去。冷却除湿装置主要由压缩机、冷凝器、膨胀阀、冷却盘管等组成。

2）吸湿剂吸湿。这种除湿方法是最常用的方法之一，可分为静态吸湿和动态吸湿。

静态吸湿是将固体吸湿剂静止放置在被吸湿的空间内，使其自然与空气接触，吸收空气中的水分，以达到降低空气湿度的目的。常用的吸湿剂有氧化钙（即生石灰）、氯化钙、硅胶、木炭等。静态吸湿的最大特点是简便易行，不需要任何设备，也不消耗能源，一般仓库都可采用，是目前应用最广泛的除湿方法。它的缺点是吸湿比较缓慢，吸湿效果不够明显。

动态吸湿是利用吸湿机械强迫空气通过吸湿剂进行吸湿。通常是将吸湿剂氯化钙装入特制的箱体内，箱体有进风口和排风口。在排风机械的作用下，将空气吸入箱体内，通过吸湿剂吸收空气中的水分，从排风口排出的是比较干燥的空气。这样反复循环吸湿，可将空气干燥到一定程度。这种吸湿方法吸湿效果比较好，但需要不断补充氯化钙，吸湿后的氯化钙需要及时得到脱水处理。比较理想的情况是设置两个吸湿箱体，每个箱体内都有脱水装置。利用一个箱体内干燥的吸湿剂，吸收空气中的水分；而利用另一个箱体内饱和状态的吸湿剂，进行脱水再生。两个箱体交互吸湿，可达到吸湿的连续性。这种连续的吸湿方法只需花费较少的运转费，就能进行大容积的库内吸湿，因为4～8 h即可使吸湿剂再生一次，因此需要的吸湿剂量较少。两个箱体可实现自动切换，不需要人工操作，但这种设备的结构相对比较复杂，成本比较高。

吸湿剂的用量，是根据库房内空间总含水量和所使用的吸湿剂的单位重量的最大吸水量，来确定的。

（5）通风控制配送中心的货物温度和湿度。通风是指根据大气自然流动的规律，有计划、有目的地组织库内外空气的对流与交换的重要手段，是调节库内温度和湿度、净化库内空气的有效措施。通风方式：按通风动力，配送中心通风可分为自然通风和强迫通风两种方式。自然通风是利用库内外空气的压力差，实现库内外空气交流置换的一种通风方式。这种通风方式不需要任何通风设备，因而也就不消耗任何能源，而且通风换气量比较大，是一种最简便、经济的通风方式。自然通风按通风原理可分为风压通风和热压通风。

配送中心通风必须选择最适宜的时机，如果通风时机不当，不但不能达到通风的预期目的，而且有时甚至会出现相反的结果。例如，想通过通风降低库内湿度，但由于通风时机不对，可能反而造成库内湿度增大。因此，必须根据通风的目的，确定有利的通风时机。

1）通风降温。对于库存货物不耐热而对大气湿度要求不严的仓库，可利用库内外的温差，选择适宜的时机进行通风，只要库外的温度低于库内，就可以通风。对于不耐热又不耐潮的货物，在通风降温时，除了满足库外温度低于库内温度的条件外，还必须同时考虑库内外湿度的情况，只有库外的绝对湿度低于库内时，才能进行通风。由于每天早晨日出前库外气温最低，绝对湿度也最低，所以是通风降温的有利时机。

2）通风降湿。仓库通风的目的，多数情况下是为了降低库内湿度。降湿的通风时机不易掌握，必须对库内外的绝对湿度、相对湿度和温度等进行综合分析。最终通风的结果应使库内的相对湿度降低，但相对湿度是绝对湿度和温度的函数，只要绝对湿度和温度有一个因素发生变化，相对湿度就随之发生变化。如果绝对湿度和温度同时变化，情况就比较复杂了。在温度一定的情况下，绝对湿度上升，相对湿度也随着上升；若温度也同时上升，则饱和湿度上升，相对湿度又会下降，这时上升和下降的趋势有可能互相抵消。如果因温度关系引起相对湿度的变化，大于因绝对湿度关系而引起的相对湿度的变化，其最终结果是相对湿度将随温度的变化而变化；反之，如果绝对湿度关系引起的相对湿度的变化大于因温度关系而引起的相对湿度的变化，其最终结果是相对湿度将随着绝对湿度的变化而变化。一般情况下，可参照表 3—1—5，掌握通风时机。

表 3—1—5　　　　通风降湿条件参考表

温度		相对湿度		绝对湿度		通风与否
库外	库内					
低	高	低	高	低	高	可以
高	低	低	高	低	高	可以
低	高	相等	相等	低	高	可以
高	低	低	高	相等	相等	可以
相等	相等	低	高	低	高	可以
低	高	高	低	低	高	可以
高	低	高	低	高	低	不可以
低	高	高	低	高	低	不可以
高	低	相等	相等	高	低	不可以
相等	相等	高	低	高	低	不可以

在通风降湿过程中，还要注意防止库内出现结露现象，即对露点温度应严加控制。当库外温度等于或低于库内空气的露点温度，或库内温度等于或低于库外空气的露点温度时，都不能进行通风。

3）通风注意事项。一般情况下应尽可能利用自然通风，只有当自然通风不能满足要求时，才考虑强迫通风。一般仓库不需要强迫通风，但有些仓库，如化工危险品仓库，必须考虑强迫通风，因库内的有害气体，如不及时排除，就有发生燃烧或爆炸的危险，有的还会引起人体中毒，酿成重大事故。

在利用自然通风降湿的过程中，应注意避免因通风产生的副作用。如依靠风压通风时，一些灰尘杂物容易随着气流进入库内，对库存物资造成不良影响，所以当风力超过五级时不宜进行通风。

强迫通风多采用排出式，即在排气口安装排风扇。但对于会产生易燃、易爆气体的仓库和会产生腐蚀性气体的仓库，则应采用吸入式通风方式。因为易燃、易爆气体经排风口向外排放时，如排风扇电动机产生火花，就有引发燃烧爆炸的危险；而腐蚀性气体经排风扇向外排放时，易腐蚀排风机械，从而降低其使用寿命。若采用吸入式通风方式，可使上述问题得到解决。

通风机械的选用，应根据实际需要与可能，并要考虑经济实用。通风机械分为轴流式和离心式两种。一般仓库可采用轴流式通风机，因为它通风量比较大，动力能源消耗少，其缺点是产生的空气压力差小，适用于在阻力较小的情况下进行通风；离心式通风机产生的空气压力差大，但消耗能量多，适用于在阻力大的情况下进行通风。

通风必须与仓库密封相结合。当通风进行到一定时间，达到通风目的时，应及时关闭门窗和通风孔，使仓库处于相对的密封状态，以保持通风的效果。所以，不但开始通风时应掌握好时机，而且停止通风时也应掌握好时机。另外，当库外由于天气的骤然变化而引起温湿度大幅度变化时，也应立即中断通风，将仓库门窗紧闭。

总之，库房通风方式的选择与运用，取决于库存材料的性质所要求的温度和湿度，取决于库房条件，如库房大小、门窗和通风洞的数量、地坪的结构等，同时还取决于地理环境和气象条件，如库房位于城市、乡村、高原、平地或江、河、湖、海畔等。因此，必须根据不同地区、不同季节和不同库房条件等，从货物安全角度出发，选择通风方式，因地、因物、因时制宜，正确地掌握与运用库房通风这一手段，以确保库存货物的质量完好。

为了保证保管质量，除了温度、湿度、通风控制外，还应根据货物的特性采取相应的保管措施。如对货物进行油漆、涂刷保护涂料、除锈、加固、封包和密封等，发现虫害及时杀虫，释放防霉药剂等针对性保护措施。必要时采取转仓处理，将货物转入具有特殊保护条件的仓库，如冷藏。

四、货物的霉腐防治

对仓库内霉腐的防治，也是搞好货物保管的一个重要组成部分。货物的霉腐是指在某些微生物的作用下，引起物品生霉、腐烂和腐败发臭等质量变化的现象。引起货物霉变的主要有以下几种微生物：霉菌、细菌、酵母菌。霉菌分为曲霉、毛霉、青霉、根霉、木霉五种。曲霉又分为棒曲霉、灰绿曲霉、黑曲霉三种。细菌主要是破坏含水量较大的动植物食品，对日用品、工业品也有影响。酵母菌主要引起含有淀粉、糖类的物质发酵变质，对日用品、工业品也有直接危害。

霉菌是菌丝，单个霉菌人眼无法看见，千千万万的各种不同的霉菌集中生长繁殖在物体上，才可以清楚地看见毛状、绒状、网状物或斑点。酵母菌是单细胞的低级生物，当货物的水分、温度增加，酵母菌分泌酵素，分解破坏货物的有机成分，使货物发酵产生酒气味。除了霉菌、酵母菌以外，黑腐病菌、黑斑病菌等细菌，也会使货物霉腐变质。

1. 常见易霉腐货物

由于糖类、蛋白质、油脂和有机酸等物质是微生物生长繁殖所必需的营养物质，因此，凡是生物制品如植物的根、茎、叶、花、果及其制品，动物的皮、毛、骨、肌体、脏器及其制品，在适宜于菌类生长的条件下，都易发生霉变。矿产品、金属物品本身虽不会发霉，但如沾染污垢或以生物为原料制成的附件、配件，在一定条件下，菌类也会生长。一般在配送中心中，主要有下列各类货物容易生霉：棉麻、纸张等含纤维素较多的货物；鞋帽、纸绢制品（含糠糊、浆料）等含淀粉的货物；皮毛、皮革、丝毛织物等含蛋白质较多的轻纺工业品；鱼肉蛋乳及制品等含蛋白质较多的食品货物；烟酒糖茶、干鲜果菜等含多种有机物的货物。

2. 货物霉腐的防治

霉腐微生物的生存必须有一定的外界条件，否则就不能生存。因此，要用科学的方法保管货物，使霉腐微生物得不到适宜的生存条件。

(1) 化学药剂防治霉腐。药剂能杀灭和抑制霉菌，其机理主要是使菌体蛋白质变性、沉淀、凝固，破坏菌体正常的新陈代谢，降低菌体细胞表面张力，改变细胞膜的通透性，导致细胞的破裂或分解，即可抑制酶体的生长，通常称这类药剂为防霉腐剂。有些货物可采用药剂防治霉腐，在生产过程中加入防霉腐剂，或把防霉剂喷洒在货物体和包装物上，或喷散在配送中心内，可达到防霉的目的。

有实际应用价值的防治霉腐药剂应该是低毒的，这样使用才比较安全；要有较强的适应性；有很好的效果以确保货物能长时间储存。常用的防霉剂有百菌清、多菌灵、灭菌丹、菌霉净、尼泊金酯类、苯甲酸及其钠盐等。苯甲酸及其钠盐对人体无害，是国家标准规定的食品防腐剂；托布津对水果、蔬菜有明显的防腐保鲜作用；水杨酰苯胺及五氯酚钠等对各类日用工业品及纺织品、服装鞋帽等有防腐的作用。

在使用化学药剂防治霉腐时，可采取下列方法：可将防霉剂溶成溶液，喷洒或涂布在货物表面；将货物浸泡在一定浓度的防治霉腐溶液中；可在生产包装材料时添加防霉剂，再用这种防霉包装材料包装产品，或者将一定比例的防治霉腐药剂直接加到制品中去；将挥发性的防霉腐剂（如多聚甲醛、环氧乙烷）包成小包，密封于货物包装袋中，通过防霉腐剂的挥发成分防止货物霉腐，这种方法又称为气相防霉腐。

(2) 气调防治霉腐。霉腐微生物与生物性货物的呼吸代谢都离不开空气、水分、温度这三个因素，只要有效地控制其中一个因素，就能达到防止货物发生霉腐的目的。气调防治霉腐的方法就是利用这样的原理，在密封条件下，改变空气的组成部分，降低氧气的浓度，抑制霉腐微生物的生命活动，从而达到防治霉腐的目的。当空间中二氧化碳浓度为 10%～14%时，对霉菌有抑制作用，若浓度超过 40%时，即可杀死多数霉菌。气调防霉腐的方法有密封法和降氧法两种。

密封法。密封法是保证气调防治霉腐的关键，以不透气为宜。并且应该安装测气口、测温口、充气口、抽气口、取样口等装置。

降氧法。即控制空气中氧的浓度，人为地造成一个低氧的环境，使霉腐微生物生长繁殖及生物性货物的呼吸受到限制。目前较普遍采用的方法有人工降氧法和自然降氧法。人工降氧法可在空气中充氮，把货物的货垛或包装用厚度不小于 0.25～0.3 mm 的塑料薄膜进行密封，用气泵先将货垛或包装中的空气抽到一定的真空程度，再将氮气充入。也可以充二氧化碳，但是不必将密封货垛抽成真空，少量抽出一些空气，然后充入二氧化碳，当二氧化碳气体的浓度达到 50%时，即可对霉腐微生物产生强烈的抑制和杀灭作用。这种方法效果显著，应用面广。自然降氧法就是在密闭的储藏室中，利用生物性货物自身的呼吸作用，逐渐消耗密封垛内的氧气，使密封垛内自行逐步降低氧气的浓度，增加二氧化碳的浓度，从而达到自然降氧，防止货物霉腐的目的。这种方法虽然工艺简单，管理方便，但效果一般，所以多应用于水果、蔬菜的防霉腐保鲜。

(3) 低温防霉腐。多数含水量大、易发生霉腐的生物性货物，如鲜肉、鲜鱼、水果、蔬菜等，要长期保管，多采用低温防霉腐的办法。这种方法就是通过降低货物本身及仓库内的温度，一方面抑制生物性货物的呼吸、氧化过程，使其分解受阻；另一方面抑制霉腐微生物的代谢与生长，从而达到防霉腐的目的。低温防霉腐所需的温度与时间，应以具体货物而定，一般温度越低，持续时间越长，霉腐微生物的死亡率越高。低温分冷藏和冷冻两种，冷藏温度一般为 3～5℃，在此温度下，霉菌生长受到极大抑制，但并非死亡，适用于含水量大且不耐冷冻的食品，如水果、蔬菜等；冷冻温度在－12℃以下甚至更低，在此温度下，霉菌多数死亡，适用于耐低温的货物，如肉类、鱼类等。常用的制冷剂有液态氨、天然冰及冰盐混合物等，需要注意的是，低温防霉包装的材料应使用能耐所需低温的包装材料。

（4）干燥防霉腐。就是通过减少仓库环境中的水分和货物本身的水分，使霉腐微生物得不到生长繁殖所需水分，而达到防霉腐的目的。目前主要采用晒干或红外线干燥等方法对粮食、食品等进行干燥保存，是最常见的防治霉腐的方法。此外，在密封条件下，用石灰、无水氯化钙、五氧化二磷、浓硫酸、氢氧化钾或硅胶等作吸湿剂，也可使食品、药品和器材等很好地达到长期防霉腐的目的。

（5）加强仓储管理。这是货物防霉腐的重要措施。关键是尽量减少霉腐微生物对货物的污染和控制霉腐微生物生长繁殖的环境条件。仓库温度和湿度是微生物生长繁殖的重要外界因素，为了劣化微生物生长繁殖的温度、湿度条件，就要调节一个可以抑制或延缓其生长繁殖的温度范围，以及与货物安全含水量相适应的相对湿度范围。所以，必须根据不同货物的不同要求，严格地控制和调节库房的温度和湿度。

（6）其他方法。电离辐射防霉腐，用 X、γ 等射线照射货物，杀死霉菌；微波辐射防霉腐，用微波处理货物，霉菌受微波作用而死亡；紫外线照射防霉腐，将货物或包装置于紫外线下，可杀死外表面的霉菌；远红外辐射防霉腐：霉菌经远红外辐射后，菌体会迅速脱水而死亡。

五、配送中心的害虫防治

对于仓库内害虫的防治，同样是搞好货物保管的一个重要组成部分。仓库害虫的种类很多，世界上已定名的有 500 多种。在我国发现有近 200 种，在仓储部门已发现危害物品的就有 60 多种，严重危害物品的达 30 多种。

1. 杜绝仓库害虫来源

货物原材料的防虫、杀虫处理，特别是食品生产的原材料如糖、水果、谷物、肉类等物品在流通过程中要进行严格检疫，发现检疫对象时禁止调运或采取措施，彻底消灭检疫对象。如粮食类食品入库前，一定要晒干，控制含水量。入库后要严格执行检查制度，查虫情，查温度、湿度，查粮质。新入库的粮食头一个月内 3 天查一次，待仓库内湿度正常后，一般 10～15 天查一次。对那些质量差、水分高、近墙边、近底部和上面的粮食和食品要勤查、细查，发现问题及时处理。

（1）检查和处理入库货物的虫害。进行货物入库验收时，首先检查货物包装周围的缝隙处，有无虫茧形成的絮状物、仓虫排泄物和蛀粉等；然后开包检查。也可通过翻动、敲打货物，观察无有蛾类飞动。检查中如发现仓虫，必须做好记录并及时报告，不经杀虫处理，禁止入库。

（2）搞好配送中心环境及备品用具卫生。仓房周围的建筑物、包装材料和垃圾中，都潜藏有大量的仓虫，因此，货物入库前，对配送中心及周边环境一定要进行彻底清洁或消毒，做到仓内面面光，仓外不留杂草、垃圾、砖石瓦砾、污水等；根据不同季节对包装器材、用具、垫盖物等采用日晒、冷冻、开水烫、药剂消毒等方法加以处理。

2. 药物防治

所谓药物防治，就是用有毒的化学药剂，直接与虫体接触，引起害虫内部组织细胞破坏，产生病理变化，最后使之全部生理机能丧失，直至死亡，比如通过喂毒、酯杀、熏蒸等方法来杀灭害虫。这也是当前防治仓库害虫的主要措施。

化学药剂杀虫的效果，与杀虫期选择关系很大。一般在仓虫的幼虫期施药灭杀，效果最好。因为，仓虫在幼虫时期虫体小、体壁薄、抗药力弱，药剂很容易透过体壁表皮，破坏内部组织细胞，致使死亡。随着仓虫龄期的增长，虫体组织内的脂肪量也逐渐增多，这些脂肪对一些杀虫药剂有积存和分解作用，虫体内脂肪越多，抗药能力越强。所以，用化学药剂杀虫，要不失时机地选择最合适的杀虫期施药，才能达到最理想的杀虫效果。

用药时间，应选择害虫繁殖旺盛、气温较高的情况下进行，一般每年应杀 3 遍，分别在 5 月、7 月和 10 月进行，每月喷洒 2～3 次，每次间隔一星期左右。

目前，常用的防虫、杀虫药剂有以下几种。

（1）驱避剂。驱避剂的驱虫作用是，利用易发挥并具有特殊气味和毒性的固体药物挥发出来的气体，在货物周围经常保持一定的浓度，从而起到驱避毒杀仓库害虫的作用。可以将药液渗入棉球、旧布或废纸中，每距离 1～2 m，悬挂于货垛或走道里，使药力慢慢地挥发于空气中，药性可滞留 5～6 天，这对羽化的成虫具有明显的杀伤力。常用驱避剂药物有精萘、对位二氯化苯、樟脑精（合成樟脑）等。

（2）杀虫剂。杀虫剂主要通过触杀、胃毒作用杀灭害虫。触杀剂和胃毒剂很多，常用于仓库及环境消毒的有敌敌畏、敌百虫等。可将这些杀虫剂装入压缩喷雾器内，均匀地喷洒在堆垛四周空间，使之挥发弥散，从而达到杀虫、消毒的功效。

（3）熏蒸剂。杀虫剂的蒸气通过害虫的气门及气管进入其体内，而导致中毒死亡，叫熏蒸作用。具有熏蒸作用的杀虫剂称熏蒸剂。常用的熏蒸剂有氯化铝、溴甲烷、磷化铝、环氧乙烷和硫黄等。熏蒸方法可根据货物数量多少，结合配送中心建筑条件，酌情采用整库密封熏蒸、帐幕密封熏蒸、小室密封熏蒸和密封箱、密封缸熏蒸等形式，必须注意的是，上述几种熏蒸剂均系剧毒气体，使用时必须严格落实安全措施。

仓库害虫的防治方法，除了药物防治外，还有高、低温杀虫、缺氧防治、辐射防治及各种激素杀虫等。

六、配送中心鼠害防治

1. 物理灭鼠法

使用鼠夹、鼠笼、粘鼠板、超声波驱鼠器等器械防治鼠害。使用鼠夹时可在鼠夹上放些引诱老鼠的食物，在小范围内，可先布饵不放夹，以消除鼠的新物反应。然后支夹守候，并及时取走死鼠。鼠笼适用于老鼠数量多、危害严重的地方。

粘鼠板就是使用粘鼠胶涂在木板上，中间放饵来诱鼠，鼠粘上就不易逃脱。

超声波驱鼠器使用简便，安全可靠，效率高，不污染环境，尤其适合在粮食、食品、编

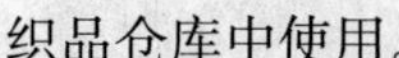

织品仓库中使用。

2. 化学灭鼠法

化学灭鼠法又称药物灭法，包括胃毒剂、熏杀剂、驱避剂和绝育剂等。其中，以胃毒剂的使用最为广泛，使用方式是制成各种毒饵，效果好，用法简单，用量很大。目前，主要应用抗凝血类杀鼠剂有：溴敌隆、大隆（敌鼠隆）等。

七、配送中心 5S 管理

5S 指的是日文 SEIRI（整理）、SEITON（整顿）、SEISO（清扫）、SEIKETSU（清洁）、SHITSUKE（素养）这五个单词，因为五个单词前面发音都是“S”，所以统称为“5S”。5S 中，整理是指区分必需品和非必需品，工作现场不放置非必需品；整顿是指将寻找必需品的时间减少为零；清扫是指将岗位保持在无垃圾、无灰尘、干净整洁的状态；清洁是指将整理、整顿、清扫进行到底，并且制度化；素养是指对于规定了的事大家都要遵守执行。

1. 配送中心常见问题分析

为了在配送中心执行 5S 管理，有必要对配送中心的常见问题进行分析，以便采取相应的对策。以下从货物管理、安全管理、区域管理、工作环境、作业方面、设备方面列出配送中心中常见的问题，见表 3—1—6 至表 3—1—11。

表 3—1—6　　**货物管理的常见问题**

序号	常见问题	危害
1	货物乱堆放	可能造成损坏和引起通道不畅
2	货物没有标志	可能造成误用或错取
3	货物上有灰尘	可能影响货物品质
4	货物堆积过高	有跌落的危险
5	货物没有定位	增加寻找货物的时间
6	货物包装破损	可能造成货物损坏
7	无用物品未处理	占用场地，增加管理难度

表 3—1—7　　**安全管理的常见问题**

序号	常见问题	危害
1	安全隐患多	可能造成火灾或事故
2	灭火装置配置不合理	出现灾害或事故时，可能造成应急对策措施的延误
3	安全通道不畅	
4	消防设备维护不好	
5	应急措施不明确	
6	有不安全设备	可能造成工伤事故
7	有不安全作业	

表 3—1—8　区域管理的常见问题

序号	常见问题	危害
1	区域规划混乱	影响效率和形象
2	区域内有垃圾灰尘	影响品质或公司形象
3	区域管理责任不明	
4	在区域内乱粘贴	
5	区域没有画线标志	
6	墙面、地面破损脏污	影响公司形象和员工士气
7	门窗、桌椅等破损	

表 3—1—9　工作环境的常见问题

序号	常见问题	危害
1	空气不流通	危害员工身体健康
2	温度、湿度过高	影响人体健康或货物品质
3	粉尘气味噪声严重	
4	采光或照明不好	
5	地面、路面震动	影响品质和建筑物安全
6	更衣室、休息室、厕所脏乱	影响员工士气
7	员工没有休息场所	

表 3—1—10　作业方面的常见问题

序号	常见问题	危害
1	无谓走动多	作业效率低
2	无谓搬动多	
3	作业停顿多	
4	弯腰、曲背、垫脚作业多	作业效率低，工作强度高
5	转身角度过大	
6	困难作业多	
7	不规范作业多	容易造成品质不良和引发安全事故

表 3—1—11　设备方面的常见问题

序号	常见问题	危害
1	设备上有灰尘	影响公司形象，易造成设备故障
2	设备油漆脱落	
3	在设备上乱张贴	
4	无用设备未处理	占用空间，造成浪费
5	设备故障等未修复	造成设备损坏，降低使用寿命
6	点检标准等不明确	易造成设备不良
7	设备上有安全隐患	可能引发事故

2. 配送中心5S执行要点

（1）整理

1）现场检查。对配送中心工作现场进行全面检查，包括看得见和看不见的地方，如设备的内部、文件柜的顶部、货架底部等位置。进行整理的主要活动：明确原则，大胆果断清除（或废弃）无用品；找出无用品存在的原因，并采取相应对策；防止污染源的发生；推进文件编排、存放系统。

2）区分必需品和非必需品。管理必需品和清除非必需品同样重要。首先要判断其重要性，然后根据其使用频率决定管理方法，如清除非必需品，用恰当的方法保管必需品，使其便于寻找和使用。

3）清理非必需品。清理非必需品时把握的原则是看物品现在有没有“使用价值”，而不是原来的“购买价值”，同时注意几个着眼点：货架、工具箱、抽屉、橱柜中的杂物，过期的报纸、杂志，空罐，已损坏的工具、器皿；各仓库的墙角、窗台上、货架后、柜顶上摆放的样品、零件等杂物；长时间不用或已经不能使用的设备、工具、原材料、半成品、成品；仓库办公场所、桌椅下面、揭示板上的废旧文具、过期文件及表格、数据记录等。

4）非必需品的处理。对非必需品（无使用价值）的处理，一般有这几种方法：折价变卖；转移为其他用途，如另作他用、作为训练工具、展示教育；涉及机密、专利，则特别处理；普通废弃物，则分类后出售；污染环境物，则特别处理。

5）每天循环整理。整理是一个永无止境的过程。现场每天都在变化，昨天的必需品在今天可能是多余的，今天的需要与明天的需求必有所不同。整理贵在日日做、时时做。

（2）整顿

1）精减工作区的用品。彻底地进行整理，只留下必需物品；在工作岗位只能摆放最低限度的必需物品；正确判断出是个人所需品还是小组共需品。

2）确定放置场所。放在岗位上的哪个位置比较方便，进行布局研讨；制作一个模型（比例1∶50），便于布局规划；将经常使用的物品放在工段的最近处；特殊物品、危险品设置专门场所进行保管；物品放置应100%定位。

3）规定摆放方法。物品按机能或按种类区分放置；摆放方法各种各样，如架式、箱内、工具柜、悬吊式，各个岗位提出各自的想法；尽量立体放置，充分利用空间；便于拿取和先进先出；平行、直角、在规定区域放置；堆放高度应有限制；容易损坏的物品要分隔或加防护垫保管，防止碰撞；做好防潮、防尘、防锈措施。

4）进行标志。采用不同色的油漆、胶带、地板砖或栅栏划分区域，通道宽度：人行道1 m以上、单向车道：最大车宽+0.8 m、双向车道：最大车宽+1 m；不同颜色表示的一般区域划分见表3—1—12；在摆置场所标明所摆放物品；在摆放物体上进行标志；根据工作需要灵活采用各种标志方法；标签上要进行标明，一目了然；某些物料、物品要注明储存或搬运的注意事项以及保养时间和方法；暂放物料、物品应挂暂放牌，指明管理担当、时间跨度；标志100%实施。

（3）清扫

1）清扫的准备工作。安全教育：做好清扫的安全教育，对可能发生的受伤、事故（触电、刮伤碰伤、涤剂腐蚀、尘埃入眼、坠落砸伤、灼伤）等不安全因素进行警示和预防；设

表 3—1—12　　配送中心内不同颜色的意义说明

颜　色	意义说明
绿色	同行道/良品
绿线	固定永久设置
黄线	临时/移动设置
白线	作业区
红线	不良区/不良品

备基本常识教育：对为什么会老化、会出现故障，用什么样的方法可以减少人为劣化因素，如何减少损失等进行教育；了解机器设备：通过学习设备的基本构造，了解其工作原理，绘制设备简图及对出现尘垢、漏油、漏气、振动、异声等状况的原因解析，增加对设备的了解。技术准备：指导及编制相关指导书，明确清扫工具、清扫位置、加润滑油的基本要求、螺栓卸除紧固方法及具体顺序步骤等；从工作岗位扫除一切垃圾、灰尘；作业人员动手清扫而非由清洁工代替；清除长年堆积的灰尘、污垢，不留死角；将地板、墙壁、天花板，甚至灯罩的里边打扫干净。

2）清扫点检机器设备。设备本来是一尘不染、干干净净的，所以每天都要恢复设备原来的状态，这一工作是从清扫开始的。不仅设备本身，连带其附属、辅助设备也要清扫（如分析仪、气管、水槽等）；容易发生跑、冒、滴、漏部位要重点检查确认；油管、气管、空气压缩机等不易发现和看不到的内部结构要特别留心注意；一边清扫，一边改善设备状况，把设备的清扫与点检、保养、润滑结合起来；整修在清扫中发现有问题的地方；地板凹凸不平，搬运车辆走在上面会让货物摇晃碰撞，导致品质问题发生，甚至连员工也容易摔跟头，这样的地板要及时整修；对松动的螺栓要马上加以紧固，补齐缺失的螺栓、螺母等配件；对需要防锈保护或需要润滑的部位，要按照规定及时加润滑油、脂保养；更换老化或破损的水管、气管、油管；清理堵塞管道；调查跑、冒、滴、漏的原因，并及时加以处理；更换或维修难以读数的仪表装置；添置必要的安全防护装置（如防压鞋、绝缘手套等）；要及时更换绝缘层已老化或被老鼠咬坏的导线；查明污垢的发生源（跑、冒、滴、漏），从根本上解决问题。

即使每天进行清扫，油渍、灰尘和碎屑还是四处遍布，要彻底解决问题，还须查明污垢的发生源，从根本上解决问题；制定污垢发生源的明细清单，按计划逐步改善，从根本上灭绝污垢。

3）实施区域责任制。对于清扫，应该进行区域划分，实行区域责任制，责任到人，消除卫生死角。

4）制定相关清扫基准。制定相关清扫基准，明确清扫对象、方法、重点、周期、使用工具、担当者等项目，保证清扫质量，促进清扫工作的标准化。

（4）清洁

1）对推进组织进行教育。必须对 5S 的基本思想进行必要的教育和宣传。

2）整理、区分工作区的必需品和非必需品。将当前所有的物品整理一遍，并调查它们的使用周期，将这些物品使用情况记录下来，再区分必需品和非必需品。

3）向作业者进行确认说明。区分必需品和非必需品时，应先向作业者询问，确认清楚，并说明一些相关的情况。

4）撤走各岗位的非必需品。应该将非必需品从岗位上撤走，而且要迅速地撤下来，决不能以“等明天”的心态对待。

5）整顿规定必需物品的摆放场所。对现场的必需物品该怎样摆放，是否阻碍交通，是否阻碍作业者操作拿取方便，必须根据实际条件、作业者的作业习惯、作业的要求，合理地规定摆放必需品的位置。

6）规定摆放方法。摆放场所规定了，必须要确认一下摆放的高度、宽度及数量，以便于管理。并将这些规定形成文件，便于日后改善、整体推进和总结。

7）进行标志。所有的工作都做了，有必要做一些标志，标示规定的位置、规定的高度、规定的宽度和数量。

8）将放置方法和识别方法对作业者进行说明。将规定下来的放置方法和识别方法交给作业者，将工作从推进人员的手中移交给作业者日常维护。在说明时，必须注意原则性的问题。有些作业者开始时会有些不太适应或自认为不对，但对于有必要实行的规定，一定要认真实施。在实施的过程中可以提出意见，以利完善这个规定，但是不能擅自取消任何规定。即对基本要求必须实行强制手段，在完善改进的领域里可以采取民主的手法，强制加民主可以把工作做得更好。

9）清扫并在地面上画出区域线，明确各责任区和责任人。必须划分责任区和明确责任人，只有规定了责任范围和责任人，工作方案才能贯彻下去。

（5）素养。持续推动4S直至全员成为习惯。通过4S（整理、整顿、清扫、清洁）的手段，使人们达到工作的最基本要求——修养。所以5S可以理解为：通过谁都能做到的整理、整顿、清扫、清洁，而达到最终精神上的“清洁”。

3. 配送中心的规范检查常用表格

在配送中心，常用于5S规范检查表有多种，现给出一种常见的表（见表3—1—13）。

表3—1—13　　配送中心内规范检查常用表

序号	项目	规范内容
1	整理	及时处理呆料、废料
		把一个月计划内部用的物品放到指定位置
		把一周计划内要用的物品放到易取位置
2	整顿	应有配送中心总体规划图，并按规划图进行区域标志
		物品按规划进行放置，物品放置位置也应规划
		物品放置要整齐，容易收发
		物品在显著位置要有明显的标志，容易辨认
		货舱通道要畅通，不能堵塞
		运输工具使用后应摆放整齐
		消防器材要容易拿取

续表

序号	项目	规范内容
3	清扫	地面、墙上、天花板、门窗要打扫干净，不能有灰尘
		货物不能裸露摆放，包装外表要清扫干净
		运输工具要定期进行清理、加油
		货物储存区要通风，光线要好
		一些水源污染、油污管等要进行修护
4	清洁	每天上下班用 3 min 做“5S”工作
		随时自我检查，互相检查，定期或不定期进行检查
		对不符合规定的情况及时纠正
		整理、整顿、清扫保持好
5	教养	员工戴工牌，穿厂服且整洁得体，仪容整齐大方
		员工言谈举止文明有礼，对人热情大方
		员工工作精神饱满
		员工运输货物时小心谨慎，以防碰伤
		员工有团队精神，互帮互助，积极参加“5S”活动
		员工时间观念强

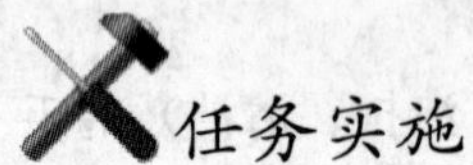

任务实施

本实训任务的重点在于保证在库货物的质量完好。在实际操作中，货物的质量会因为储存环境的变化而发生一定的变化，在库的保管保养作业就是要采取措施消除不利条件，保证货物的质量安全。

1. 对配送中心进行日常检查

了解和掌握货物在保管过程中的质量变化情况，重点对货物摆放、货物状态、用具管理、作业通道等内容进行检查，检查完毕后填写“仓库检查记录表”（见表 3—1—14），若检查正常则直接在相应的位置画对钩，如果检查过程中发现一些货物出现异常情况，则填写“商品异常情况表”（见表 3—1—15）。

表 3—1—14　　仓库检查记录表

序号	检查项目	月　日 星期一	月　日 星期二	月　日 星期三	月　日 星期四	月　日 星期五	月　日 星期六	月　日 星期天
1	货物摆放							
2	货物状态							
3	用具管理							
4	作业通道							
5	库房门窗							

续表

序号	检查项目	月 日	月 日	月 日	月 日	月 日	月 日	月 日
		星期一	星期二	星期三	星期四	星期五	星期六	星期天
6	库房照明							
7	库房清洁							
8	标志内容							
检查人签字								

表 3—1—15 商品异常情况表

时间： 年 月 日

序号	货物编码	货物名称	异状情况	处理结果
1				
2				
3				
4				
5				

2. 使用干湿球温度计测量

配送中心内部的温度与湿度，是影响仓储货物质量的最主要的环境因素，因此，需要采用正规的干湿球温度计测量配送中心内部的温度和湿度，如图 3—1—1 所示，并将结果记录在表 3—1—16 中。

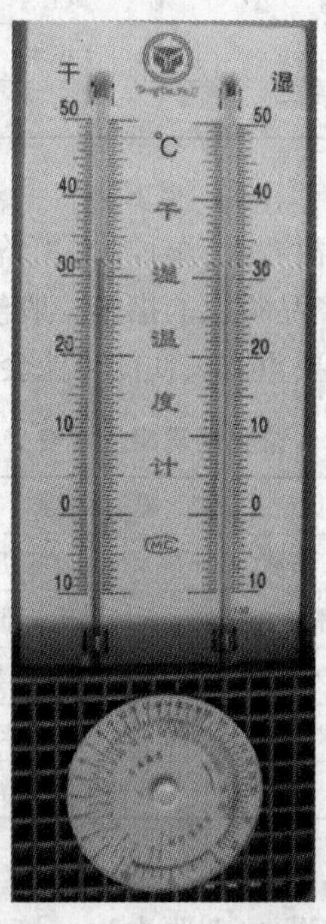

图 3—1—1 干湿球温度计

表 3—1—16　　配送中心温度、湿度记录表

时间	天气	上午					下午					备注
		温度（℃）		湿度（%）		调节措施	温度（℃）		湿度（%）		调节措施	
		库内	库外	库内	库外		库内	库外	库内	库外		

3. 控制配送中心的温度和湿度

配送中心保管员根据上一步骤测量出配送中心内的温度和湿度，对照表 3—1—2 至表 3—1—4，或表 3—1—17，采用洒水降温、化学除湿、通风等措施调节配送中心内的温度和湿度。

表 3—1—17　　部分货物安全温度和安全相对湿度表

商品名称	安全温度（℃）	安全相对湿度（%）	商品名称	安全温度（℃）	安全相对湿度（%）
金属制品	5～30	≤75	仪表电器	10～30	≤70
玻璃制品	≤35	≤80	汽油煤油	≤30	≤75
橡胶制品	≤25	≤80	树脂油漆	0～30	≤75
皮革制品	5～15	60～75	卷烟	≤25	55～70
塑料制品	5～30	50～70	食糖	≤30	≤70
棉织品	20～25	55～65	干电池	−5～25	≤80
纸制品	≤35	≤75	洗衣粉	≤35	≤75

4. 防治配送中心货物霉腐

防止货物霉腐的措施一般包括温控法、湿控法、除氧剂除氧法、气调储存、酸碱度控制法、化学方法、物理方法等。救治商品霉腐的措施一般包括晾晒、高温烘烤、药剂熏蒸、紫外线照射等。表 3—1—18 列出了需要重点关注的可能会发生霉腐的货物。

表 3—1—18　　常见易霉腐货物表

食品	饼干、糕点、食糖、罐头、酱醋、鲜蛋、肉类、鱼类等
药品	各种糖浆、蜜丸，以葡萄糖等溶液为主的针剂，以动物胶为主的膏药，以淀粉为主的片剂和粉剂等
纺织品	棉、毛、麻、丝等天然纤维及其各种制品
工艺品	竹、木、麻、草制品，绢画、绢花，绒绣和雕刻等
皮革品	各种皮鞋、皮靴、皮包、皮衣、皮箱、皮带等
日用品	各种化妆品等

5. 防治仓库的虫鼠害

（1）防治仓库害虫的方法：使用驱虫剂驱虫法、灯光诱杀除虫法、高温或低温除虫法、熏蒸除虫法、触杀和胃毒除虫法、密闭法等。

（2）防治仓库鼠害的方法：器械捕鼠法、毒饵诱杀法、粘鼠胶法等。

6. **“5S”管理提升配送中心管理水平**

实行“5S”管理提升配送中心管理水平，定期使用“5S”管理方法，检查配送中心的业务操作与管理，并填写相应的表格，见表3—1—19和表3—1—20。

表3—1—19 **每星期“5S”工作自我确认表**

工作区域					担当者其他相关信息					
担当者姓名										
“5S”及工作实施内容		清扫部位	清扫周期	要点	现场“5S”实施确认表（每星期6天）					
					1	2	3	4	5	6
1	有无安全隐患	整体	2次/天	无						
2	升降机等固定设备	表面	1次/天	无灰尘						
3	地面	表面	2次/天	无污染						
4	墙面	表面	1次/星期	无破损						
5	工具、零件	状态	1次/天	复位						
6	废料、垃圾	状态	2次/天	及时处理						
7	垃圾桶	里外	1次/天	及时清理						
8	大型设备	位置	1次/天	定位复位						
9	消防设备	表面	1次/星期	无灰尘						

备注：

（1）员工务必按时实施“5S”工作。

（2）班组长有权实施监督并责令员工实施。

（3）实施确认后，请在栏内打“√”。

表3—1—20 **“5S”状况评估表**

序号	确认项目	很好	好	一般	差	很差
		10分	8分	6分	4分	2分
1	地面、墙面、空气中的灰尘、油污等是否已经除去					
2	有害的气体、不好的气味是否除去					
3	搬运机械设备上的污染源（水、油、粉末、灰尘）是否有处理措施					
4	搬运设施等是否泄漏气、水、油等					
5	地面是否平滑，有无油污、脏污					
6	建筑物是否防风、雨、尘等					
7	是否有人在仓库进食、抽烟					
8	工作时会不会把场所搞脏					

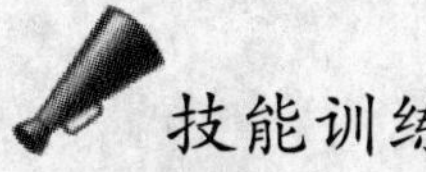

技能训练

据报道，2009年我国的水果总产量为2.04亿t，约占全球产量的16.02%。然而真正能出口的只有小部分。每年在存储运输过程中变质的水果占总产量的1/7。你近期有幸去参观了一个物流公司的冷藏水果配送中心，发现其配送中心内货物保管养护工作不到位，根据刚刚学到的知识为该配送中心制作一份冷藏货物的保管养护工作内容。

思考与练习

1. 货物保管养护的基本原则有哪些?
2. 简述货物保管养护的影响因素。
3. 阐述货物保管养护的具体措施。
4. 简述常见的货物霉腐防治措施。
5. 简述常见的货物防治虫害与鼠害措施。
6. 阐述为何要在配送中心内实行“5S”管理，如何执行“5S”管理?

任务2　配送中心盘点作业

学习目标

1. 了解配送中心盘点的作用和制度
2. 了解配送中心盘点作业的考核指标
3. 掌握配送中心盘点的流程
4. 会填写配送中心各种盘点单据

任务引入

深圳A物流公司配送中心根据客户C公司的请求，准备对其在配送中心的库存货物进行一次全面的现货盘点，作为该配送中心的管理员，应该如何组织本次盘点作业?

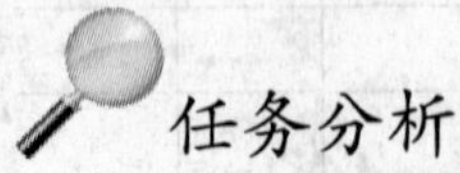

任务分析

本任务的重点在于核对在库货物的实际数量与账面数量是否一致。在实际操作中，在库货物实际数量与账面数量可能有一些出入，所以每隔一段时间要进行盘点作业，并及时处理盘点结果。本次盘点的作业内容大致如下。

（1）做好盘点准备工作，生成盘点单据，完成库存冻结。

（2）进行实物盘点，填写盘点单据。

（3）录入盘点结果后，与账面数量进行核对，并进行差异分析。

（4）完成盘点数据调整，库存解冻。

相关知识

一、盘点的作用

盘点是指为确定配送中心内或其他场所内所现存货物的实际数量，而对货物的现存数量加以清点。盘点的作用主要有以下几点。

1. 减少差错发生

因不断地收发货物，长此以往难免出现差额与差错，盘点可以确定货物的现存数量，并纠正账物不符的现象，从而不会因账面的差错而影响正常的出入库作业。

2. 改进货物管理的绩效

对于货物的保管与维护及货物的存货周转率等，经过盘点均可以加以认定并改善。

3. 明确企业损益

企业的损益与货物库存有密切的关系，而货物库存金额的准确与否有赖于存量与单价的准确性。因此只有通过盘点才能确知货物现存数量，明确企业的损益。

4. 及时补货

采购进货部门因工作的疏忽漏下订单，通过盘点，可以加以补救。

二、盘点作业流程

配送中心盘点作业的一般流程可以分为盘点前的准备、盘点时间的确定、盘点方式的确定、盘点人员的培训、清理盘点现场、清理库存资料、进行盘点、查明盘点差异的原因、盘点结果的处理等。如图 3—2—1 所示。

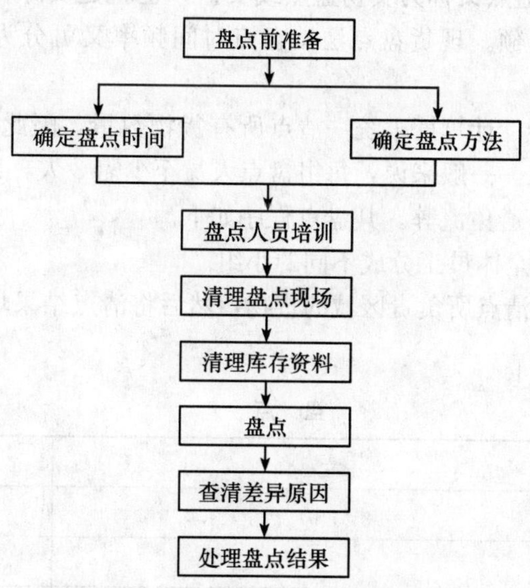

图 3—2—1　盘点作业流程

1. 盘点前的准备

盘点前的准备工作是否充分直接关系到盘点作业能否顺利进行，甚至关系到盘点能否成功。盘点的基本要求是快速、准确，为此，盘点前的充分准备十分必要。其准备工作主要包括以下内容。

（1）确定盘点时间。一般来说，为保证账物相符，货物盘点次数越多越好，但盘点需投入人力、物力、财力，有时全面盘点还可能引起生产的暂时停顿。所以，合理地确定盘点时间非常必要。引起盘点结果盈亏的关键原因在于出入库过程中发生的误差，出入库越频繁，引起的误差也会随之增加。对于一般的生产性企业，因为其货物的流通性比较低，所以一般可每半年至一年进行一次盘点。但配送中心货物的流动速度较快，在尽可能投入较少资源的同时要加强库存控制，可以根据货物的特性、价值、流动速度、重要程度来分别确定不同的盘点时间，盘点的时间间隔应尽可能短。一般来讲，应建立货物 ABC 管理方法：A 类（金额约占 70%，品种约占 10%）主要货物每天或每星期盘点一次；B 类（金额约占 20%，品种约占 20%）货物每两三星期盘点一次；C 类（金额约占 10%，品种约占 70%）较不重要货物每月盘点一次即可。

实施盘点作业时，日程应尽可能缩短，全面盘点以 2～6 天完成为佳，盘点的时期一般会选择在：一是财务决算前夕，通过盘点决算损益，以查清财务状况；二是淡季，因淡季储货较少，业务不太频繁，盘点较容易，投入资源较少，且人力调动也较方便。

（2）确定盘点方法。为得到尽可能正确的库存资料，通常盘点分为账面盘点和现货盘点。

1）账面盘点。账面盘点又称为永续盘点，是指将每一种货物分别设立存货账卡，然后将每一种货物的出入库数量及有关信息记录在账面上，逐笔汇总账面库存结余数，这样随时可以从信息系统或账册上查悉货物的出入库信息及库存余量。

2）现货盘点。现货盘点又称为实物盘点或实盘，也就是实际在库内清点数量，再依货物单价计算出实际库存金额。现货盘点法按盘点时间频率又可分为期末盘点法和循环盘点法。

期末盘点法是指在会计计算期末统一清点所有货物数量，因此必须全体员工一齐出动，采取分组的方式进行盘点。一般来说，每组盘点人员至少需 3 人，以便能互相核对，减少错误，同时也能彼此牵制，避免流弊。其盘点程序如下。

步骤 1：将配送中心全体员工分成不同的小组。

步骤 2：先由第一人清点所负责区域的货物，然后将清点结果填入各货物的盘点卡（见表 3—2—1）的上半部。

表 3—2—1　　盘　点　卡

日期		备注
盘点单号码		
货物编号		
存放位置		
数量		
盘点人		
日期		

续表

盘存单号码		
货物编号		
存放位置		
数量		
复点人		
核对人		

步骤 3：由第二人复点，填入盘点卡（见表 3—2—1）的下半部。

步骤 4：由第三人核对，检查前两人的记录是否相同且正确（见表 3—2—1 的最后一行）。

步骤 5：将盘点卡交给会计部门，合计货物库存总量。

步骤 6：等所有盘点结束后，再与信息系统内数据或账册资料进行对照。

循环盘点法是指在每天或每星期清点一小部分货物，一个循环周期将每种货物至少清点一次的方法。循环盘点法的目的是减少损失及对不同货物实行不同管理方式，如同前述货物 ABC 管理的做法。对于价格越高或越重要的货物，盘点次数越多；对于价格越低或越不重要的货物，应尽量减少盘点次数。循环盘点法因一次只进行少量盘点，因而只需专门人员负责即可，不需动用全体人员。

循环盘点法最常用的单据为现品卡，其使用方式为：每次出入库时，一边查看出入库传票，一边把出入库时间、出入库数量、传票编号、库存量登记在现品卡上。其主要目的在于：使作业者对出入库数量及库存量有具体的数字认知；可协调进行出入库的分配管理，并在出现误差时能立即调查；随时掌握库存货物的流动性及库存量控制的情况。

然而，使用现品卡的必要性见仁见智，一般若不采用现品卡，只以单纯点数核对的方式进行循环盘点，其步骤如下。

步骤 1：确定当天要盘点的货物。

步骤 2：由专门人员负责，利用空当时间至现场清点这些货物的实际库存数。

步骤 3：核对盘点货物与其计算机库存数。

步骤 4：如发现两库存数没有差异，则维持原状，若发现有差异，则调查原因，并立即修正。

企业应以其自身情况选择较为适宜的盘点方式，但大体而言，循环盘点法较能针对各种货物需要作适时管理，且易收到盘点成效。事实上，有些公司是将两种盘点方式并用，平时针对重要货物作循环盘点，而至期末再将所有货物作大盘点，这样，不仅循环盘点的误差能逐渐减少，即便是期末的大盘点，误差率也因循环盘点的配合进行而大幅度降低，同时，期末盘点所需的时间，也会因平时循环盘点的整理与管理的改善而缩短许多。

3）其余盘点方法

①盘点签盘点法。它是在盘点中采用一种特别设计的盘点签（见表 3—2—2），盘点后贴在实物上，经复核者复核后撕下。这种方法对于货物的盘点与复盘核对相当方便且又准确，对于紧急用料仍可照发，临时进料也可以照收，核账与做报表均非常方便。

表3—2—2 盘点签

实存金额	账存金额	对比结果		备注
		盘盈	盘亏	

②货架签盘点法。它是以原有的货架签上面写有货物名称、编号、型号和仓位作为盘点的工具，不必特意设计盘点标签。当盘点计数人员盘点完毕，即将盘点数量填入货架签上，待复核人员复核后，如无错误即揭掉原有货架签，换上不同颜色的货架签，之后清查部分货架签尚未换下的原因，而后再根据货架顺序排列，进行核账与做报表。

③连续盘点法。它是将货物逐区逐类连续盘点，或某类货物达到最低存量时，即机动加以盘点。连续盘点制在盘点时不必关闭工厂与配送中心，可减少停工的损失，但必须由专业盘点人员常年划分货物类别。

2. 盘点人员培训

为使盘点工作顺利进行，每当定期盘点时，必须临时抽调人员增援。对于从各部门抽调来的人员，必须加以组织分配，并进行短期的培训，使每一位人员在盘点工作中确实能够发挥作用，并担当好其应尽的责任。

人员的培训分成两部分，一部分是识别货物的培训，另一部分是盘点方法的培训。

(1) 识别货物的培训。对于识别货物的培训，重点在于复盘人员与监盘人员，因为复盘、监盘人员多半对货物不太熟悉。加强复盘、监盘人员对货物的识别有以下方法。

1) 分配易于识别的货物给复盘、监盘人员（如财务、行政人员等）盘点。

2) 对所分配复盘的货物，加强对复盘、监盘人员的货物识别培训。

3) 对于对货物欠缺识别的复盘、监盘人员，每次盘点所分配的货物内容最好相同或相似，不要因每次盘点而变更。

(2) 盘点方法的培训。配送中心的盘点程序与盘点办法确定后即成为公司的制度。对于参加初盘、复盘、抽盘/监盘的人员，必须根据盘点管理程序加以培训，必须对盘点的程序、盘点的方法、盘点使用的表单等整个过程充分了解，这样盘点工作才能得心应手。

3. 清理盘点现场及库存资料

盘点前配送中心的清理工作主要如下。

(1) 供应商所交来的货物尚未办完验收手续的，不是属于本公司的货物，所有权应为供应商所有，必须与公司的货物分开，避免混淆，以免盘入公司货物当中。

(2) 已验收完成的货物应即时整理归仓，若一时来不及入仓，应暂存于场，收在场所的临时账上。

(3) 配送中心关闭之前，必须通知各用料部门预领关闭期间所需的货物。

(4) 清理清洁配送中心，使配送中心井然有序，便于计数与盘点。

(5) 将呆料、不良货物和废料预先鉴定，并与一般货物划定界限，以便正式盘点时作最后的鉴定。

(6) 将所有单据、文件、账卡整理就绪，未登账、销账的单据均应结清。

(7) 配送中心的货物管理人员应于正式盘点前找时间自行盘点。

4. **盘点**

盘点时可以采用人工计数，也可以用电子盘点计数器。盘点工作不仅工作量大，而且非常烦琐，因此，除了加强盘点前的培训工作外，盘点作业时的指导与监督也非常重要。

(1) 盘点计划

1) 申请盘点所需要的表单即盘点卡和盘点清册（见表 3—2—3)。盘点卡用于贴示货物，盘点清册用于汇总货物库存资料。

表 3—2—3　盘点清册

编号：　盘点时间：

序号	盘点票号	货物编号	品名	规格	单位	初盘数量	复盘数量	确认数量	备注

2) 召开盘点会议，必要时成立盘点领导小组，划分盘点区域及负责人，确定盘点各项工作的分工。

3) 申请特殊度量工具、印章及其他需用品。确定盘点日期。

4) 各单位指派参加盘点的人员，分为初盘人员与复盘人员，同时对人员进行分组并指定小组负责人。

5) 对盘点人员做教育培训，由公司负责对各小组负责人做培训，各小组负责人对所属人员做培训。

(2) 初盘作业

1) 指定时间停止配送中心货物进出。

2) 各初盘小组在负责人带领下进入盘点区域，至少每两人一组，在仓管员引导下进行各项货物的清点工作。

3) 初盘人员在清点货物后，填写盘点卡，注明货物编号、名称、规格、初盘数量、存放区域、盘点时间和盘点人员，做到一种物一张卡。

4) 盘点卡一式三联，一联贴于货物上，两联转交复盘人员。

5) 初盘负责人组织专人根据盘点卡资料，填写盘点清册，将货物盘点卡资料填入。盘点清册一式三联，一联存于配送中心，另两联交复盘人员。

(3) 复盘作业

1) 初盘结束后，复盘人员在各负责人带领下进入盘点区域，在仓管员及初盘人员的引导下进行货物复盘工作。

2) 复盘可采用100%复盘，也可采用抽盘，由公司盘点领导小组确定，但复盘比例不得低于30%。

3) 复盘人员根据实际状况，可采用由账至物的抽盘作业或由物至账的抽盘作业。由账至物，即在盘点清册上随意抽出若干项目，逐一至现场核对，检查盘点清册、盘点卡与实物三者是否一致；由物至账，即在现场随意指定一种货物，再由此回批盘点清册、盘点卡，并核对三者是否相符。

4）复盘人员对核对无误的项目，在盘点卡与盘点清册上签字确认；对核对有误的项目，应会同初盘人员、仓管员修改盘点卡、盘点清册中所记录的数量，并签字负责。

5）复盘人员将两联盘点卡及两联盘点清册一并上交财务部。

5. 查清差异原因

（1）盘点差异确定。盘点过程中，如发现账物不符的现象，应积极寻找账物差异产生的原因，同时做好预防及修补改善工作，防止差异的再发生。差异原因的追查可从下列数项着手进行。

1）账物不符是否确实，有否因货账处理制度有缺陷，而造成货账无法确实表达货物数目的情况。

2）盘盈、盘亏是否由于记账员素质过低，错误记账或将进货、发货的原始单据丢失，造成货账不符。

3）是否盘点人员不慎多盘或未用心盘点分置数处的货物，或因对盘点人员培训不到位而造成错误。

4）对盘点的原委加以检查，确认盘盈、盘亏是否由于盘点制度的缺陷所造成。

5）盘点与账数的差异是否在允许范围之内。

6）找出盘盈、盘亏的原因，力争做到事先预防或缩小账物的差异程度。

（2）盘点差异处理

1）修补改善工作。依据管理绩效，对分管人员进行奖惩；对货架、货卡的账面纠正；对不足料迅速办理订购；对呆料、废料迅速处理；加强整理、整顿、清扫、清洁（见模块三任务 1 的相关内容）工作。

2）预防工作。对于呆料比率过重，应致力于减少呆料、废料的探究；当存货周转率极低及存料金额过大造成财务负担过大时，应设法降低库存量；当货物供应不足率过大时，应设法强化货物计划与库存管理以及采购的配合；成品成本中货物成本比率过大时，应予以探讨采购价格偏高的原因，设法降低采购价格或设法寻找廉价的代用品；货物盘点工作完成以后，对所发生的差额、错误、变质、呆滞、盈亏、损耗等结果，应分别予以处理，并防止以后再发生。

6. 处理盘点结果

查清原因之后，为了通过盘点使账面数与实物数保持一致，需要对盘点盈亏和废品的申报一并进行调整。除了数量上的盈亏，对有些货物还将通过盘点进行价格的调整，这些差异的处理可以通过填写货物盘点盈亏调整表（见表 3—2—4），经有关主管审核签认后，登入存货账卡，调整库存账面数量。

（1）财务部门应依盘存表编制盘点盈亏报告表，一式二联，送经管部门填列差异原因的说明及对策后，送回财务部门汇总转呈总经理、财务总监签核，第一联送配送中心，第二联财务部门自存，作为账项调整的依据。

（2）不定期抽点及年中、年终盘点，应于盘点后两星期内将盘点盈亏报告表呈报上级核准。

表 3—2—4　　　　　　　　　　**货物盘点盈亏调整表**

年　　月　　日

货物名称	单位	账面资料			盘点实存			库存量盈亏				价格增减				差异原因	调后数量	备注
								盘盈		盘亏		增价		减价				
		数量	单价	金额	数量	单价	金额	数量	金额	数量	金额	单价	金额	单价	金额			
财务部门									使用部门									
配送中心主管					货物所属公司主管									制表人				

（3）盘点盈亏金额平时仅列入暂估科目，年终时始以净额转入本期营业外收入的盘点盈余或营业外支出的盘点亏损。

三、盘点制度

盘点制度是配送中心对盘点过程的管理和组织。不同的配送中心应根据自己的实际情况，制定适合自己单位的盘点制度。但是，一般盘点制度的制定应包括以下内容。

1. 目的

为了保证本次盘点作业的正确性，切实弄清库存物资的保管情况，如数量、质量、安全性等，从而保证企业各项资产的安全、完整，特制定盘点制度。

2. 适用范围

主要针对配送中心存货，包括原料、货物、在制品、制成品、零件保养材料、外协加工料品、下脚品等的盘点。

3. 职责

（1）总盘人：由配送中心主管人或财务总监担任，负责盘点工作的总指挥，督导盘点工作的进行及异常事项的决策。

（2）主盘人：由各部门主管担任，负责实际盘点工作的推动及实施。

（3）复盘人：由总盘人视需要指派，或由各部门的主管负责盘点监督之责。

（4）盘点人：由各部门指派，负责点计数量。

（5）会点人：由财务部门指派（人员不足时，由间接部门支援），负责会点并记录，与盘点人分段核对、核实数据工作。

（6）监点人：由配送中心主管人或财务总监派人员担任。

（7）对特定项目按月盘点及不定期抽点的盘点工作，也应设置盘点人、会点人、监点人，其职责相同。

4. 盘点注意事项

（1）所有参加盘点工作的盘点人员，对其工作职责及应行准备事项要深入了解。

（2）盘点人员盘点当日一律停止休假，并根据时间提早到达指定的工作地点向该组复盘人报到，接受工作安排。如有特殊事故且找好代理人，应经事先报备核准。

（3）所有盘点财务都以静态盘点为原则，因此，盘点开始后应停止财物的进出及移动。

（4）盘点使用的单据、报表内所有栏位若需要修改处，均须经盘点人员签认后方能生效。

（5）所有盘点数据必须以实际清点、磅秤或换算的确实资料为依据，不得以猜想数据和伪造数据来记录。

（6）盘点开始至工作结束期间，各组盘点人员均受复盘人指挥监督。

（7）盘点结束由各组复盘人向主盘人报告，经核准后才能离开岗位。

5. 盘点检查项目

盘点检查项目包括以下方面。

（1）查数量。通过点数计数查明货物在库的实际数量，核对库存账面资料与实际库存数量是否一致。

（2）查质量。检查在库货物质量有无变化，有无超过有效期和保质期，有无长期积压等现象，必要时还必须对货物进行技术检验。

（3）查保管条件。检查保管条件是否与各种货物的保管要求相符合，如堆码是否合理稳固、库内温度是否符合要求、各类计量器具是否准确等。

（4）查安全。检查各种安全措施和消防设备、器材是否符合安全要求，建筑物和设备是否处于安全状态。

6. 盘点作业考核指标

配送中心进行盘点作业的主要目的是，希望能通过盘点作业来检查当下货物的出入库及保管状况，通过盘点作业，可以清楚地了解：实际存量与账面存量的差异是多少？这些差异发生于哪些货物？平均每一差异量对企业或公司造成多少损失？每种货物发生误差的频率是多少？

为了保证盘点作业的顺利进行和每次盘点作业的质量，可以通过以下几项指标来进行考核。

（1）盘点数量误差率：

盘点数量误差率＝盘点误差量÷盘点数量

（2）盘点品项误差率：

盘点品项误差率＝单品项盘点误差量÷单品项盘点数量

当盘点数量误差率高而盘点品项误差率低时，表示虽发生误差的货物品项减少，但每一发生误差品项之数量却有提高的趋势，此时应检查负责这些品项的人员是否尽责、这些货物的置放区域是否得当及有无必要加强管理。相反，当盘点数量误差率低而盘点品项误差率高时，表示虽然整个盘点误差量有下降趋势，但发生误差的货物种类却增多。误差品项太多将使后续的更新修改工作更麻烦，且可能影响出货速度，因此也需对此现象加强管制。

（3）平均每件盘差品金额：

平均每件盘差品金额＝盘差误差金额÷盘差误差量

若此项指标高，则表示高价位产品的误差发生率较大，可能是公司未实施货物重点管理的结果，对公司运营将造成不利影响。因此，最好的改善方式是确实施行货物 ABC 分类管理。

（4）盘差次数比率：

盘差次数比率＝盘点误差次数÷盘点执行次数

当此项比率逐渐降低，表示不论是货物出入库的精确度或平时存货管理的方式都有很大的进步。

（5）平均每品项盘差次数率：

平均每品项盘差次数率＝盘差次数÷盘差品项数

若此项比率高，表示盘点发生误差的情况大多集中在相同的品项，此时对这些品项必须提高警觉，且确实深入寻找其原因。

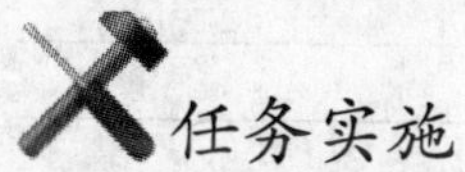

任务实施

盘点作业是配送中心为了准确地掌握库存数量及有效地保证库存的准确性，而对配送中心的货物进行数量清点的作业。具体步骤如下。

1. 盘点前准备

告知客户C公司具体盘点时间，提醒客户不要在盘点期间提货；结清各种未办手续；邀请客户相关人员参与盘点，准备盘点卡（见表3—2—1）、盘点清册（见表3—2—3）及盘点盈亏表（见表3—2—5）等。

表3—2—5　　盘点盈亏表（样表）

编号：　　　　时间：

序号	盘点票号	货物编号	品名	规格	单位	实盘数量	账面数量	差异数量	差异原因

核准：　　　　复核：　　　　制表：

2. 冻结盘点货物

为了在盘点过程中确保盘点数据的准确性，先将客户C公司的盘点货物进行冻结，然后准备实物盘点。

3. 实物盘点

（1）划分盘点区域，并进行人员分工。

将配送中心划分为几个盘点区域，每个区域派3个人，第一人负责初盘、第二人负责复盘，第三人负责核对。

（2）实物盘点，并填写盘点单。

先由第一人清点所负责区域的货物，并将清点结果填入各货物的盘点单上半部；再由第二人复盘，填入盘点单的下半部；如果复盘数量与初盘数量不一致，由初盘人员进行再次清点，以确定最终数量。见表3—2—6。

表 3—2—6　　盘　点　卡

日期	20110814	备注
盘点单号码	110814001	
货物编号	692001231	
存放位置	C121	
数量	5	
盘点人	李某	
日期	20110814	
盘存单号码	110814001	
货物编号	692001231	
存放位置	C121	
数量	6	
复点人	张某	
核对人	王某	

4. 核对盘点结果与账面数量，差异纠因

填写盘点清册，并将清册数据与账面数据核对。如果数据不一致，则查找差异原因，填写盘点盈亏表，见表 3—2—7。

表 3—2—7　　**盘点盈亏表（实例）**

编号：　　时间：

序号	盘点票号	货物编号	品名	规格	单位	实盘数量	账面数量	差异数量	差异原因
1	110814001	692001231	洗衣粉	2 kg	kg	5	6	1	出库未做单

核准：薛某　　复核：雷某　　制表：陈某

5. 盘点结果处理

填写货物盘点盈亏表（见表 3—2—5），并请配送中心主管、客户 C 公司负责人签字确认，以修改库存，确保账卡货相符。

6. 解冻盘点数据

当盘点任务完成后，配送中心管理员应对在盘点前进行盘点冻结的货物进行解冻，以便货物的流通。

技能训练

深圳 A 物流公司配送中心根据客户 D 公司的请求，准备对其在配送中心的库存货物 ABC 分类并进行循环盘点，作为该配送中心的管理员，应该如何组织盘点作业。

思考与练习

1. 盘点的主要作用有哪些？盘点流程是什么？

2. 正式盘点之前是否自行盘点，并将发现的问题做必要且适当的处理，从而有利于正式盘点工作的进行？

3. 初盘后是否填写盘点卡，注明货物编号、名称、规格、数量、存放区域、盘点时间和人员？

4. 复盘人是否对核对无误的项目在盘点卡与盘点清册上签字，有误的，是否会同初盘人员、仓管员进行修改，并签字负责？

5. 货物盘点完成后，对所发生的差额、错误、变质、呆滞、盈亏、损耗等结果，是否分别处理，并防止再发生？

任务3　配送中心流通加工作业

学习目标

1. 了解配送中心流通加工的定义
2. 了解配送中心流通加工与生产加工的区别
3. 掌握配送中心流通加工的作用
4. 掌握配送中心流通加工的类型
5. 掌握配送中心流通加工的合理化
6. 会进行配送中心流通加工的管理

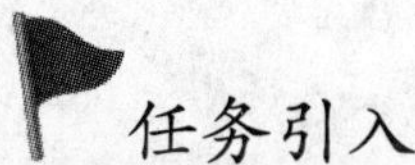

任务引入

深圳A物流公司配送中心接到客户D零售便利店流通加工申请单，要求配送中心帮助其把现有的三种货物（见表3—3—1）捆绑在一起，重新包装，制作新的货物条形码贴到新的包装上，并把这些货物打包在一起，以等待发货指令。作为配送中心的流通加工员，应该如何处理这项业务？

表3—3—1　　流通加工申请单

D零售便利店流通加工申请单

订单编号：20110801001

至：深圳A物流公司配送中心　　2011年8月1日

编号	货物条形码	货品名称	规格	单位	数量	备注
1	6923219964	柔白牙刷	15 cm	支	100	
2	6934560012	牙膏	100 g	盒	100	
3	6907893356	牙杯	500 mL	个	100	
组合套装		条形码：690112255338				

制单人：

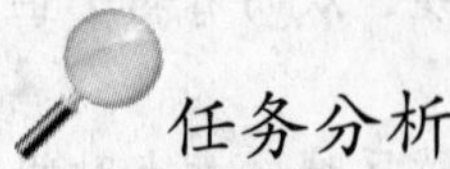

任务分析

在实际操作中，流通加工作业往往是配送中心提供增值服务的一项重要内容，既可以提高客户满意度，又可以增加配送中心收益。本任务的操作大致如下。

（1）编制流通加工作业计划。

（2）准备流通加工设备与材料。

（3）捆绑相关货物。

（4）打印组合套装的条形码并粘贴。

（5）打包包装箱，确保包装箱的牢固。

（6）填写相关信息，完成流通加工作业。

相关知识

一、流通加工概述

1. 流通加工的定义

流通加工（见图 3—3—1）是为了提高物流速度和货物的利用率，在货物进入流通领域后，按客户的要求或配送中心存储的相关要求进行的加工活动。具体加工作业有包装、分割、计量、分拣、刷标志、贴标签、组装等。

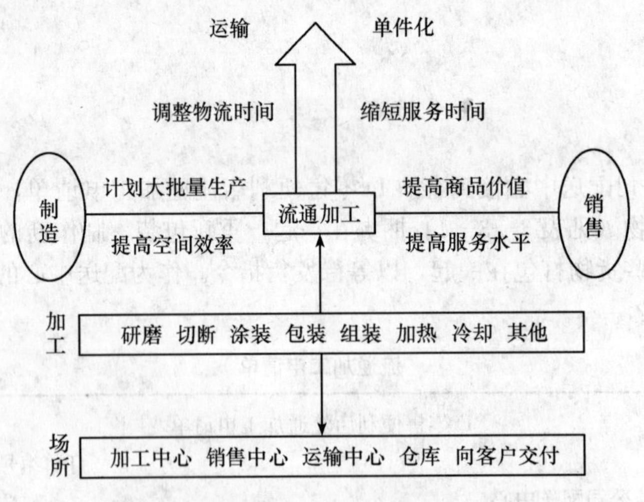

图 3—3—1 流通加工

2. 流通加工与生产加工的区别

相对于生产加工而言，流通加工在加工方法、加工组织、作业管理过程方面与生产领域中的加工有些相似。甚至可以说，有些流通加工就是生产领域作业过程的延伸或放到流通领域中完成的，以期解决生产过程中在生产面积、劳动力等方面的困难。流通加工和一般的生产加工在加工方法、加工组织、作业管理方面并无显著区别，但在加工对象、加工程度等差别较大。

(1) 加工对象的属性不尽相同。流通加工的对象是进入流通过程的货物，具有商品的属性，以此来区别多环节生产加工中的一环。流通加工的对象是货物，而生产加工的对象不是最终产品，而是原材料、零配件或半成品。

(2) 加工的复杂程度和深度不同。流通加工在程度上大多是简单加工，而不是复杂加工，是为更好地满足需求对生产加工的一种补充。一般来讲，如果必须进行复杂加工才能形成人们所需的商品，那么，这种复杂加工应专设生产加工过程，生产过程理应完成大部分加工活动，流通加工是对生产加工的一种辅助及补充。流通加工更趋向于完善商品的使用价值，多数是在对商品不作大的改变的情况下，提高商品的价值。特别需要指出的是，流通加工绝不是对生产加工的取消或代替。

(3) 加工的目的不完全一致。在商品经济条件下，无论是生产加工，还是流通加工，其目的都是方便生产和满足市场需要。在这一点上，两者有共同之处。但流通加工有时也以自身流通为目的，纯粹是为流通创造条件，这种为流通所进行的加工与直接为消费进行的加工在目的上有着显著的差异。另外，从价值观点来看，生产加工的目的在于创造价值及使用价值，而流通加工则在于完善其使用价值，并在不作大改变的情况下提高价值，更好地满足客户的多样化需要，降低物流成本，提高物流质量和效率。

(4) 加工的主体各异。流通加工是由从事物流活动并能密切结合流通需要的物流经营者组织的加工活动，如商品企业、仓储企业、运输企业等所作的流通加工作业，而生产加工则由生产企业完成。

3. 流通加工的发展原因

(1) 流通加工的出现与现代生产方式有关。现代化生产发展趋势之一是生产规模大型化、专业化，依靠单品种、大批量的生产方法，降低生产成本获取高收益，这样就出现了生产相对集中的趋势。这种规模的大型化、生产的专业化程度越高，生产相对集中的程度就越高。生产的集中化进一步引起产需之间的分离，即生产及消费不在同一个地点，而是有一定的空间距离；生产与消费在时间上不能同步，存在着一定的时间差；另外，生产者的产品供给成千上万人消费，而消费者的商品并不是来自一个生产者，两者之间纵横交错。弥补上述分离的手段是运输、储存及交换。而现代生产引起的产需在产品功能（规格、品种、性能）上的分离，弥补方法就是流通加工。所以，流通加工的诞生实际上是现代生产发展的一种必然结果。

(2) 流通加工的出现与消费的个性化有关。消费的个性化和产品的标准化之间存在着一定的矛盾，使本来就存在的产需分离变得更为严重。本来，弥补这种分离可以采取增加一道生产工序或消费单位加工改制的方法，但是个性化问题突出之后，采取弥补措施将会使生产及生产管理的复杂性及难度增加。按个性化生产的产品难以组织高效率、大批量的流通。所以，在出现了消费个性化的新形势及新观念之后，就为流通加工开辟了道路。

(3) 流通加工的出现与人们对流通作用的观念转变有关。在社会生产向大规模生产、专业化生产转变之后，社会生产越来越复杂，生产的标准化和消费的个性化出现，生产过程中的加工制造常常难以满足消费的要求。由于流通的复杂化，生产过程中的加工制造也不能满足流通的要求。于是，加工活动开始部分地由生产及再生产过程向流通过程转移。在流通过程中以较小的代价提高商品的价值和使用价值，引起流通过程从观念到方法的巨大转化。

（4）效益观念促进流通加工的发展。20 世纪 60 年代后，效益问题逐渐引起人们的重视，过去人们盲目追求高技术，引起燃料、材料投入的大幅度上升，结果新技术、新设备虽然采用了，但往往得不偿失。20 世纪 70 年代初，第一次石油危机的发生证实了效益的重要性，使人们牢牢树立了效益观念。流通加工以少量的投入获得很大的效益，是高效益的加工方法，自然获得快速的发展。所以，流通加工从技术上来讲，可能不需要采用什么高科技，但这种方式使观念转变了，在现代社会再生产中起着重要的作用。

二、流通加工的作用

流通加工是一种辅助性的生产作业，只是部分地改变了加工对象的物理形态和化学性质，它的深度和范围是有限的，但在货物流通过程起了很重要的作用。

1. 完善和强化了流通在社会再生产中的功能

流通一方面可以服务于生产和促进生产发展；另一方面又能够影响和服务消费。在实际生活中，流通能否充分有效地发挥功能作用，与其运行状态和运行质量有直接的关系，与实践中所推行的流通体制是否科学、流通能力（如流通机构、人才、设施、设备等流通要素的数量和质量）是否强大有直接的关系。除此之外，流通主体（即流通当事人）向社会所提供的服务是否优良、流通对象的规格和质量是否符合消费者的要求，这些主、客观条件也会直接影响（或制约）流通的正常运行及作用的充分发挥。

实践证明，在流通体制科学、合理的前提下，只有当流通当事人（流通企业）能够向社会提供多种类、系列化的服务时，流通的现代化程度才能相应提高，从而流通的功能和作用才能充分地发挥出来。实践同时证明，在货物流转过程中，一方面，流通加工可以省却消费者（特别是生产资料消费者）在消耗或使用商品时所进行的烦琐劳动，从而可以起到方便消费和促进消费的作用；另一方面，对于生产者来说，则有利于扩大其产品销路。从这个意义上说，流通加工完善和强化了流通的功能。

2. 构成了物流业利润的重要组成部分

流通不但通过买卖商品实现了商品的价值和使用价值，而且同时借助于运输、装卸、保管等活动，实现了商品实物形态的转移，保存了其使用价值。

流通加工是生产活动在流通领域中的延续，它虽然不生产新的产品，但改变了原有产品的物理形状和化学性质。它和流通运动中其他物流活动一样，不但提高了所加工产品的效用，而且也提高了其价值。

流通加工作为一种低投入、高产出的加工作业，通过简单的加工能够充分实现流通对象的价值和剩余价值。有的流通加工通过改变商品（如服装、玩具、纺织品等）包装，就可提高商品的档次，充分实现其价值。有的流通加工使产品利用率明显提高，也相对提高了其价值和使用价值，给流通企业带来可观的利润。从一些流通企业实践看，流通加工的成效并不亚于运输和仓储等活动。这表明，流通加工也是物流业的重要利润源泉。

3. 提高了生产原材料的利用率

加工原材料是流通加工的一项主要内容，它利用流通加工环节进行集中下料，将厂家发运来的简单规格的原始产品进行定尺和合理剪切、锯裁等，按各个用户的要求进行集中下料（如集中剪切钢板，集中套裁玻璃，木材加工成各种规格的板、方等）。通过统筹安排、集中下料，即可以做到优材优用、小材大用，做到物尽其用，大大提高了原材料的利用率。

另据有关资料介绍，在美国、日本等发达国家，由于流通加工十分普遍，材料利用率达到了很高的水平。以钢材为例，日本的钢材利用率一般都达到了97%。流通加工还能满足用户的多样化需求，对一些小用量或临时需要的用户来说，往往缺乏进行高效率初级加工能力，依靠流通加工可使之省去进行初级加工的投资、设备及人力，从而满足用户的多样化需求。如将原木或板方加工成门窗，冷拉钢筋及冲制异型零件，钢板打孔等。

4. 有利于物流活动合理化

从物流的角度看，流通加工环节将货物的流通分成两个阶段。一般说来，由于流通加工环节多设置在消费地，因此从生产厂到流通加工这一阶段输送距离长，而从流通加工到消费环节这一阶段距离短。第一阶段是在数量有限的生产厂与流通加工点之间，进行定点、直达、大批量的远距离输送，因此，可以采用船舶、火车等批量输送的手段；第二阶段则是利用汽车和其他小型车辆，来输送经过流通加工后的多规格、小批量、多用户的货物。这样可以充分发挥各种输送手段的最高效率，加快输送速度，节省运力运费。

5. 提高物流效率

有些产品由于自身的形态难以进行物流操作，如鲜鱼的装卸与储存、超大设备的搬运与装卸、气体物运输与装卸等，通过流通加工可以改变其“物”的物理状态，从而使物流各环节易于操作。同时，通过改装、冷冻、保鲜及涂油等措施，可以使货物在运输、储存、搬运和包装等过程中少受和免受损失。

6. 提高产品销售的经济效益

在流通过程中，通过对一些货物进行简单加工，如将大包装或散装物分装成适合一次销售的小包装的分装加工；将以保护货物为主的运输包装改换成以促销为主的装饰性包装；将零配件组装成用具、车辆以便于直接销售；将蔬菜、肉类洗净切块以满足消费者的需求等，可以明显提高产品销售的经济效益。

总之，流通加工是一项具有广阔前景的物流活动。流通加工的重要性不仅在于为物流合理化提供了条件，更能为提高社会经济效益开辟了一条途径。

三、流通加工的类型

从本质上看，各类产品及各种形式的流通加工是没有多大区别的。但是，从加工技术、加工方法和加工目的来观察，不同货物和不同形式的流通加工存在着一定的差别。流通加工可分为以下几种类型。

1. 为弥补生产领域加工不足的深加工

现代生产发展的一个趋势，就是生产规模大型化、专业化，依靠单品种、大批量的生产方法，降低生产成本，获取经济的高效益。这样就出现了生产相对集中的趋势，这种规模大型化、专业化程度越高，生产相对集中的程度也越高。生产的集中化进一步引起产需之间的分离。有很多产品，因受种种因素的制约，在生产领域内的生产加工只能完成到一定程度，其产品只能以粗加工产品（或者称半成品）的形态进入到流通领域或消费领域。这样的产品往往不能充分满足复杂多变的消费需求。

流通加工纯粹是为了解决产需之间产品适应性差的矛盾，弥补生产领域内的加工不足的深加工，从某种意义上说，它是生产加工的延续和深化。如根据用户需求实际情况，将原木锯成方材、板材；将大规格的钢材剪切成各种尺寸的小规格钢材；把散件、零部件组装成产品等。这种旨在完善生产加工、并作为生产加工后续作业的流通加工，对弥补生产领域生产加工不足有重要意义。

2. 为满足用户需求多样化的流通加工

这是目前流通加工的一种主要类型。生产部门为了实现高效率、大批量生产，产品往往不能完全满足用户所提的要求。为了满足用户对产品多样化的需求，同时又保证社会高效率的大生产，将生产出来的单调产品进行多样化的改制加工，是流通加工中占有重要地位的一种加工形式。

随着生产规模的扩大，越来越多的商品生产向着大批量生产方向发展，许多产品都是大包装，有些产品的规格也比较少，而用户的需求往往是小批量、小包装、多规格。这就需要流通企业根据用户需求进行再加工，如干板玻璃、石棉橡胶板、水泥、染料及某些化工产品等，需要锯裁、分装、配装和更换包装；又如，将原木加工成半成品、成品，将燃煤加工成混合动力煤等。

3. 为提高货物运输效率的流通加工

对于一些货物，由于其自身的特殊形状，在运输、装卸作业环节效率较低，或在流通过程中极易发生损失的情况，则需要进行适当的流通加工，以弥补这些产品的物流缺陷。例如，自行车在消费地区的装配加工，可防止整车运输的低效率；造纸用木材磨成木屑的流通加工，可极大提高运输工具的装载效率；统一农副产品（如水果、蔬菜、谷物、棉毛原料等）包装，方便装卸和运输；集中煅烧熟料，分散磨制水泥的流通加工，可有效地防止水泥的运输损失，减少包装费用，也可提高运输效率；石油气的液化加工，使很难输送的气态物转变为容易输送的液态物，同时也可提高物流效率，方便用户使用。

4. 为节约资源的流通加工

对于木材、钢材、平板玻璃等原材料进行套裁、合理配料和集中下料、综合利用剩余料等，可提高物资利用率，节约物资资源。对废旧物资进行回收、翻新、修复、再生产使用，能充分利用废旧物资的残存剩余价值，也可以使用户减少生产建设上的支出。

利用在流通领域集中加工代替分散在各使用部门的分别加工，可以大大地提高物资的利用率，具有明显的经济效益。集中加工形式可以减少原材料的消耗，提高加工质量。同时，对于加工后的副产品还可使其得到充分的利用。例如，钢材的集中下料，可充分进行合理下料，搭配套裁，减少边角余料，从而达到加工效率高、加工费用低的目的。

5. 为衔接不同输送方式，使物流更加合理的流通加工

这是为了解决大批量、高效率的运输与分散、小批量需要之间的矛盾，而采取的流通加工。由于现代社会生产的相对集中和消费的相对分散，流通过程中衔接生产的大批量、高效率的输送和衔接消费的多品种、小批量和多户头的输送之间，存在着很大的矛盾。某些流通加工形式可以较为有效地解决这个矛盾。以流通加工点为分界点，从生产部门至流通加工点可以形成大批量的、高效率的定点输送；从流通加工点至用户则可形成多品种、多批量和多顾客的灵活输送。例如，散装水泥的中转配送中心，担负着散装水泥装袋的流通加工及将大规模散装转化为小规模散装的任务，就属于这种流通加工形式。

6. **为保存产品的流通加工**

这种流通加工形式的目的，是使产品的使用价值得到妥善的保护，延长产品在生产与使用之间的时间距离。根据加工对象的不同，这种加工形式可表现为消费资料的流通加工和生产资料的流通加工。消费资料的流通加工是以消费者的消费对象在质量上保持满意为目的的，如鲜鱼、鲜肉产品、速冻食品（如水饺、馄饨、包子、元宵等）及医疗用生物制剂等商品，在常温下极易变质，要求保鲜、保质的冷冻加工、防腐加工及保鲜加工；丝、麻、棉织品的防虫、防霉加工等。

生产资料与消费资料相比，前者一般有较长的时间效能，但随着时间的推移，其使用价值也会不同程度地受到损坏，有的甚至会完全失去使用价值。为了延缓生产资料使用价值的下降幅度，相应的流通加工是完全必要的，如为防止金属材料的锈蚀而进行的喷漆、涂防锈油等措施和手段，运用手工、机械或化学方法除锈；木材的防腐朽、防干裂加工等。

四、流通加工的合理化

流通加工合理化是指实现流通加工的最优配置，也就是对是否设置流通加工环节、在什么地方设置、选择什么类型的加工、采用什么样的技术装备等问题作出正确抉择。这样做不仅要避免各种不合理的流通加工形式，而且要做到最优。

1. **不合理流通加工的若干形式**

流通加工是生产过程的延续，实际上是生产本身或生产工艺在流通领域的延续。这个延续可能有正反两方面的作用，即一方面可能有效地起到补充完善作用，但是也必须估计到另一个可能性，即对整个过程的负效应。各种不合理的流通加工都会产生负效益。几种不合理的流通加工形式如下。

（1）流通加工地点设置的不合理。流通加工地点设置即布局状况，是整个流通加工是否有效的重要因素。一般而言，为衔接单品种大批量生产与多样化需求的流通加工，加工地设置在需求地区，才能实现大批量的干线运输与多品种末端配送的物流优势。如果将流通加工地设置在生产地区，由多样化需求所加工后的产品品种多、批量小，向需求地的运输距离过长，出现加工地点不合理；同时还可能增加了近距离运输、装卸、储存等一系列物流活动。所以在这种情况下，不如由原生产单位完成这种加工，而无须设置专门的流通加工环节。

（2）流通加工方式选择不当。流通加工方式包括流通加工对象、流通加工工艺、流通加工技术、流通加工程度等。流通加工方式的确定实际上是与生产加工的合理分工。流通加工不是对生产加工的代替，而是对生产加工的一种补充和完善。

所以，一般而言，如果工艺复杂，技术装备要求较高，或加工可以由生产过程延续或轻易解决的产品，都不宜再设置流通加工，尤其不宜与生产过程争夺技术要求较高、效益较高的最终生产环节，更不宜利用一个时期市场的压迫力使生产者变成初级加工或前期加工，而流通企业完成装配或最终形成产品的加工。如果流通加工方式选择不当，本来应由生产加工完成的却错误地由流通加工完成，本来应由流通加工完成的，却错误地由生产过程去完成，都会造成不合理性。

（3）流通加工作用不大，形成多余环节。有的流通加工过于简单，或对生产及消费作用都不大，甚至有时流通加工是盲目的，同样未能解决品种、规格、质量、包装等问题，相反却实际增加了环节，形成流通加工的不合理。

（4）流通加工成本过高，效益不好。流通加工之所以能够有生命力，重要优势之一是有较大的投入产出比，因而有效起着补充完善的作用。如果流通加工成本过高，不能实现以较低投入实现较高的使用价值目的，则除了一些必需的、从政策要求即使亏损也应进行的加工外，都是不合理的。

2. 流通加工合理化

（1）流通加工合理化要考虑的因素。进行流通加工需要一定的劳动力、场地、设施、设备和专用工具及相互之间的配合。在设置流通加工时，需要进行可行性分析，并掌握相关的流通加工的基本技术和方法。对于流通加工子系统，可根据加工物品、销售对象和运输作业的要求，考虑以下几方面的问题：选择加工场所与分析加工过程的安全性、经济性；加工机械的配置与空间组织；流通加工的技术、方法；流通加工作业规程；加工质量保障体系；加工对象，如产品的销售渠道与销售市场情况；满足客户需求的指标及考核；降低流通加工费用；流通加工组织与管理等。

（2）流通加工合理化的原则

1）加工和配送相结合。将流通加工设置在配送点中，一方面，按配送的需要进行加工；另一方面，加工又是配送业务流程中分货、拣货、配货之一环，加工后的产品直接投入配货作业，这就无须单独设置一个加工的中间环节，使流通加工有别于独立的生产，使流通加工与中转流通巧妙地结合在一起。同时，由于配送之前有加工，可使配送服务水平大大提高。这是当前流通加工合理化的重要形式，在煤炭、水泥等产品的流通中已表现出较大的优势。

2）加工和配套相结合。在配套要求较高的流通中，配套的主体来自各生产单位。但是，完全配套有时无法全部依靠现有的生产单位和进行适当的流通加工，可以有效促成配套，大大提高流通作为桥梁与纽带的能力。

3）加工和合理运输相结合。流通加工能有效衔接干线运输与支线运输，促进两种运输形式的合理化。利用流通加工，在支线运输转换成干线运输或干线运输转支线运输的停顿环节，按干线或支线运输合理要求进行适当加工，从而大大提高了运输及运输转载水平。

4）加工和合理商流相结合。通过加工有效促进销售，使商流合理化也是流通加工合理化的重要方向之一。加工和配送的结合提高了配送水平，强化了销售，是加工与合理商流相结合的一个成功的例证。此外，通过简单改变包装加工，形成方便的购买量，通过组装加工排除客户使用前进行组装、调试的困难，都是有效地促进商流的例子。

5）加工和节约相结合。节约能源、节约设备、节约人力、节约耗费是实现流通加工合理化的重要因素，也是目前我国设置流通加工、考虑其合理化的普遍形式。

对于流通加工合理化的最终判断，是看其是否能实现社会效益和企业的经济效益，而且要看其是否取得了最优效益。对流通加工企业而言，与一般生产企业的一个重要不同之处是，流通加工企业更应树立社会效益第一的观念，如果只是追求企业的微观效益，不适当地进行加工，甚至与生产企业争利，那就有违流通加工的初衷了。

五、流通加工的管理

流通加工的组织与管理类似于生产的组织和管理。

1. 流通加工的生产管理

流通加工的生产管理内容及项目很多，如劳动力、设备、财务、物资等方面的管理，对于套裁型流通加工，其最具特殊性的生产管理是出材率的管理。这种流通加工形式的优势就在于物资的利用率高、出材率高，从而获取效益。为此，要加强消耗定额的审定及管理，并采用科学方法，如数学方法进行套裁的规划及计算。

2. 流通加工的质量管理

流通加工的质量管理是对加工产品的质量控制。进行这种质量控制的主要依据是用户要求。各用户要求不一，质量宽严程度也不一，流通加工据点必须能进行灵活的柔性生产，以满足质量要求。此外，全面质量管理的方法也可用于此。

3. 流通加工的合理化管理

衡量流通加工合理性，对流通加工环节进行有效的管理，主要考虑两类指标。

（1）流通加工建设可行性指标。流通加工是一种补充性加工，规模、投资都必然低于生产性企业，其投资特点是，投资额较低，投资时间短，建设周期短，投资回收速度快且投资效益较大。投资可行性分析可采用静态分析法。

（2）流通加工日常管理指标。由于流通加工的特殊性，不能全部搬用考核一般企业的指标。流通加工常用的指标是劳动生产率、成本利润率指标及反映流通加工特殊性的指标。

1）增值指标：增值指标反映流通加工后，单位产品自增值程度。

增值率＝（产品加工后价值－产品加工前价值）÷产品加工前价值×100％

2）品种规格增加额及增加率：

品种规格增加率＝品种规格增加数÷加工前品种规格数×100％

3）资源增加量指标：

新增出材率＝加工后出材率－原出材率

新增利用率＝加工后利用率－原利用率

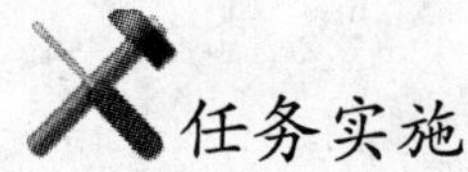

任务实施

1. 编制流通加工作业计划

接到客户的流通加工要求后，将流通加工申请单转成相应的加工单（见表3—3—2），并编制流通加工作业计划，如开始作业时间、预计结束作业、作业人数等。如果配送中心有信息系统，则要在信息系统内录入相应的信息资料。

表3—3—2 流通加工单

流通加工申请单

订单编号：20110801001

客户：D零售便利店　　2011年8月1日

编号	货物条形码	货品名称	规格	单位	数量	备注
1	6923219964	柔白牙刷	15 cm	支	100	
2	6934560012	牙膏	100 g	盒	100	
3	6907893356	牙杯	500 mL	个	100	
组合套装		条形码：690112255338				
加工者		审核员		完成情况		

2. **准备流通加工设备与材料**

完成流通加工作业计划的编制后，要准备流通加工过程中可能用到的设备、工具或材料等，如图 3—3—2 所示。

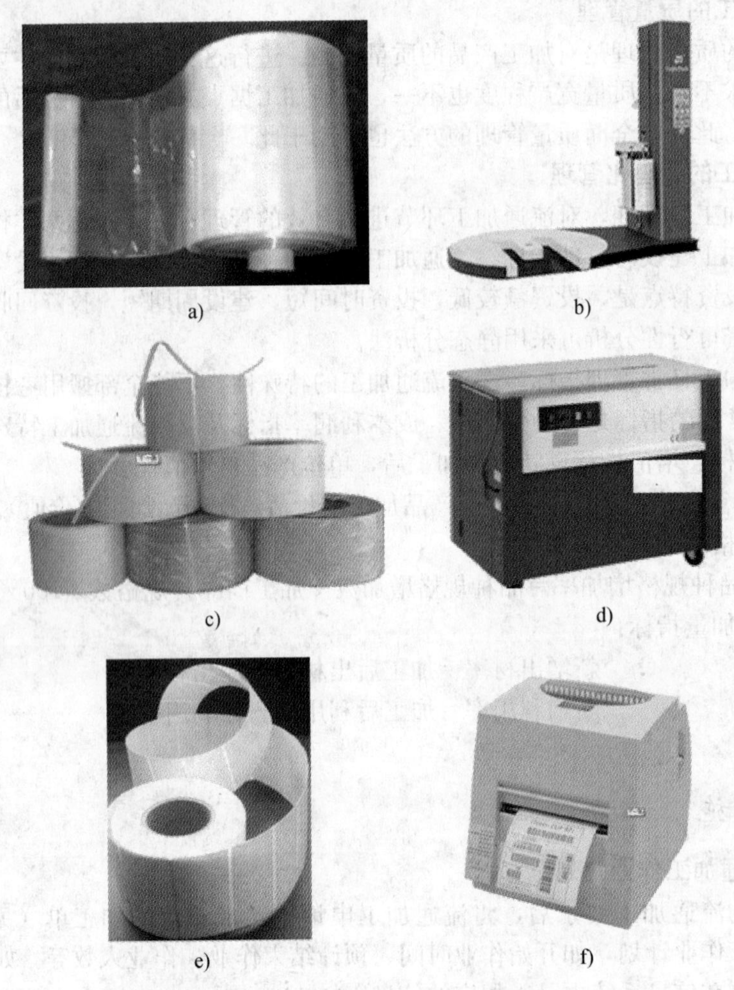

图 3—3—2　流通加工准备的设备与材料

a）塑料薄膜　b）薄膜打包机　c）塑料打包带　d）塑料带打包机

e）条形码打印纸　f）条形码打印机

3. **捆绑相关货物**

使用塑料薄膜及其打包机把牙膏、牙刷、牙杯捆绑在一起，如图 3—3—3 所示。

4. **打印并粘贴条形码**

打印组合套装的条形码，条形码号：690112255338（见图 3—3—4），然后把这个条形码条粘贴到新组合产品上。

5. **打包包装箱**

把已经做好的组合套装放入相应的纸箱里，然后用塑料带打包机打包外包装箱，如图 3—3—5 所示。

打包机的常见使用步骤。

(1) 接通电源。插上电源插头，按下开关，指示灯亮。

(2) 预热烫头。把温度调到所需温度，预热 1 min，若缩短预热时间，可按下快速加热按钮，约 5 s 即可预热。

(3) 选择送带定时时间（送带长度控制）。时间调节范围为 0～6 s，根据包件大小，调节所需的传送长度。

(4) 开动电动机。合上开关，电动机启动，若 30 s 内不捆扎，电动机自动停止。按一下送带或退带按钮，电动机可重新启动。

(5) 包件定位。把包件放在机器工作台上，用手抓住带头绕过包件，插进"带子入口"。

(6) 捆扎。带头进入"带子入口"后，触动微动开关，机器便自动压住带头，完成退带、拉紧、切带、烫带、复原等动作。然后自动送出一定长度的带子，此时，便完成一次捆扎的全过程。

图 3—3—3 组合套装

图 3—3—4 组合套装的条形码

图 3—3—5 组合套装的打包

(7) 送带及复位。如送出带子不够长，再按一下送带按钮。

(8) 退带及复位。按退带按钮，带子退出机器，机器自动复位。

(9) 关机。每次用完后，应关上电源开关或电动机开关。

6. 填写相关信息，完成流通加工作业。

将流通加工的加工单填写完整（见表 3—3—3），然后交回给配送中心的信息管理员，完成流通加工作业。

表 3—3—3 **流通加工单**

流通加工申请单

订单编号：20110801001

客户：D零售便利店 2011 年 8 月 1 日

编号	货物条形码	货品名称	规格	单位	数量	备注
1	6923219964	柔白牙刷	15 cm	支	100	
2	6934560012	牙膏	100 g	盒	100	
3	6907893356	牙杯	500 mL	个	100	
组合套装		条形码：690112255338				
加工者	张某	审核员	陈经理	完成情况	完成	

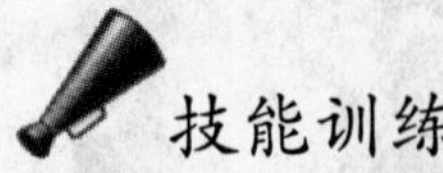

技能训练

深圳A物流公司配送中心接到客户E超市流通加工申请单，要求配送中心帮助其把现有的10袋大包装的食盐（100包/袋）改成小包装的食盐（10包/袋）（见表3—3—4），并重新制作新的条形码粘贴在新的包装材料上，并等待发货指令。作为配送中心的流通加工员，应该如何处理这项业务？

表3—3—4　　流通加工申请单

E超市流通加工申请单

订单编号：20110805001

至：深圳A物流公司配送中心　　2011年8月5日

编号	货物条形码	货品名称	规格	单位	数量	包装	备注
1	6956699445212	食盐	50kg	袋	10	100包/袋	
组合套装		条形码：69078933562569					

制单人：王某

思考与练习

1. 配送中心流通加工的类型有哪些？进行流通加工时的工作重点有哪些区别？

2. 生鲜货物、钢材货物、丝棉织品在贯彻流通加工合理化原则时，其作业流程有哪些不同？

3. 对于任务实施这一单一的流通加工作业流程应该从哪几个方面进行有效管理？

4. 如果是对生鲜果蔬（如：葡萄）进行流通加工，想象一下它的流程会是怎样的？与普通的货物会有哪些方面的不同？

模块四

配送中心出库业务

任务1 配送中心拣货作业

学习目标

1. 了解配送中心拣货作业策略及流程
2. 掌握配送中心拣货作业的方法
3. 掌握配送中心拣货作业的系统规划

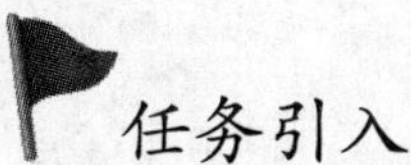

任务引入

深圳A物流公司配送中心的信息管理员将客户D零售便利店的发货申请单转成配送中心的拣货单（见表4—1—1），并交给配送中心的拣货员，要求其在规定时间内把货物拣取出来放到出库待发区。作为配送中心的拣货员，应该如何处理这项作业？

表4—1—1 拣货单

深圳A物流公司配送中心拣货单

申请单号：OA20110801008　　拣货单号：OP20110802001

客户：D零售便利店　　2011年8月2日

编号	货物条形码	货物名称	规格	单位	申请数量	拣选位置	拣货数量	物流箱号	备注
1	6923219252	汤碗面	80 g	碗	12	A323			
2	6934560443	香菇肉酱	180 g	罐	24	B121			
3	6907893114	电池	2B/1.5 V	卡	10	C212			
4	6902108699	川贝糖	26.4 g	瓶	10	B191			
5	6900453120	雪花杨梅	100 g	包	60	D328			
6	6916920199	强力粘钩	1×12	个	12	E231			
7	6917878055	巧克力	35 g	袋	24	D311			

续表

编号	货物条形码	货物名称	规格	单位	申请数量	拣选位置	拣货数量	物流箱号	备注
8	6919892009	也也酥	85 g	袋	24	C231			
9	6920180733	葡萄汁	400 mL	瓶	12	A113			
10	6920509029	江南小炒	200 g	包	50	E313			

制单人：陈某　　　　　　　　　拣货员：

任务分析

在实际操作中，拣货作业是配送中心内部的核心工作之一，其效率的高低决定了配送中心的服务质量和经济效益。本任务的重点在于按照客户订单的要求完成货物的拣取，大致操作内容如下。

（1）根据拣货单的货物状况准备拣货需要的工具与设备。

（2）确定拣货作业的方法。

（3）确定拣货作业的线路。

（4）拣选货物，并将货物放入相应的物流箱里。

（5）填写拣货单。

（6）将货物运至出库待发区，完成拣货作业。

相关知识

一、拣货作业的流程

拣货作业在配送作业环节中不仅工作量大，工艺过程复杂，而且作业要求时间短，准确度高，因此，加强拣货作业的管理非常重要。在拣货作业中，应根据顾客订单所反映的货物特性、数量多少、服务要求、送货区域等信息，对拣货作业系统进行科学的规划和设计，并制定合理高效的作业流程。配送中心拣货作业的基本流程如图 4—1—1 所示。

二、拣货作业的策略

拣货作业的策略是影响拣货作业效率的重要因素，对不同的客户订单需求，应采取不同的拣货策略。决定拣货策略的四个主要因素有分区、订单分割、订单分批及分类。

1. 分区策略

分区就是将拣货作业场地的区域进行划分。按分区原则的不同，可分为四种分区方法。

（1）按货物特性分区。按货物特性分区就是根据货物原有的特性，将需要特别储存搬运或分离储存的货物进行分区，以保证货物的品质在储存期间保持完好。

（2）按拣货单位分区。按拣货单位分区就是将拣货作业区按拣货单位进行划分，如箱装拣货区、单品拣货区，或是具有特殊货物特性的冷冻品拣货区等，其目的是使储存单位与拣货单位分类统一，以方便拣货与搬运单元化，使拣货作业单纯化。一般来说，按拣货单位分区所形成的区域范围是最大的。

（3）按拣货方式分区。按拣货方式不同可分为若干区域，通常以货物销售的ABC分类为原则，按出货量的大小和拣货次数的多少做ABC分类，然后选用合适的拣货设备和拣货方式，其目的是使拣货作业单纯一致，减少不必要的重复行走时间。在同一单品拣货区中，按拣货方式的不同，又可分为台车拣货区和输送机拣货区。

（4）按工作分区。在相同的拣货方式下，将拣货作业场地再做划分，由一个或一组固定的拣货人员负责拣选某区域内的货物。该策略的主要优点是拣货人员需要记忆的存货位置和移动距离减少，拣货时间缩短，还可以配合订单分割策略，运用多组拣货人员在短时间内共同完成订单的拣货，但要注意平衡问题。

以上四种分区策略既可同时存在于一个配送中心内，又可以单独存在。

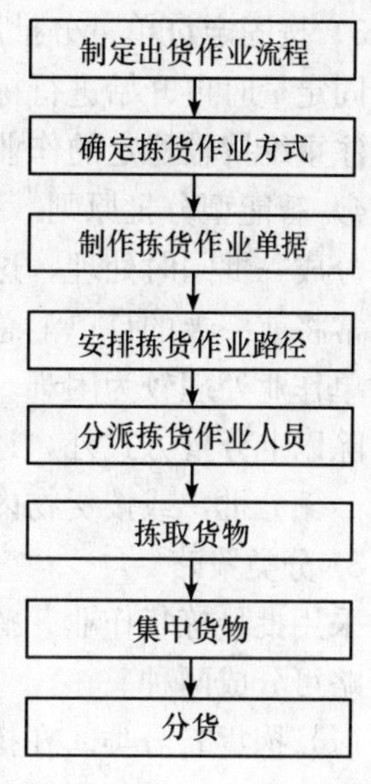

图4—1—1　拣货作业的流程

2. 订单处理策略

（1）订单分割策略。当订单上订购的货物项目较多或拣货系统要求及时快速处理时，为使其能在短时间内完成分拣处理，可将订单分成若干子订单交由不同拣货区域同时进行拣货作业。将订单按拣货区域进行分解的过程叫做订单分割。订单分割一般与拣货分区相对应。采用拣货分区的配送中心，其订单处理过程的第一步就是要按区域进行订单分割，各个拣货区根据分割后的子订单进行拣货作业，各拣货区子订单拣货完成后再进行订单的汇总。

（2）订单分批策略。订单分批是为了提高拣货作业效率而把多张订单集合成一批，进行批次拣货作业。其目的是缩短拣货时平均行走搬运的距离和时间。若再将每批次订单中的同一货物品项加总后分拣，然后再把货物分类给每一个顾客订单，再形成批量拣货，这样不仅缩短了拣货平均行走搬运的距离，也减少了重复寻找货位的时间，提高了拣货效率。但如果每批次订单数目过多，则必须耗费较多的时间分类，甚至需要有强大的自动化分类系统的支持，因此是否进行订单分批要遵循如下原则。

1）按总合计量分批原则。汇总拣货作业前，累计所有订单中每一货物项目的总量，再根据这一总量进行拣货，可将拣货路径减至最短，同时，储存区域的储存单位也可以单纯化，但需要有功能强大的分类系统支持。这种方式适用于固定顾客点之间的周期性配送，可以将所有的订单在中午前收集，下午做合计量分批分拣单据的打印等信息处理，第二天一早进行拣货分类等工作。

2）按时窗分批原则。当订单到达时间与拣货出货时间的间隔很短时，可利用此策略开启短暂（如5～10 min）而固定的时窗，再将此时窗中所到达的订单做成一批，进行批量拣货。这一方式常与分区及订单分割联合运用，特别适合于到达与出货时间间隔短而订单定购量和品项数平均的情况。各拣货区内利用时窗分批同步作业时，会因分区工作量不平衡和时窗分批分拣量不平衡而产生作业等待，如能将这些等待时间缩短，可以大大提高拣货效率。这种拣货方式适合密集频繁的订单，且能应付紧急插单的需求。

3）按固定订单量分批原则。订单分批按先到先处理的基本原则，当累计订单量达到设定的固定量时再开始进行拣货作业。适合的订单形态与时窗分批类似，但这种订单分批的方式更注重维持较稳定的作业效率，而处理的速度较前者慢。

4）智能型分批原则。智能型分批是将订单汇总后经过复杂的计算，将拣货路径相近的订单分成一批同时处理，这可大大缩短拣货作业行走搬运距离。采用这种分批方式的配送中心通常将前一天的订单汇总后，经计算机处理在当天下班前产生次日的拣货单据，因此对紧急插单作业处理较为困难。

除以上分批方式外，还有其他方式，如按配送地区、路线分批，按配送的数量、车趟次、金额分批，或按货物内容种类特性分批等。

3. 分类策略

采用批量拣货作业，拣货完毕后还必须进行分类，因此需要有相互配合的分类策略。分类策略可分成两种。

（1）拣货时分类。在拣货的同时将货物按各订单分类，这种分类方式常与固定订单量分批或智能型分批方式联用，因此需要使用计算机辅助台车作为拣货设备，以加快拣货速度，同时避免发生错误。该方式较适用于少量多品种的拣货，且由于拣货台车不可能太大，所以每批次的客户订单量不宜过大。

（2）拣货后集中分类。分批按批量合计拣货后再集中分类，一般有两种分类方法：一种方法是以人工作业为主，将货物总量搬运到空地上进行分发（也称播种式拣选），而每批次的订单量及货物数量不宜过大，以免超出人员负荷；另一种方法是利用分类输送机系统进行集中分类，这是较自动化的作业方式。当订单分割越细，分批批量品项越多时，后一种方式的使用率越高。

三、拣货作业的方法

随着科学技术的发展，配送中心拣货作业的方法越来越多，以下从不同的角度进行分类。

1. 按订单的组合程度分

按订单的组合程度，可以将拣货作业方法分为订单别拣取、批量拣取及复合拣取三种方式。订单别拣取是分别按每份订单来拣货；批量拣取是多张订单累积成一批，汇总数量后形成拣货单，然后根据拣货单的指示一次拣取货物，拣货后再进行分类；复合拣取是充分利用以上两种方式的特点，并综合运用于拣货作业中。

（1）订单别拣取。订单别拣取是针对每一份订单，作业员巡回于仓库内，按照订单所列货物及数量将客户所订购的货物逐一由配送中心储位或其他作业区中取出，然后集中在一起的拣货方法。订单别拣取的优点是：作业方式单纯，接到订单可立即拣货、送货，所以作业前置时间短；作业人员责任明确，易安排人力；拣货后不用进行分类作业，适用于配送批量大的订单处理。其缺点是：当货物品种多时，该方法的拣货行走路径加长，拣取效率较低；拣货区域大时，搬运系统设计困难。因此，订单别拣取的适用条件是：适合订单大小差异较大、订单数量变化频繁、季节性强的货物配送，货物外形、体积变化较大、货物差异较大的情况。

（2）批量拣取。批量拣取，也称播种式选取，是将多张订单集合成一批，按照货物品种、种类汇总后再进行拣货，拣货后依据不同客户或不同订单分类集中的拣货方式。批量拣取方式的优点有：适合配送批量大的订单作业；可以缩短拣取货物时的行走时间，增加单位时间的拣货量。其缺点是：必须当订单累积到一定数量时才做一次性的处理，会有停滞时间产生。因此，该方法适合于订单在系统化、自动化设置之后，拣货作业速度提高，产能调整能力减小的情况下采用；适合于订单变化较小、订单数量稳定的配送中心和外形较规则、固定的货物出货。需进行流通加工的货物也适合批量拣取再进行批量加工，然后给不同客户分别配货，以提高拣货及加工效率。

（3）复合拣取。为了克服订单别拣取和批量拣取方式的缺点，配送中心采取将订单别拣取和批量拣取组合起来的复合拣取方式。复合拣取即根据订单的品种、数量及出库频率，确定哪些订单适用于订单别拣取，哪些订单适用于批量拣取，对其分别采取不同的拣货方式。

2. 按人员组合程度分

按人员组合程度可分为单独拣货（一人一单式）和接力拣货（分区按单拣货）。单独拣货即一人持一张拣货单进入拣货区拣货，直至将拣货单中的全部货物拣完为止；接力拣货是将拣货区分为若干个区，由若干名作业人员分别操作，每名作业人员只负责本区货物的拣取，携带一张订单的拣货小车依次在各区巡回，各区作业人员按订单的要求拣取本区段存放的货物，一个区域拣货完移至下一区段，直至将订单中所列的货物全部拣取完。不同拣货作业与各种储存策略的配合也有好坏（见表 4—1—2）。

表 4—1—2　**拣货策略与储存策略的配合情形**

储存策略	拣货策略							
	订单别拣取		批量拣取		复合拣取		接力拣取	订单分割拣取
	分区	不分区	分区	不分区	分区	不分区		
定位储存	○	○	○	○	○	○	○	○
随机储存	×	×	△	×	×	×	×	○
分类储存	○	○	○	○	○	○	○	○
分类随机储存	△	×	○	○	○	△	△	○

○：适合　△：尚可　×：不适合

四、拣货信息的传递

拣货信息的作用在于指导拣货作业的进行，使拣货人员能正确而迅速地完成拣货工作。拣货作业的依据是顾客的订单或其他送货指令，因此，拣货信息最终来源于客户的订单。拣货信息既可以通过手工单据来传递，也可以通过电子设备和自动拣货控制系统传输。

1. 订单传票

订单传票即直接利用客户的订单或以配送中心发货单作为拣货指示凭据。这种方式适用于订单订购品种数较少、批量较小的情况，经常配合订单别拣取方式。订单在传票和拣货过程中易受到污损，可能导致作业过程发生错误，而且订单上未标明货物储放的位置，仅靠作业人员记忆拣货，影响了拣货效率。

2. 拣货单的传递

拣货单传递拣货信息，是将原始的客户订单输入计算机，进行拣货信息处理后生成并打印拣货单，作业人员据此拣货。在拣货单上可以标明储位，并按储位顺序排列货物编号，缩短了拣货路径，提高了作业效率。采用拣货单传递拣货信息，其优势在于：经过处理后形成的拣货单上所标明的信息能更直接、更具体地指导拣货作业，提高拣货作业效率和准确性。但处理打印拣货单需要一定的成本，而且必须尽可能防止拣货单据出现误差。

3. 显示器传递

显示器传递是在货架上安装信号灯或液晶显示器来显示通过数位控制系统传递过来的拣货信息。显示器安装在储位上，相应储位上的显示器显示该货物应拣取的数量，也就是采取数位拣取系统。这种系统可以安装在重力式货架、托盘货架、一般货物棚架上。如图 4—1—2 所示。

图 4—1—2　储位上的显示器

4. 无线通信传递

无线通信传递是在叉车上安装无线通信设备，通过通信设备把应从哪个储位拣取何种货物及拣取数量等信息指示给叉车上的司机以拣取货物。这种传递方式通常适用于大批量出货时的拣货作业。

5. 计算机随行指示

计算机随行指示是指在叉车或台车上设置辅助拣货的计算机终端，拣取前先将拣货信息输入计算机或 U 盘，拣货人员依据叉车或台车上计算机屏幕的指示到正确位置拣取货物。

6. 自动拣货系统传递

拣货过程全部由自动控制系统完成。通过电子设备输入订单后形成拣货信息，在拣货信息指导下由自动拣货系统完成拣货作业，这是目前物流配送技术发展的主要方向之一。

五、拣货作业系统规划

1. 拣货作业系统的规划程序

在配送中心整体规划中，拣货作业系统的设计与规划至关重要，因为拣货作业系统必须满足在有限的时间内为顾客提供最佳配送服务的要求。由于拣货作业的指令来源于顾客的订单资料，所以，拣货作业系统的规划要从顾客订单资料的分析开始，包括拣货单位的确定、拣货方式与拣货策略的运用、拣货信息的传递、拣货设备的选用及布置等环节和步骤，如图4—1—3所示。

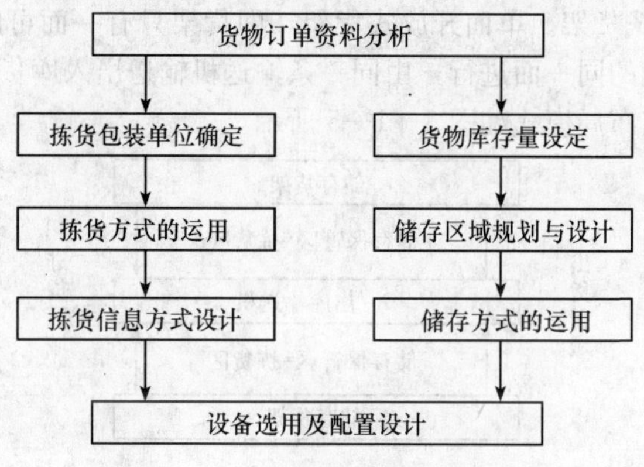

图4—1—3　拣货系统规划程序

2. **拣货作业系统的布置**

拣货作业是整个配送作业的核心，因此拣货作业系统的布置非常重要。目前常用的布置模式主要有以下几种。

（1）储存货架与拣货货架不分开的布置模式。储存货架与拣货货架不分开，即直接从储存保管区的货架上拣取商品，不通过专门的拣货货架。这种情况可以采取以下两种基本布置模式。

1）使用两面开放式货架。两面开放式货架，即货架的正面和背面呈开放式，两面均可以存货与取货，而且货物可以从一面存入，从另一面取出，如图4—1—4所示。

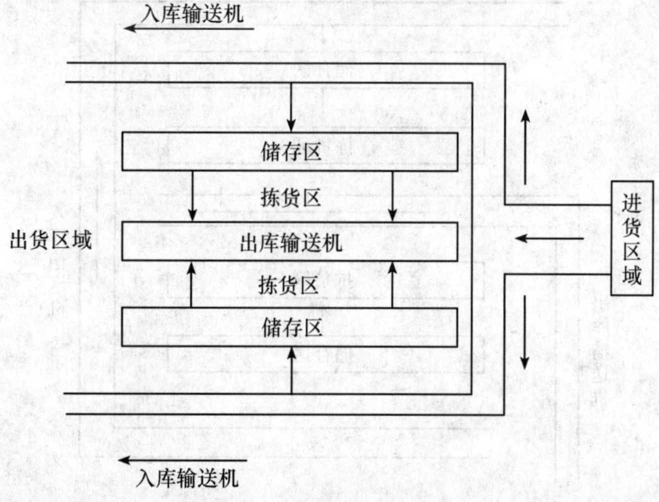

图4—1—4　两面开放式货架

在进货—储存—拣货—出货作业中，货物呈单向流动：在进货验收区，将货物直接卸到入库输送机上，入库输送机自动将货物送到储存区；储存区的货物保管在双面敞开式货架上，仓库作业人员将需进入储位的货物从上货一侧补充到储存侧，使拣货区侧的货品排列整齐丰满，方便拣货，拣取的货物可以直接放置在出库输送机上将货物自动集中到出货区。这种模式适用于小规模的配送中心。

2）使用单面开放式货架。单面开放式货架，即货架只有一面可以存取货，货物出库与入库必须在货架或货棚的同一面进行，由同一条输送机输送出入库货物，这种货架在布局时占用空间相对较少，其布局模式如图 4—1—5 所示。

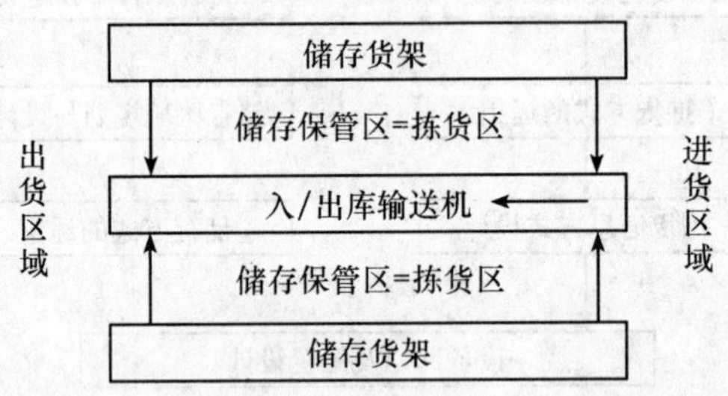

图 4—1—5　单面开放式货架

这种方式由于出库与入库输送机和输送道共用，因而入库与出库作业的时间必须错开，以免造成混乱，所以，这种布置模式不适用于入库太频繁的配送中心。

(2) 储存货架与拣货货架分设的布置模式。储存货架与拣货货架分设即货物入库后存储在储存保管区。拣货前，先由储存货架通过“补货”作业将货物补充到方便拣取的货架上，再从拣货货架上拣取货物，这种方式比较适合进出货量差异大，或出、入库包装单位不同的货物，如以托盘或周转箱为单位储存。以周转箱或单件拣取出货的货物可以先通过补货环节拆装后补充到拣货区，再从拣货区拣取货物，其货物流向布置的基本方式如图 4—1—6 所示。

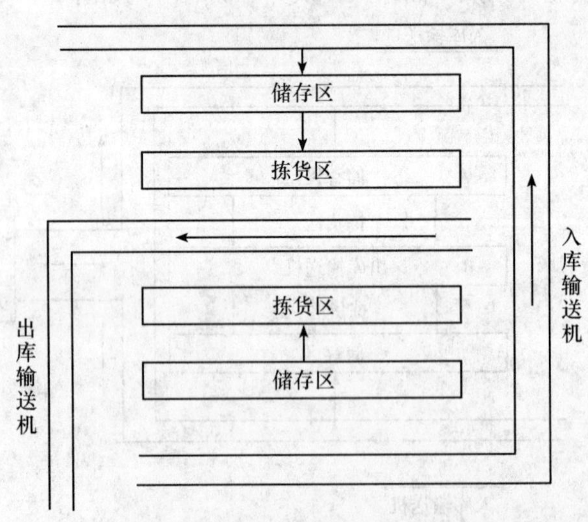

图 4—1—6　拣货区货物流向布置图

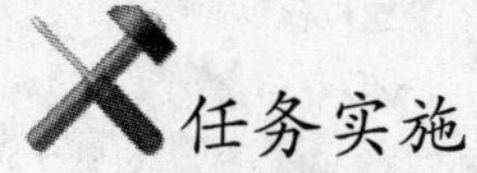
任务实施

1. 准备拣货设备与工具

配送中心拣货员拿到配送中心信息管理员的拣货单后，浏览一下需要拣选货物的清单，确定拣货大致需要的设备、工具及其数量，如图 4—1—7 所示。

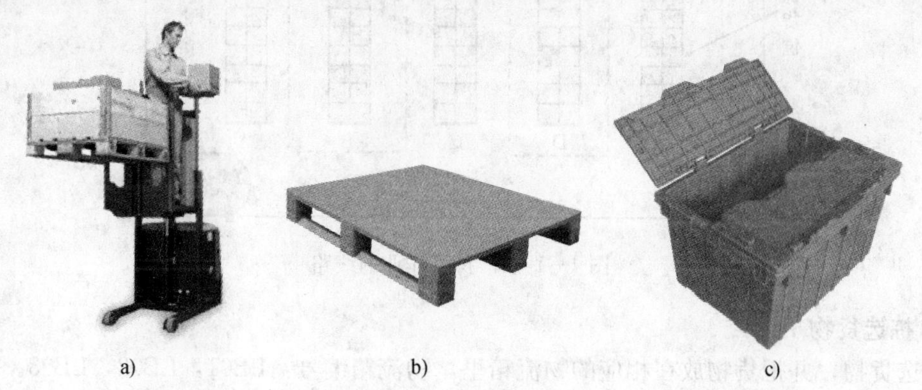

图 4—1—7　拣货所需的设备

a）拣选车　b）平托盘　c）物流箱

2. 确定拣货作业的方法

由于只针对一个客户，所以直接采取订单别选取方法进行拣货作业。另外，从拣货单可以看出需要拣取的货物只有 10 个品种，订单不用分割，由一人负责拣完。如图 4—1—8 所示，A、B、C 分别表示三种不同类型的货物。

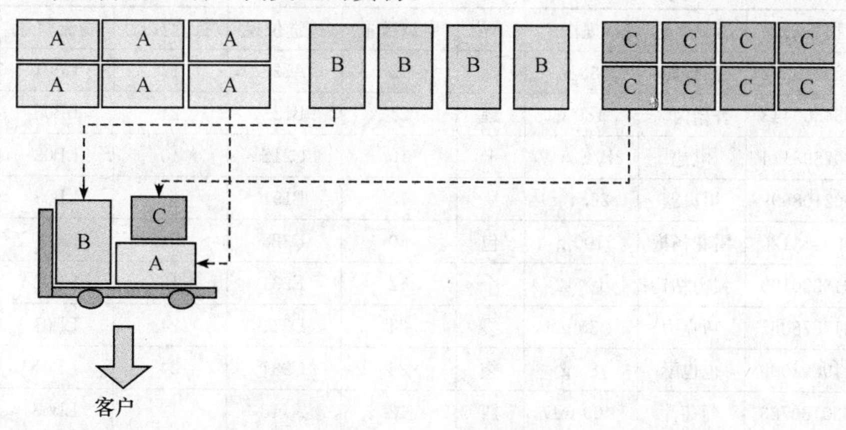

图 4—1—8　订单别选取方法

3. 确定拣货作业的线路

由于货物分布在不同的货架上，所以要设计一条搬运线路，以尽量减少拣货行走距离，如图 4—1—9 所示，A、B、C、D、E 分别表示相应的货架。

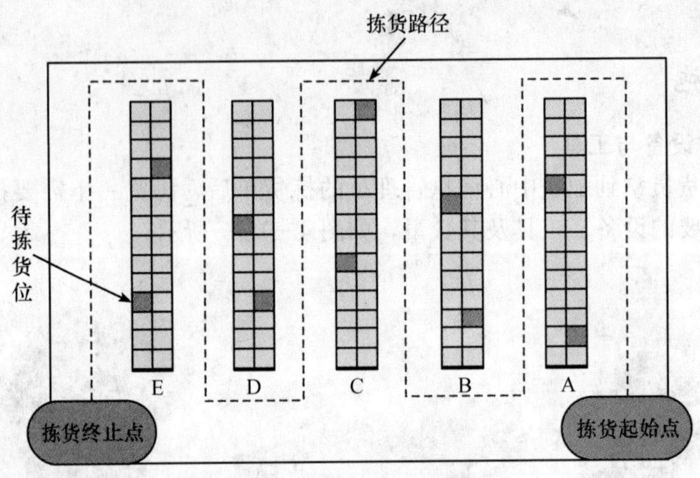

图 4—1—9　拣货作业的线路

4. 拣选货物

拣选货物，并把货物放在相应的物流箱里，物流箱编号：LB01，LB02，LB03。

5. 填写拣货单

在拣货单上填写实际拣选货物的数量与所放入物流箱的编号等，见表 4—1—3。

表 4—1—3　　　　拣　货　单

深圳 A 物流公司配送中心拣货单

申请单号：OA20110801008　　　　拣货单号：OP20110802001

客户：D 零售便利店　　　　2011 年 8 月 2 日

编号	货物条形码	货物名称	规格	单位	申请数量	拣选位置	拣货数量	物流箱号	备注
1	6923219252	汤碗面	80 g	碗	12	A323	12	LB01	
2	6934560443	香菇肉酱	180 g	罐	24	B121	24	LB03	
3	6907893114	电池	2B/1.5 V	卡	10	C212	10	LB02	
4	6902108699	川贝糖	26.4 g	瓶	10	B191	10	LB03	
5	6900453120	雪花杨梅	100 g	包	60	D328	58	LB01	2 包过期
6	6916920199	强力粘钩	1×12	个	12	E231	12	LB02	
7	6917878055	巧克力	35 g	袋	24	D311	24	LB01	
8	6919892009	也也酥	85 g	袋	24	C231	24	LB01	
9	6920180733	葡萄汁	400 mL	瓶	12	A113	12	LB03	
10	6920509029	江南小炒	200 g	包	50	E313	48	LB01	缺货 2 包

制单人：陈某　　　　拣货员：张某

6. 运货至出库待发区

将货物运至出库待发区，并把拣货单交给配送中心的信息管理员，完成拣货作业。

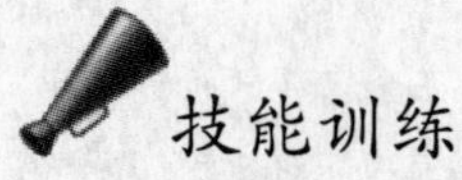

技能训练

深圳A物流公司配送中心的信息管理员将客户E超市的发货申请单转成配送中心的拣货单（见表4—1—4），并交给配送中心的拣货员，要求其在规定时间内把货物拣取出来放到出库待发区。作为配送中心的拣货员，应该如何处理这项作业？

表4—1—4 拣货单

深圳A物流公司配送中心拣货单

申请单号：OA20110901008　　拣货单号：OP20110902001

客户：E超市　　2011年8月2日

编号	货物条形码	货物名称	规格	单位	申请数量	拣选位置	拣货数量	物流箱号	备注
1	6901285240	矿泉水	350 mL	瓶	24	U231			
2	6905800684	蒸馏水	600 mL	瓶	24	V311			
3	6920476012	可乐	355 mL	罐	24	X231			
4	4891709133	蛋卷	70 g	盒	10	Y113			
5	6900082031	公仔面	100 g	包	60	Z313			
6	6903148834	牙膏	90 g	支	24	Y323			
7	6903193568	喉宝含片	18 g	盒	50	V121			
8	6917246470	润手霜	1×1	支	24	U212			
9	6917246045	润唇膏	3.5 g	支	12	Z191			
10	6917246312	洁肤面膜	1×1	支	50	X328			

制单人：陈某　　拣货员：

思考与练习

1. 简述配送中心拣货作业的基本流程。

2. 配送中心拣货作业的策略有哪些？电子商务企业进行拣货作业时所采用的策略是什么？

3. 配送中心拣货作业的方法有哪几种？对于订单大小差异较大、订单变化频繁的配送业务应选择哪种拣货方法？

4. 由订单到拣货单，其作业信息的传递过程有哪些？

5. 阐述配送中心拣货作业的系统规划。

6. 如果没有拣货单，而是客户直接电话订货，是否可以进行拣货作业？

任务2 配送中心补货作业

学习目标

1. 了解配送中心补货时机和补货作业类型
2. 了解配送中心自动补货系统及补货作业流程

任务引入

深圳A物流公司配送中心的拣货员在拣货过程中发现有些货物在拣选货架上找不到（见表4—2—1），拣货员建议配送中心信息管理员制作补货单以便补货。信息管理员把打印好的补货单交给补货员。作为配送中心的补货员，应该如何处理这项作业？

表4—2—1 补 货 单

深圳A物流公司配送中心补货单

补货单号：OC20110803001　　2011年8月3日

编号	货物条形码	货物名称	规格	单位	存储位置	拣选位置	申请数量	实际数量	备注
1	6923219252	汤碗面	80 g	碗	H223	A323	720		
2	6934560443	香菇肉酱	180 g	罐	I221	B121	480		
3	6917878055	巧克力	35 g	袋	K111	D311	500		
4	6920180733	葡萄汁	400 mL	瓶	H213	A113	360		
5	6900453120	雪花杨梅	100 g	包	K128	D328	500		

制单人：陈某　　补货员：

任务分析

在实际操作中，补货作业是非常频繁的操作，随着拣货作业的进行，拣货区的货物逐渐减少，因此就有必要及时地将货物从储存区运至拣货区，以免因拣货区货物不足，从而影响拣货作业的顺利进行。本任务的重点在于完成货物从储存区到拣货区的作业，大致操作内容如下：

（1）根据补货单的货物种类与数量准备相应的搬运设备。

（2）利用手持设备扫描货物条形码及货架条形码或填写货卡，完成货物下架。

（3）使用搬运设备将货物从存储区搬运至拣货区。

（4）使用手持设备扫描货物条形码及货架条形码或填写货卡，完成货物上架。

（5）填写补货单，完成补货作业。

相关知识

一、补货作业概述

1. 补货作业方式

补货作业通常有以下几种方式：

(1) 整箱补货。整箱补货是由货架存储区整箱补货至拣货区。采用这种方式补货，存储区的货物一般用货架储放，拣货区的货物一般用两边敞开的货架（又称流动棚架）。当拣取后拣货区的存货低于设定存货的水平，则进行补货作业。补货时，补货员到存储区取整箱货，运至拣货区，由流动棚架之后方（非拣取面）补货。这种补货方式适合体积小且少量出货的货物补货。

(2) 整栈补货。整栈补货可分为两种方式：由地板堆叠存储区至地板堆叠拣货区和由地板堆叠存储区至栈板货架拣货区。

1) 由地板堆叠存储区至地板堆叠拣货区。采用这种补货方式，存储区以栈板为单位在地板上直接堆叠存放货物，拣货区也以栈板为单位在地板上直接堆叠存放货物。两个区域的不同之处在于：存储区的面积较大，储放货物较多，而拣货区的面积较小，储放货物较少。拣货时，拣货员于拣货区直接拣取栈板上的货箱出货，当货量大时使用叉车将栈板整个送至出货区。当拣取后拣货区的存货低于设定存货的水平，则进行补货作业。这种补货方式较适合体积大或出货量大的货物补货。

2) 由地板堆叠存储区至栈板货架拣货区。采用这种补货方式，存储区为以栈板为单位在地板上直接堆叠储存货物，拣货区则以栈板货架存放货物。当拣取后拣货区的存货低于设定存货的水平，则进行补货作业。补货时，补货员用叉车将在地板上堆叠放置的存储区货物装在栈板上，送至拣货区栈板货架上储放。这种补货方式较适合体积中等或货量适中的货物补货，如以箱为单位的货物。

(3) 托盘补货。这种补货方式是以托盘为单位进行的补货。当拣取后拣货区的存货低于设定存货的水平，则进行补货作业。补货时，用叉车把托盘由存储区运到拣货区进行补货。这种补货方式适合于体积大或出货量大的货物补货。

(4) 货架上下层补货。采用这种补货方式，存储区与拣货区属于同一货架，起初设置时将货架上方便拣取的位置作为拣货区（一般为货架的中下层），将货架上不容易拣取的位置作为存储区（一般为货架的上层）。进货时货物先放在拣货区，放不下的货物放在存储区。当拣取后拣货区的存货低于设定存货的水平，则进行补货作业。这种补货方式较适合体积不大或出货量小的货物。

2. 补货时机

补货作业的发生与否主要看拣货区的货物存量是否符合需求。因此，补货要看拣货区的存量，既要避免在拣货过程中发现货量不足影响整个拣货作业，又要防止过早补货而导致拣货区拥挤不堪。补货时机的确定通常可采用批次补货、定时补货和随机补货三种方式。

(1) 批次补货。每天或每一批次拣取之前查看计算机显示所需货物的总拣取量，再查看拣货区的货物量，计算差额并在拣货作业开始前补足货物。这种“一次补足”的补货原则比较适合一天内作业量变化不大、紧急追加订货不多，或是每一批次拣取量大，需事先掌握的情况。

（2）定时补货。将每天划分为若干个时段，补货人员在每个时段内检查拣货区货架上的货物存量，如发现不足，马上予以补足。这种“定时补足”的补货原则较适合分批拣货时间固定、处理紧急追加订货的时间也固定的情况。

（3）随机补货。这是一种指定专人从事补货作业的方式，这些人员随时巡视拣货区的货物存量，发现不足立即补货。此种“不定时补足”的补货原则较适合每批次拣取量不大、紧急追加订货较多，以致一天内作业量不易事前掌握的情况。

3. 补货作业类型

（1）自动补货作业。自动补货作业是指货物由自动化仓库送至旋转货架的补货。这种方式能进行高效率的补货作业，不用来回搜寻，如图4—2—1所示。

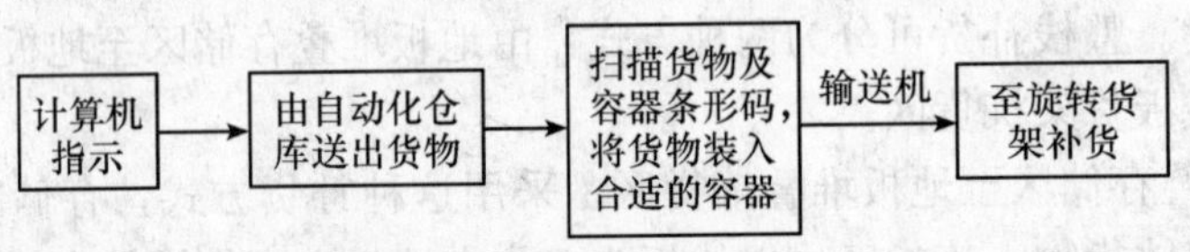

图4—2—1　自动补货作业

（2）直接补货作业。直接补货作业是指货物入库后直接补充到拣货区，无须经由存储区再转送的补货方式，如图4—2—2所示（图内的保管区即为存储区，动管拣取区即为拣货区）。

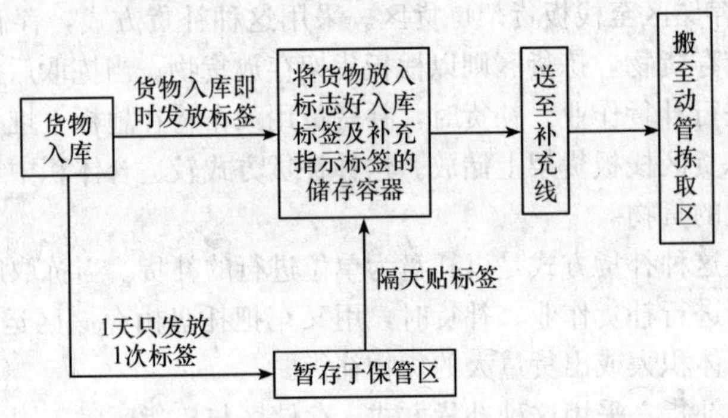

图4—2—2　直接补货作业

（3）复仓式补货作业。复仓式补货作业是指在拣货区两个相邻托盘存放相同的货物，而在存储区则分两处进行两个阶段的补货。第一存储区为高层货架仓库，第二存储区为拣货区旁的临时存储处所。进行第一阶段补货时，先由第一存储区的高层货架提取货物放入拣货区旁的第二存储区。当拣货区内某货物被拣取完后，将空托盘移出，后面托盘往前推出，再由第二存储区补货托盘移进拣货区，如图4—2—3所示。

二、补货系统概述

1. 补货系统的建立

补货通常是和拣货连在一起的，没有拣货就不需要补货。相反，没有补货，拣货就无法持续顺畅地进行。配送中心在设计之初就会考虑拣货、补货的方式。一旦配送中心建成，即

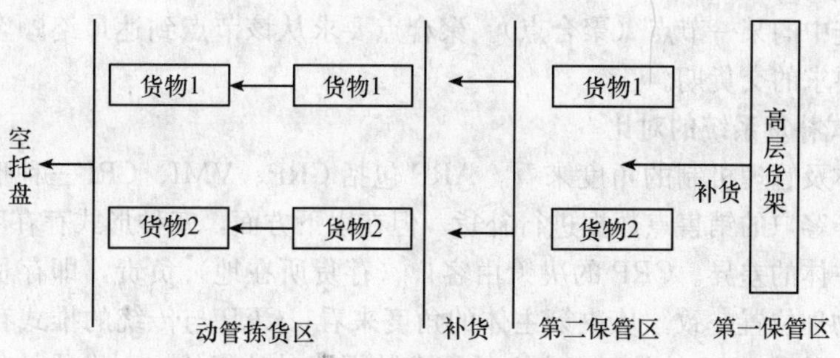

图 4—2—3　复仓式补货作业

拥有了比较固定的拣货、补货系统。补货作业的筹划必须满足两个前提，即确保有货可拣和将待拣货物放置在存取都方便的位置。

补货系统包括配送中心的内部补货和从上游环节给配送中心的外部补货。内部补货在上面刚刚介绍了，下面介绍常用的外部补货系统：拉式补货系统。

2. 拉式补货系统的含义

拉式补货系统即自动补货模式（ARP）。ARP 系统主要是基于现代信息技术快捷、准确地获取客户销售点的需求信息，并据此进行自动补货作业的跨企业的合作式库存控制模式。自动补货系统最初应用于零售渠道，即高效顾客响应（ECR）系统，如美国的巨人食品公司经常与制造商进行信息交流以及业务作业的协调，利用 ECR 使得库存大幅度减少。随后，服装业也陆续采用了 ARP，建立了快速响应（QR）系统，如服装零售商迪拉德利用 QR 系统使库存管理效率明显好转。随着 ARP 的优越性逐步显现，不带行业特点的 ARP 模式也应运而生。以下重点介绍连续补货模式、供应商管理库存、聚合点库存等三种拉式补货模式。

（1）连续补货模式。连续补货模式（CRP），是利用及时准确的销售时点信息确定已销售的商品数量，根据库存信息和预先规定的库存补充程序确定发货补充数量和配送时间的计划方法。例如，沃尔玛公司的补货策略：对于每一种商品，其店铺都制定了一个安全库存水平，一旦现有库存低于这个水平，计算机系统通过计算机网络自动向供应商订货，供应商根据其店铺近期的销售数据分析商品的销售动向，再以商品库存数据为基础，同时兼顾物流成本，决定什么时候、以什么方式向其店铺发货，以多频度、少数量进行连续库存补充。这一系列作业即是连续补货模式。

（2）供应商管理库存。供应商管理库存（VMI），是目前国际上一种前沿的供应链库存管理模式，对整个供应链的形成和发展都产生了影响。VMI 的核心思想在于零售商放弃商品库存控制权，而由供应商掌握供应链上的商品库存动向，即由供应商依据零售商提供的每日商品销售资料和库存情况来集中管理库存，替零售商下订单或连续补货，从而实现对顾客需求变化的快速反应。VMI 是一种在用户和供应商之间的合作性策略，以双方最低的成本优化产品的可获得性，在一个相互同意的目标框架下由供应商管理库存。目标框架经常根据需要进行修正，以产生一种连续改进的环境，直至形成双方的良性互动，获得优化的补货模式。

（3）聚合点库存。聚合点库存（CPI）的补货决策由聚合点企业承担，供应链各节点的库存均集中在链中的某一节点（聚合点）。聚合点要求从该节点到达最终顾客的存货时间等于最终顾客所要求的交货期。

3. 三种拉式补货系统的对比

从决策主体及管理机制的角度来看，ARP 包括 CRP、VMI、CPI 三种形式。它们的共同特点就是基于客户的销售点数据进行补货。但在以下方面，三种形式存在明显的差异：

（1）决策主体的差异。CRP 的决策由客户（存货所在地）负责，即存货的决策权及所有权与存货的物理位置一致。从决策主体的角度来看，CRP 与传统的推式存货补货模式并没有什么不同，只是 CRP 是基于事实上的需求数据即时补货的，而推式补货是基于预测需求数据超前补货的。在 VMI 系统中，客户的补货决策由供应商负责。在该模式下，存货物理位置与决策主体不一致，并且客户的库存费用及财务责任均由供应商承担。VMI 是存货位置与存货管理权分离的典型范例。CPI 的补货决策由聚合点企业承担，供应链各节点的库存均集中在链中的某一节点上。聚合点是使存货从该节点到达最终顾客（消费者）的时间等于最终顾客所要求的交货期的节点。CPI 的补货决策权由上游节点向聚合点转移，这与 VMI 的从下游往上游转移有明显不同。

（2）决策集中度的差异。CRP 的补货决策权属于各节点企业，决策集中度低。VMI 两节点的补货决策均由供应商负责，决策集中度高于 CRP。CPI 是各节点库存的集中补货，其决策集中度最高。

（3）库存成本的差异。CPI 模式在弱化“牛鞭效应”方面要比 VMI 更具有优势，主要是由于聚合点的补货直接依赖供应链终端的信息，防止了多层级的需求放大。而 VMI 只能削弱一个层级的“牛鞭效应”。另外，由于产品价值随产品向下游移动而增加，节点单位持有成本也随之增大，而 CPI 在下游节点处不持有库存，从而有效规避了下游节点的高额库存持有成本。因此，当聚合点定位在上游时，CPI 的库存成本要明显低于 CRP 和 VMI。就 VMI 与 CRP 比较而言，在 VMI 系统中，供应商可以合理调整供需双方的库存，以降低渠道成本，而在 CRP 系统中，供需双方只对自身的库存有管理权，不能实施整个供应渠道的优化，因而 VMI 的库存成本低于 CRP。

（4）需求响应能力的差异。VMI 模式供应商能够基于供需双方的信息对双方的库存及相关资源进行统筹安排，确保双方的业务活动协调与同步，降低了缺货的可能性，其快速响应能力要强于 CRP；CPI 将库存定位在上游，交货提前期比 CRP 和 VMI 长，但响应能力不如 CRP 和 VMI。另外，存货在渠道上的时间以及顾客要求的交货期都是变化的，因而聚合点时常要调整，但聚合点的调整需要库存点转换以及契约安排的变更，这也会影响顾客响应能力和服务水平。

（5）契约复杂程度的差异。VMI 和 CPI 均存在成本和收益重新分配的总量，其契约的复杂性明显比 CRP 的要大。特别是 CPI 的契约涉及多个企业间的利益关系，其复杂性和风险度更要高于 VMI。为了使企业从 CPI 都受益，必须按照责、权、利相统一的原则，以契约的形式明确各企业的关系，如聚合点库存成本的分摊及供应链收益的分配等。

（6）延迟形式的差异。延迟策略可分为时间延迟和位移延迟。时间延迟是指货物延迟至接到订单时为止才开始流动。可以说，这种延迟的实质就是以订单为驱动源的物流动作。ARP 系统的补货是基于实际需求而不是预测需求，即补货必须等接到订单后才进行，因此

CRP、VMI、CPI 都具有时间延迟的特征。位移延迟的目标主要是通过在上游集中库存，减少下游的库存，从而实现规模库存效益，降低整个供应链的库存成本。CPI 明显具有位移延迟的特征。

三、自动补货系统

1. 自动补货的实施条件

配送中心的自动补货系统把供应商、配送中心、商场的产、供、销三者组成供应链管理系统，使传统的点（企业内信息系统）发展到线（企业间资讯系统）、面（供应链上中下游垂直、水平整合），进而进入“体”（跨国、跨企业的供应链整合）的时代。零售商与供应商之间利用 POS 系统实现各项流通信息共享，使供应商可充分掌握销售状况，做出最准确的销售预测和生产控制。这不但降低了库存水平，也节省了人工成本。实施自动补货系统，零售商与供应商之间必须要满足以下前提条件：

（1）计算机联网。实现配送中心与零售商、供应商间的销售、库存、进货等信息的交换。

（2）接口问题。由于配送中心与众多的供应商和客户之间要交换信息，接口问题尤为重要，建议采用 EDI 的标准格式。

（3）促销问题。让供应链中的各成员对促销发挥最大的效用，从目前复杂的回扣系统转向公开价格。利用 EDI 高效率地传达促销计划与实际情况，将消费者的购买信息开放给整个系统。

（4）新货物导入。有效率的新货物导入使货物开发与导入的效果极大化。信息共享，能更准确地把握消费需求，缩短开发期。

2. 自动补货量的确定

（1）确定条件。一般而言，可以根据销售量（单品）、当日库存量、安全存货量、每批订单的最少数量、订货间隔（包括供应商的缺货情况）确定自动补货量。

选择一个定时点 A，在这一点存货数量可以满足正常的预期需求。随着顾客订购，存货逐渐被消耗，库存量减少。当存货减少到一定程度（如到达预定的订购点），则下达订单，将存货补充到订购点以上的某一水平。在订购产品到达之前的前置期内（即订货间隔期内），其余的存货继续被顾客需求耗费，直到订购货物到达，库存被补充。

（2）订购点的确定。订购点的确定要考虑订货间隔期库存需求以及安全库存的需要。订购点存货水平（OP）一般用下面的公式确定：

$$\text{OP}=\text{前置期内预计需求}+\text{安全库存}$$

例如，如果某种货物的平均历史耗用（销售）是每星期 100 单位，订货间隔是 2 周，安全存货是 50 单位，那么，

$$\text{OP}=100\text{（耗用）}\times 2\text{（周）}+50\text{（安全库存）}=250\text{（单位）}$$

换言之，订购点存货水平由两部分相加组成，一是在等待存货补充订购到达（订货间隔）期间满足预计顾客需求（耗用量）所需的足够存货，二是应付供需变化的保守存货（安全库存）数量。

一般来讲，订货间隔期内的预计需求可以通过对以往的需求数据进行简单平均来估计，这是配送中心最常用的预测方法。但应该注意的是，现实生活中的需求往往具有很大的不确

定性，历史数据往往只能反映现在的部分需求规律，要得出当前需求更为准确的估计值，需要采用一些专门预测技术对历史数据进行处理。

安全库存主要是为了应对订货间隔期内需求的不确定性而设置的。由于顾客需求往往具有很大的不确定性，如果预测时估计不足，就很可能会缺货。在这样的背景下，通过建立适当的安全库存，可以减小缺货的可能性，从而在一定程度上降低库存短缺成本。但安全库存的加大会使库存持有成本增加，因而必须在缺货成本和库存成本两者之间进行权衡。安全库存量的大小与顾客服务水平（或订货满足率）有很大关系。所谓顾客服务水平，是指对顾客需求情况的满足程度，用公式表示为：

顾客服务水平＝（年订货次数－年缺货次数）÷年订货次数×100％

顾客服务水平（订货满足率）越高，说明缺货发生的情况越少，缺货成本越低，但同时安全库存量越大，库存的持有成本越高；顾客服务水平较低，说明缺货发生的情况较多，缺货成本变高，安全库存量水平较低，库存持有成本较小。因此，我们必须综合考虑顾客服务水平、缺货成本和库存持有成本三者之间的关系，最后确定一个合理的安全库存量。需要注意，高的安全库存量也可能缺货。

四、连续补货项目实施

1. 连续补货项目实施步骤

由于目前基于条形码和 EDI、XML 等信息技术的连续补货过程已在全球范围内获得认可，并被消费品行业的许多知名企业所采用，所以在此主要介绍基于条形码和 EDI 的连续补货项目实施步骤：

（1）选择参与方和产品品类。连续补货多由零售商发起。零售商可通过两种方法进行连续补货试点：先选择供应商，再考虑选用何类产品；或先选择产品，再选择供应商。

零售商选择供应商的标准：产品销售量大，关系稳定，合作时间长；使用产品编码和条形码，实施 EDI，突出新系统作用；具有实施 CRP 的经验，具有预测能力。零售商选择产品种类的标准：销售量大，占地面积大，库存周转率低，便于预测；使用 CRP 模式，节约储存空间，降低项目风险。总而言之，实施该项目要注意调查：产品的数目和种类；每种产品和品类的销售额；网络分布情况（商品、配送中心、数据流节点数目）；项目参与方数目，刚开始最好仅与一个参与方合作，以便容易分配资源并集中精力解决实施中出现的问题；产品周转的稳定性，最好选用快速移动消耗品，因为它们在整年中销售量比较稳定，基于历史数据的预测会更接近实际。

（2）组成项目团队。确定了项目参与方之后，以互惠互利为原则，共同确立项目规模、进度、试点品类、定价结构、项目目标等，并在营销和促销战略上达成一致，支持诸如库存、销售数据等信息交换。双方需要将物流、销售、信息系统、采购、管理、财务等有关部门组织在一起，组成项目团队，并明确双方职责。

（3）计算项目成本。项目成本包括有形成本和无形成本。有形成本包括软件成本、硬件成本、网络专线租用成本、数据传输费用、商品条形码申请费、系统维护费等。无形成本是时间和精力，通过花费到会议、数据采集、培训和其他工作上的人力和时间来计算。由于公司的大小、组织结构的复杂程度、项目的规模、技术能力、将来系统升级的可能性等的不同，实施 CRP 的成本也不同，因此要提前计算好项目可能产生的成本。

（4）确定项目目标。项目目标是团队工作的方向，这些目标应是可量化的，如库存比上一季度减少 10%；运行成本比上年减少 15%；预测准确性提高 8%；缺货率减少 5%等，所以实施连续补货项目前要把项目目标定好。

（5）建立重要的评价指标（KPI）。KPI 用于定量监测项目的实施情况，以便定期进行计量并比较。重要的评价指标见表 4—2—2。

表 4—2—2 连续补货实施的重要评价指标

KPI	衡量指标	定 义
品类份额	市场占有率与目标占有率的比较	对于目标品类，企业销售额占整个市场销售额的百分比与目标百分比的对比
服务水平（完成率）	按订购单交付产品的比率	按订购单交付产品占所有订购产品的比率
准时交货程度	准时交付的订单比率	准时交付订购单占所有订购单的百分比
库存周转率	天数	存货的成本除以每天货物销售额的平均值（基于过去 6 个月以来的货物销售情况）
缺货率	缺货百分比	缺货产品占所有产品的比率
交货周期	小时数	从订货到交货的小时数
分销成本比率	分销成本占销售额的百分数	产品分销的总成本（包括成品从出厂到最终消费者的整个物流过程）除以产品总销售额
	每个物流单元（箱子的分销金额）	
发票匹配率	发票正确的比率	开具发票与实际交货匹配的百分比

（6）建立进度表。在项目实施之前要确定进度表，分阶段实施。

（7）确定商业过程。首先，参与方需要确定：合作的模式是联合管理库存（CMI）还是供应商管理库存（VMI），在 CMI 情况下，零售商是物流补给和库存管理的负责人；在 VMI 情况下，这些责任被转移到供应商处。合作模式由双方的信用度、信息化水平以及管理能力等决定。其次，确认项目的应用背景：CRP 可以在零售商配送中心和供应商之间或零售商到供应商之间进行。CRP 合作者需要决定哪种方法更适合现有的商务过程或可获得更高的收益。需要考虑的因素包括零售商 P0S 柜台数量、订购单频率和大小等。最后，确定商业过程。联合管理库存的商业过程如图 4—2—4 所示，供应商管理库存的商业过程如图 4—2—5 所示。

（8）建立信息系统。CRP 系统一般有 4 个组成部分，即数据采集、数据传输、需求预测和订购单生成。每一部分都有相应的支持技术。如使用条形码扫描技术采集商品数据，使用 EDI 技术进行数据传输，使用接口程序可将标准的 EDI 报文翻译并载入参与方自己的信息系统，使用相应软件预测产品需求并生成订购单。当然，还需要一些硬件和基础设施，如扫描设备、网络设备以及具有足够存储空间来存储大量交易数据的计算机等。CRP 订货系统的主要功能见表 4—2—3。

通过信息系统，零售商需定期向供应商传递现有库存数据、POS 数据、从配送中心提货数据等。其中，POS 数据由 POS 系统提供，它反映消费者的实际需求；库存数据由库存管理系统提供，该系统可以协助控制和监测实际库存，以适应需求变化和实现目标库存，从而提高库存周转率。在 CRP 环境中，零售商的库存管理系统为供应商所共享。供应商也有

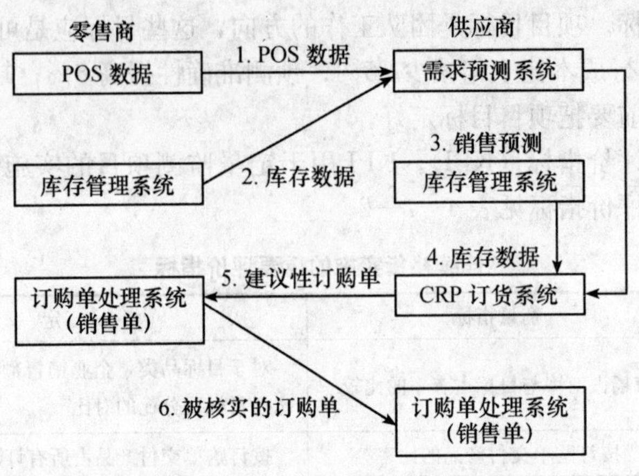

图 4—2—4 联合管理库存的商业过程

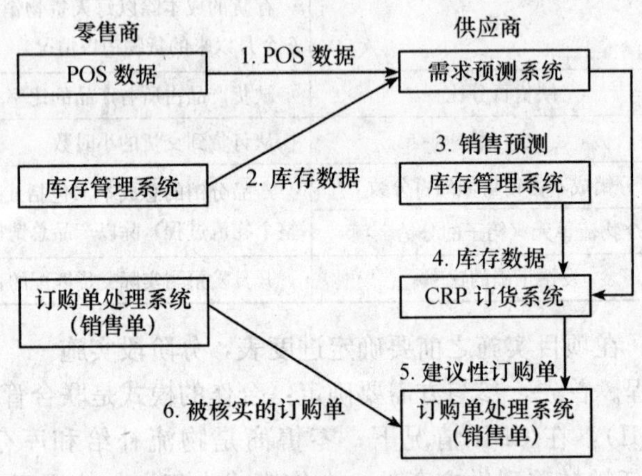

图 4—2—5 供应商管理库存的商业过程

表 4—2—3 CRP 订货系统的主要功能

职能	主要功能
订货	对每种产品设置最大、最小安全库存，依据库存数据和销售预测产生订货报告，给出建议订货量
缺货显示	用零或负数给出每种产品的缺货状况，显示诸如新订购单、临时订购单、不完整交货等订购单状态，用以帮助分析
EDI 接口	使用 EDI 报文来获取库存和销售数据，并发出建议性的订购单报文给零售商（在 CMI 情况下）或者发出订购单（在 VMI 情况下）
订购单集成	在 VMI 情形中，当订购单被认可后，更新订货系统

它自己的库存管理系统，用于提高向零售商服务的水平。

在 CRP 中，销售预测系统非常重要，供应商必须有良好的预测模型。典型的预测模型要考虑的数据有：POS 数据、历史销售数据、季节因素和促销因素。一个典型的需求预测系统应包含的功能见表 4—2—4。预测数据一旦计算出来，下一步就是产生建议性订购单。

表 4—2—4　　需求预测系统的功能

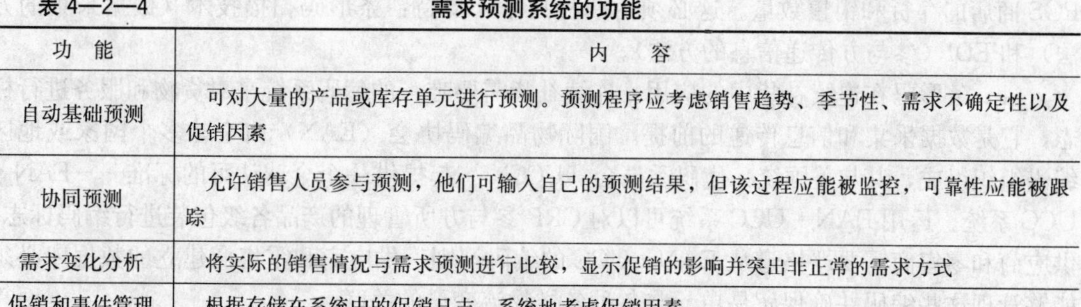

功　能	内　容
自动基础预测	可对大量的产品或库存单元进行预测。预测程序应考虑销售趋势、季节性、需求不确定性以及促销因素
协同预测	允许销售人员参与预测，他们可输入自己的预测结果，但该过程应能被监控，可靠性应能被跟踪
需求变化分析	将实际的销售情况与需求预测进行比较，显示促销的影响并突出非正常的需求方式
促销和事件管理	根据存储在系统中的促销日志，系统地考虑促销因素
重新预测	根据在基础预测中没有反应出来的附加信息调整预测
新产品预测	基于相似的产品/库存单元的历史销售情况进行新产品需求预测

CRP 订购单处理系统用来管理订购过程和销售过程。在 CMI 情况下，供应商的订购单处理系统应该有能力发送 EDI 订购单。零售商订购单处理系统可接受或拒绝供应商建议性订购单和发送订购单认可。在 VMI 情况下，零售商的订购单处理系统可接收供应商的 EDI 订购单，供应商的订购单处理系统可向零售商发送订购单。

（9）试运行。在试运行阶段，需对如下情况进行测试：

1）一般情况。模拟传输从买方到供应商的库存和销售数据，并测试是否生成正确的订购单，以及是否在规定的时间内按订购单交货。

2）紧急情况/紧急交货。临时订购单或手工输入数据（不是由预测模型产生）等特殊情况时常发生，系统应该允许手工输入，并可在订购单发送前后通过电话等方式通知相应参与方。

3）意外情况。向系统输入非正常数据，如订购单数量低于最小订购单量，看系统是否将其视为无效的输入或者产生预期的反应。

4）促销订购单。检查系统是否能够识别促销订购单，如果订购单有打折，应确保程序能够识别它。预测系统应该能够对不同的情况做出处理。

5）新产品推介。激活新产品推介，检查是否所有的参与方和系统都能够注意到新产品推介。例如，主数据文件应该被更新，新产品的销售和库存数据也能被传递，能正确生成销售和订购单预测等。

6）过期产品。模拟删除过期产品，检查是否相关的参与方和系统已经注意到了这种删除，同时能够正确、及时地从补货过程中将它们删去。个别公司希望保留被删除产品的历史销售数据及其他预测数据，以便在预测过程中对其他相似产品提供参考。

7）灾难恢复。对诸如计算机网络崩溃、服务崩溃或其他电力故障，应投入相关的备份计划，以确保能够正确处理订购单，同时采取临时措施，并想办法尽快恢复系统。

8）评估。用如时间、成本、利润、数量等定量指标以及如商业关系和消费者服务等定性指标对项目进行评估，分析并查明那些项目成功或失败的原因。

（10）正式运行。项目试运行成功之后，合作伙伴可考虑将现存 CRP 系统升级。例如，考虑将更多的库存单元或品类用于 CRP；将 CRP 应用推广到其他参与方等。

2. 连续补货的应用

连续补货意味着由供应商而不是零售商来决定补货量。为此，供应商需要知道零售商各

POS商店的存货和销售数量。这必须由两种技术来支持：条形码扫描技术（数据采集的方法）和EDI（参与方传递信息的方法）。

（1）条形码在连续补货中的应用。连续补货需要唯一的编码系统来对货物和服务进行标志，它是数据采集和信息传递的前提。国际物品编码协会（EAN）由全球多个国家或地区编码组织组成，其与美国统一代码委员会（UCC）一起提供一个全球认可的标准——EAN·UCC系统。运用EAN·UCC系统可以对CRP参与方所管理的产品各级包装进行编码标志。供应商和零售商需要严格遵从EAN·UCC的编码规则。供应商和零售商建立的数据库必须能够管理这些编码并确保贸易单元与各种各样物流变量的关联。

（2）EDI在连续补货中的应用。CRP必须以参与方共享商品信息为基础，通过交换参与方信息和产品数据的EDI报文来实现信息共享。EDI是通过大家公认的报文标准来传递结构化的数据。这种传递是从一个计算机应用到另一个计算机应用，将人为的干扰或解释减到最低程度。EANCOM是基于联合国EDI-FACTI的流通领域的电子数据交换标准，能与许多不同的行业数据兼容，它提供了许多EDI报文实施的导则，参与方可以通过相互交换参与方信息报文、价格、销售目录报文、库存状态报告报文等交换相关信息。

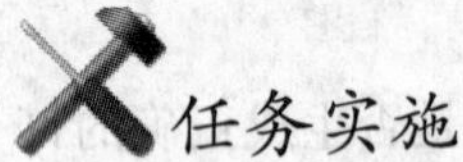

任务实施

1. 准备补货设备与材料

配送中心补货员拿到配送中心信息管理员的补货单后，浏览一下需要货物的清单，确定补货大致需要的设备、材料及其数量。

2. 手持扫描设备扫描货物条形码及货架条形码

配送中心补货员手持无线扫描设备扫描货物条形码及货架条形码（见图4—2—6），或填写货卡（参考模块三任务2的盘点作业内容），完成货物下架的作业。

图4—2—6　扫描货物条形码及货架条形码

3. 将货物从存储区搬运至拣货区

使用装卸搬运叉车将货物从存储区搬运至拣货区，并将货物送入拣货区的货架上。

4. 再次扫描货物条形码及货架条形码

补货员手持无线扫描设备扫描新的货架条形码及货物条形码，完成货物上架作业。

5. 填写补货单

填写补货单（见表4—2—5），完成补货作业。

表 4—2—5 补 货 单

深圳 A 物流公司配送中心补货单

补货单号：OC20110803001　　　　2011 年 8 月 3 日

编号	货物条形码	货物名称	规格	单位	存储位置	拣选位置	申请数量	实际数量	备注
1	6923219252	汤碗面	80 g	碗	H223	A323	720	720	
2	6934560443	香菇肉酱	180 g	罐	I221	B121	480	480	
3	6917878055	巧克力	35 g	袋	K111	D311	500	500	
4	6920180733	葡萄汁	400 mL	瓶	H213	A113	360	360	
5	6900453120	雪花杨梅	100 g	包	K128	D328	500	500	

制单人：陈某　　　　补货员：李某

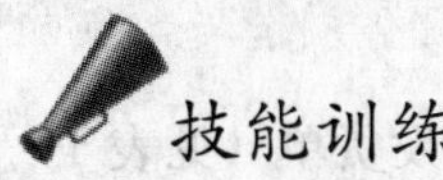

技能训练

深圳 A 物流公司配送中心的补货员接到信息管理员的补货单（见表 4—2—6），要求在规定的时间内把货物从存储区补到拣货区。作为配送中心的补货员，应该如何处理这项作业？

表 4—2—6 补 货 单

深圳 A 物流公司配送中心补货单

补货单号：OC20110804001　　　　2011 年 8 月 4 日

编号	货物条形码	货物名称	规格	单位	存储位置	拣选位置	申请数量	实际数量	备注
1	6901285240	矿泉水	350 mL	瓶	U231	O323	240		
2	6905800684	蒸馏水	600 mL	瓶	V311	P121	480		
3	6920476012	可乐	355 mL	罐	X231	Q311	360		
4	6917246045	润唇膏	3.5 g	支	Z191	O113	100		
5	6917246312	洁肤面膜	1×1	支	X328	Q328	100		

制单人：陈某　　　　补货员：

思考与练习

1. 什么是补货作业？补货作业在配送管理与库存管理中起什么作用？

2. 补货的类型有哪些？

3. 拉式补货系统（ARP）的不同模式间有什么异同？

4. 补货的时机应该如何确定？是无库存再补货还是有少量库存就补货呢？

5. 简述连续补货项目实施的步骤。

6. 你觉得是等货物都没有库存了再补货，还是等还有少量货物时就补货呢？如果是后者，那你觉得应该如何把握这个尺度呢？

任务3 配送中心发货作业

学习目标

1. 了解配送中心发货作业的准备
2. 了解配送中心发货作业后的工作
3. 了解配送中心发货作业的考核指标
4. 掌握配送中心的发货作业程序、异常问题处理

任务引入

深圳A物流公司配送中心的信息管理员打印出客户D零售便利店的发货单（见表4—3—1），并交给配送中心的发货员，要求其与前来提货的司机核对提货单（见表4—3—2），然后发货。作为配送中心的发货员，应该如何处理这项作业？

表4—3—1　　发 货 单

深圳A物流公司配送中心发货单

申请单号：OA20110801008　　发货单号：OP20110804001

客户：D零售便利店　　2011年8月4日

编号	货物条形码	货物名称	规格	单位	发货数量	物流箱号	实际发货数量	备注
1	6923219252	汤碗面	80 g	碗	12	LB01		
2	6934560443	香菇肉酱	180 g	罐	24	LB03		
3	6907893114	电池	2B/1.5 V	卡	10	LB02		
4	6902108699	川贝糖	26.4 g	瓶	10	LB03		
5	6900453120	雪花杨梅	100 g	包	58	LB01		
6	6916920199	强力粘钩	1×12	个	12	LB02		
7	6917878055	巧克力	35 g	袋	24	LB01		
8	6919892009	也也酥	85 g	袋	24	LB01		
9	6920180733	葡萄汁	400 mL	瓶	12	LB03		
10	6920509029	江南小炒	200 g	包	48	LB01		

制单人：陈某　　发货员：　　提货员：

表 4—3—2　　　　　　　　　　　提　货　单

提货单

提货单位：D零售便利店　　　　　　　　　　　提货单号：OA20110801008

提货对象：深圳A物流公司配送中心　　　　　　配送中心地址：深圳福强路××号

提货方式：自提　　　　　　　　　　　　　　　开单日期：2011年8月4日

编号	货物条形码	货物名称	规格型号	单位	发货数量	金额	备注
1	6923219252	汤碗面	80 g	碗	12		
2	6934560443	香菇肉酱	180 g	罐	24		
3	6907893114	电池	2B/1.5 V	卡	10		
4	6902108699	川贝糖	26.4 g	瓶	10		
5	6900453120	雪花杨梅	100 g	包	60		
6	6916920199	强力粘钩	1×12	个	12		
7	6917878055	巧克力	35 g	袋	24		
8	6919892009	也也酥	85 g	袋	24		
9	6920180733	葡萄汁	400 mL	瓶	12		
10	6920509029	江南小炒	200 g	包	50		

主管：　　　　　财务：　　　　　提货人：　　　　　制单人：

任务分析

发货作业是货物储存业务的最后一个环节，是配送中心根据使用单位或业务部门开出的货物出库凭证（提货单、领料单、调拨单）组织货物出库，并进行登账、复检、点交清理等。本任务的重点在于仓库管理员根据出库凭证具体安排出库作业，基本操作项目如下：

(1) 核对配送中心的发货单与客户的提货单。

(2) 货物异常问题的处理。

(3) 使用搬运装卸设备将货物装进配送车辆。

(4) 签收发货单，交接货物，完成发货作业。

(5) 清理现场。

(6) 登账消卡。

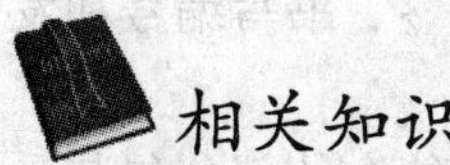

相关知识

发货作业是对分好类的货物完成发货检验，装入合适的容器，并做好标记，然后将货物搬运到发货待运区，最后装车配送的过程。

一、发货作业

发货作业包括发货前的准备、发货的程序、发货后的工作和发货作业中异常问题的处理等工作内容。不同配送中心在出库的操作程序上会有所不同，操作人员的分工也各不相同，但就整个发货作业的过程而言，一般都按照下面的出库流程图（见图 4—3—1）进行。

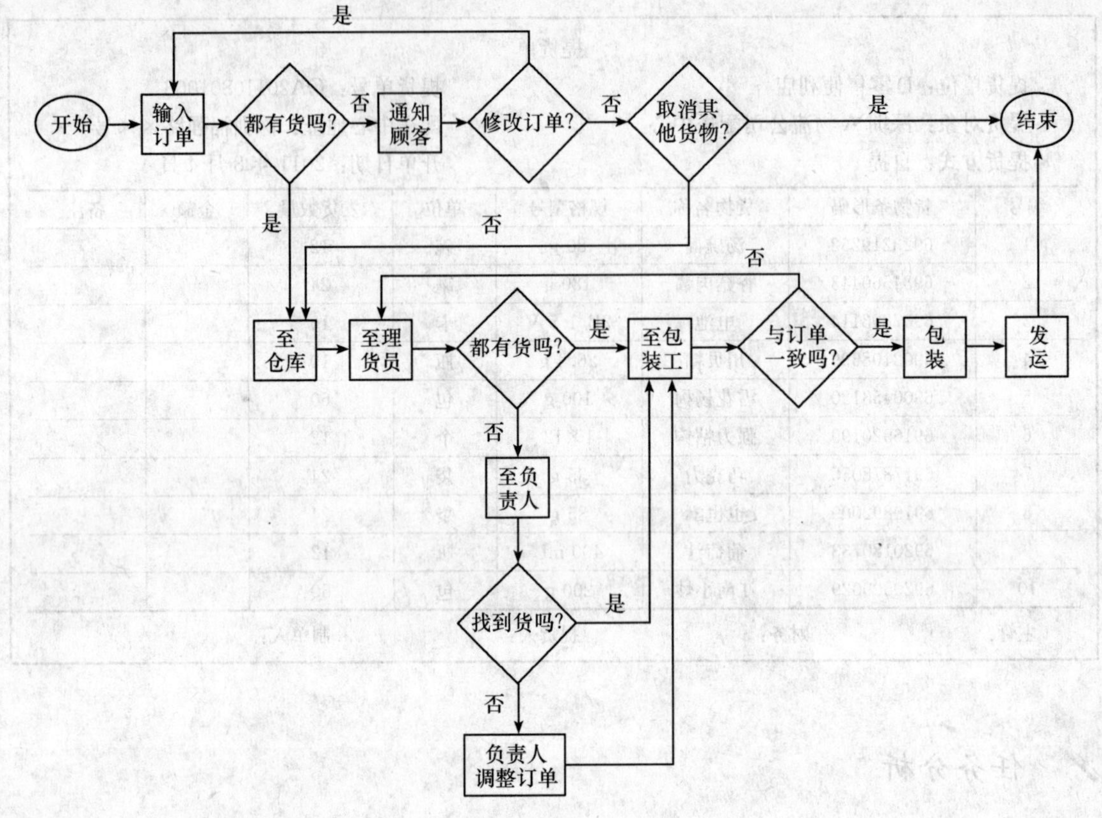

图 4—3—1　出库流程图

1. **发货前准备**

出库准备时应按上级业务部门或客户要求，编制货物出库计划，保证货物按时出库，防止发生差错事故。

出库前的准备工作可分为两个方面：一方面是计划工作，即根据货主提出的出库计划或出库请求，预先做好货物出库的各项安排，包括货位、机械设备、工具和工作人员，提高人、财、物的利用率。另一方面要做好出库货物的包装和标记。发往异地的货物，需经过长途运输，包装必须符合运输部门的规定，如捆扎包装、容器包装等。如果是成套机械、器材发往异地，事先必须做好货物的清理、装箱和编号工作，在包装上粘贴标签、书写编号和发运标记（去向），以免错发和混发。

(1) 原件货物的包装整理。货物经多次装卸、堆码、翻仓和拆检，可能会使部分包装受损，不符合运输要求。因此，配送中心必须视情况进行加固包装和整理工作。

(2) 零星货物的组配、分装。有些货物需要拆零后出库，配送中心应为此事先做好准备，备足零散货物，以免因临时拆零而延误发货时间。有些货物则需要进行拼箱，为此，应做好挑选、分类、整理和配套等准备工作。

(3) 包装材料、工具、用品的准备。对从事装、拼箱或改装业务的配送中心，在发货前应根据货物性质和运输部门的要求，准备各种包装材料及相应的衬垫物，并准备好钉箱、打包等工具。

(4) 待运货物的仓容及装卸机具的安排调配。对于待出库的货物，应留出必要的理货场地，并准备必要的装卸搬运设备，以便运输人员提货发运。

(5) 发货作业的合理组织。发货作业是一项涉及人员较多、处理时间较紧、工作量较大的工作，进行合理的人员组织是完成发货的必要保证。

2. 发货作业程序

(1) 验单。配送中心应根据相关部门开出的出库凭证（如货物调拨单、提货单等）办理出库业务。配送中心业务部门接到出库凭证后，应首先审查凭证上的印鉴是否齐全、相符，凭证有无涂改等，其次是与库存“货物明细账”上各项核对无误后，换开本库的“货物发货单”交发货员，发货员核查无误后方可发货。

(2) 登账。对于审核无误的出库货物，配送中心货物发货员或会计即可按凭证所列项目进行登记，核销存储量，并在发货凭证上标注发货货物存放的货区、库房、货位编号以及发货后的结存数等。

(3) 包装。在货物出库时，往往需要对货物进行拼装、加固或换装等工作，这均涉及货物的包装。对货物包装的要求是：封顶紧密，捆扎牢固，衬垫适当，标志正确、清楚。这项工作在大型配送中心中由专职人员负责。对出库货物的包装应符合下列要求：

1) 根据货物的特点和运输部门的规定，选择包装材料，确定包装大小。包装应牢固和便于搬运装卸。

2) 充分利用原包装皮，节约包装材料，尽量以旧代新，废物利用。

3) 充分注意货物在运输途中的安全。

4) 严禁性质不同、互相影响的货物混合包装。危险品必须单独包装。

5) 包装时，箱装货物应每箱附有装箱单，计重货物应附有磅码单。

(4) 待运。包装完毕，经复核无误的待出库货物均需集中到理货场所，与理货员办理交接手续。理货员复核后，在出库单上签字或盖章。

(5) 复核。复核货物出库凭证的抬头、印鉴、日期是否符合要求，经复核不符合要求的货物应停止发货。对货物储存的结余数进行复核，查看是否与保管账目、货物保管卡上的结余数相符。对于不符的情况应及时查明原因。

复核作业是将拣取的货物依客户、车次等作货物号码的核对，以及根据有关信息对货物质量和数量进行核对，并对货物状态及质量进行检查。发货检查必须以顾客订单及其他发货凭据为依据进行查对。复核的目的是保证出库配送的货物数量准确、质量完好、包装完善，杜绝差错的发生。

复核的内容包括三核对、三齐全、三不走、三清点。三核对：核对单据、核对品名规格、核对数（质）量。三齐全：配套齐全、证件齐全、随货物资料齐全。三不走：包装不好不走、数（质）量不符不走、装载不合安全规范不走。三清点：配送中心发货员清点、库房负责人清点、押运员或收发人员清点。通常可以采取以下几种发货复核方式：

1) 托运复核。配送中心发货员根据发货凭证对货单进行逐项核对，核对货物的名称、规格、货号、花色、数量等，检查货物发往地与运输路线是否有误，复核货物的合同号、件号、体积、重量等运输标志是否清楚。经复核正确后在出库凭证上签字盖章。

2）提货复核。配送中心发货员根据货主填制的提货单和配送中心转开的货物出库单对所列货物的名称、规格、牌号、等级、计量单位、数量等进行核对，复核正确，发货员将货物当面交提货人。未经复核或复核不符的货物不准出库。

3）取样复核。发货员按货主填制的正式样品出库单和配送中心转开的货物出库单配货，经复核员复核、签字后，将货物样品当面交提货人，并办理各种交接、出库手续。

（6）交付。配送中心发货人员在备齐货物，并经复核无误后，必须当面向提货人或运输人按单列货物逐件点交，明确责任，办理交接手续。如是用户自提，则将货物和全部证件向提货人员当面点交，办清交接手续。如是用户委托代运，则需办理内部交接手续，向负责代运和包装的部门人员点交清楚，由接收人签章。在货物装车时，发货人员应在现场进行监装，直到货物装运出库。发货结束后，应在出库凭证的发货联上加盖“发讫”印戳，并留据存查。

（7）销账。上述发货作业完成后，需核销货物保管账、卡上的存量，以保证账、卡、货一致。

3. 发货作业后的工作

对货物点交清楚并办完交接手续后，该货物的保管作业阶段基本结束，发货员应做好清理善后工作：

（1）清理现场。按照储存要求对货物进行并垛、清点、转移，清扫腾空的垛底，整理好工具、苫盖材料。

（2）登记账卡，清理单据。账卡要做到日清月结，当天登记，随发随注销。查对账卡上的结存数字与实物是否相符，一批货物出库完毕时，应查实耗情况，在规定的损耗率以内者，填报主管业务部门或存货方核销；若在规定的损耗率以外，应查明原因，专案处理。

（3）总结经验和清理档案。一批货物发放完毕后，应对货物出入库时的情况、保管方法等进行比较，以便总结保管方面的优缺点，并把这些资料整理好，妥善保管。

（4）及时交单。货物出库后，配送中心业务部门应及时将出库凭证回执退送业务主管部门或存货方。

4. 发货作业中异常问题的处理

发货过程中出现的问题是多方面的，应分别对待处理。

（1）出库凭证（提货单）上的问题

1）凡出库凭证超过提货期限，用户前来提货，必须先办理手续，按规定缴足逾期仓储保管费后方可发货。任何非正式凭证都不能作为发货凭证。提货时，用户发现规格开错，发货员不得自行调换规格发货。

2）凡发现出库凭证有疑点，以及出库凭证有假冒、复制、涂改等情况时，应及时与配送中心保卫部门以及出具出库单的单位或部门联系，妥善处理。

3）对于货物进库未验收，或者期货还未进库的出库凭证，一般暂缓发货，并通知货主，待货到并验收后再发货，提货期顺延。

4）如客户因各种原因将出库凭证遗失，客户应及时与配送中心发货员和财务人员联系挂失；如果挂失时货物已被提走，发货员不承担责任，但要协助货主单位找回货物；如果货物还没有被提走，经发货员和财务人员查实后，做好挂失登记，将原凭证作废，缓期发货。

（2）提货数与实存数不符。提货数量与货物实存数不符，一般是实存数小于提货数。造成这种问题的原因主要有：

1）办理货物入库时，由于验收问题，增大了实收货物的签收数量，从而造成账面数大于实存数。

2）配送中心保管人员和发货人员在以前的发货过程中，因错发、串发等差错使得实际货物库存量小于账面数。

3）货主单位没有及时核减开出的提货数，造成库存账面数大于实际储存数，从而开出的提货单中的数量过大。

4）仓储过程中造成了货物的毁损。

当遇到提货数量大于实际货物库存数量时，无论是何种原因造成的，都需要和配送中心主管部门以及货主单位及时取得联系后再处理。

（3）串发货和错发货。所谓串发货和错发货，主要是指发货人员由于对货物种类规格不熟悉，或者由于工作中的疏漏，把规格、数量错误的货物发出库的情况。如果货物尚未离库，应立即组织人力重新发货。如果货物已经离开配送中心，发货员应及时向主管部门和货主通报串发货和错发货的品名、规格、数量、提货单位等情况，会同货主单位和运输单位共同协商解决。一般在无直接经济损失的情况下由货主单位重新按实际发货数冲单（票）解决。如果形成直接经济损失，应按赔偿损失单据冲转调整保管账。

二、发货作业的考核

配送中心必须建立严格的货物出库和发运程序，严格遵循“先进先出，推陈出新”的原则，尽量一次完成，防止差错。发货作业考核指标要围绕准确、及时与安全三个方面设定。

1. 准确

发货准确与否关系到仓储服务的质量。在短促的发货时间里做到准确无误，这要求发货人员在发货工作中做好复核工作，要认真核对提货单，从货物准备到交提货人或运输人的过程中，要注意环环复核。

2. 及时

无故拖延发货时间是违约行为，将造成经济上的损失。为了掌握发货的主动权，平时应注意与货主保持联系，了解市场需求的变动规律，同时，加强与运输部门的联系，预约承运时间。在发货的整个过程中，各岗位的责任人员应密切配合，认真负责，尽量保证发货的及时性。

3. 安全

在发货作业中，要注意安全操作，防止作业过程中损坏包装或震坏、压坏、摔坏货物。同时，应保证货物的质量，在同种货物中应做到先进先出。对于已发生变质的货物，应禁止发货。

任务实施

1. 核对凭证

提货人员将提货单交给发货员，发货员核对提货单与库内出库单的货物条形码、货物名称、规格、单位与数量等信息内容是否一致，核对无误后，发货员安排货物出库。

2. **发货异常问题的处理**

根据提货单与出库单，发现这两张单的第5项与第10项的货物数量不一致，发货员应汇报配送中心主管，由主管通知货主货物出库核单情况，等候货主处理意见。

3. **使用搬运装卸设备将货物装进配送车辆**

发货员根据货物的性质与状况，使用相应的搬运装卸设备，将货物装进配送车辆，如图4—3—2所示。

图4—3—2 出库装卸搬运设备

4. **交接货物**

货物装进车后，由发货员在发货单上填写数量并签字，再由提货人员在发货单上签字确认（见表4—3—3）。发货员保留一份提货单，完成货物权限交接，划清责任，完成发货作业。

表4—3—3　　　　发　货　单

深圳A物流公司配送中心发货单

申请单号：OA20110801008　　　　发货单号：OP20110804001

客户：D零售便利店　　　　2011年8月4日

编号	货物条形码	货物名称	规格	单位	发货数量	物流箱号	实际发货数量	备注
1	6923219252	汤碗面	80 g	碗	12	LB01	12	
2	6934560443	香菇肉酱	180 g	罐	24	LB03	24	
3	6907893114	电池	2B/1.5 V	卡	10	LB02	10	
4	6902108699	川贝糖	26.4 g	瓶	10	LB03	10	
5	6900453120	雪花杨梅	100 g	包	58	LB01	58	
6	6916920199	强力粘钩	1×12	个	12	LB02	12	
7	6917878055	巧克力	35 g	袋	24	LB01	24	

续表

编号	货物条形码	货物名称	规格	单位	发货数量	物流箱号	实际发货数量	备注
8	6919892009	也也酥	85 g	袋	24	LB01	24	
9	6920180733	葡萄汁	400 mL	瓶	12	LB03	12	
10	6920509029	江南小炒	200 g	包	48	LB01	48	

制单人：陈某　　　发货员：张某　　　提货员：李某

5. 清理现场

货物发出后，有的货垛被拆开，有的货位被打乱，有时现场还留有垃圾、杂物。发货员应根据储存货物要求并垛、挪位，并及时清扫发货现场，保持清洁整齐，腾出新的货位和库房，以备新的入库货物之用；清查发货的设备和工具有无丢失、损坏等。同时，一批货物发完后，要收集整理该货物的出入库情况、保管保养情况及盈亏数据等情况，然后存入货物档案，妥善保管，以备查用。

6. 登账

货物发出后，要及时将货物出库情况登记在账簿上或录入信息系统，货架上的货卡也要及时地填写出库信息，以保证货、账、卡上货物数据及信息的一致。若货架上已经没有该货物了，应该把该货物的货卡销掉。

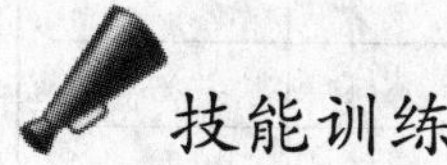

技能训练

深圳A物流公司配送中心的信息管理员打印出客户E超市的发货单（见表4—3—4），并交给配送中心的发货员，要求其与前来提货的司机核对提货单（见表4—3—5），然后发货。作为配送中心的发货员，应该如何处理这项作业？

表4—3—4　　　发　货　单

深圳A物流公司配送中心发货单

申请单号：OA20110803008　　　发货单号：OP20110805001

客户：E超市　　　2011年8月5日

编号	货物条形码	货物名称	规格	单位	发货数量	物流箱号	实际发货数量	备注
1	6901285240	矿泉水	350 mL	瓶	24	U231		
2	6905800684	蒸馏水	600 mL	瓶	24	V311		
3	6920476012	可乐	355 mL	罐	24	X231		
4	4891709133	蛋卷	70 g	盒	10	Y113		
5	6900082031	公仔面	100 g	包	55	Z313		
6	6903148834	牙膏	90 g	支	24	Y323		
7	6903193568	喉宝含片	18 g	盒	50	V121		

续表

编号	货物条形码	货物名称	规格	单位	发货数量	物流箱号	实际发货数量	备注
8	6917246470	润手霜	1×1	支	24	U212		
9	6917246045	润唇膏	3.5 g	支	10	Z191		
10	6917246312	洁肤面膜	1×1	支	50	X328		

制单人：陈某　　发货员：　　提货员：

表 4—3—5　　**提　货　单**

提货单

提货单位：E超市　　提货单号：OA20110803008

提货对象：深圳A物流公司配送中心　　配送中心地址：深圳福强路××号

提货方式：自提　　开单日期：2011年8月5日

编号	货物条形码	货物名称	规格型号	单位	发货数量	金额	备注
1	6901285240	矿泉水	350 mL	瓶	24		
2	6905800684	蒸馏水	600 mL	瓶	24		
3	6920476012	可乐	355 mL	罐	24		
4	4891709133	蛋卷	70 g	盒	10		
5	6900082031	公仔面	100 g	包	60		
6	6903148834	牙膏	90 g	支	24		
7	6903193568	喉宝含片	18 g	盒	50		
8	6917246470	润手霜	1×1	支	24		
9	6917246045	润唇膏	3.5 g	支	12		
10	6917246312	洁肤面膜	1×1	支	50		

主管：　　财务：　　提货人：　　制单人：

思考与练习

1. 发货作业的准备工作有哪些？

2. 发货作业的程序是什么？在审核出库货物时发现货物损坏应该如何处理？

3. 简述发货作业后的工作内容。

4. 发货作业中常见的异常问题有哪些？出库凭证遗失且运输过程中致使货物损坏应该如何处理？

5. 发货作业的考核指标有哪些？

6. 配送车辆的司机将货物送到客户要求位置时发现货物出现损坏，你觉得这个责任应该由谁承担，为什么？

模块五

配送中心配送业务

任务1　配送中心送货作业

学习目标

1. 了解配送中心送货作业的概念与特点
2. 了解配送中心送货作业的功能与地位
3. 了解配送中心送货作业的影响因素
4. 掌握配送中心送货作业的分类
5. 掌握配送中心送货方式的选择
6. 掌握配送中心送货作业流程

任务引入

深圳A物流公司配送中心的信息管理员打印出五张送货单（见表5—1—1至表5—1—5）交给送货员，要求其把货物装上车并送到客户指定的位置。作为配送中心的送货员，应该如何处理这项作业？

表5—1—1　　　　送货单1

深圳A物流公司配送中心送货单

申请单号：OA20110805001　　　送货单号：OD20110806001

客户：A零售便利店　　　送货地址：深圳南山科技园××楼××号

联系人：马某　　　联系电话：26900000　　　2011年8月6日

编号	货物条形码	货物名称	规格	单位	送货数量	物流箱号	到货数量	备注
1	6923219252	汤碗面	80 g	碗	12	LB01		
2	6934560443	香菇肉酱	180 g	罐	24	LB01		

制单人：陈某　　　送货员：　　　收货员：

表 5—1—2　　送货单 2

深圳 A 物流公司配送中心送货单

申请单号：OA20110805002　　送货单号：OP20110806002

客户：B 零售便利店　　送货地址：深圳福田中心城××楼××号

联系人：吴某　　联系电话：83600000　　2011 年 8 月 6 日

编号	货物条形码	货物名称	规格	单位	送货数量	物流箱号	到货数量	备注
1	6907893114	电池	2B/1.5V	卡	10	LB02		
2	6902108699	川贝糖	26.4 g	瓶	10	LB02		

制单人：陈某　　送货员：　　收货员：

表 5—1—3　　送货单 3

深圳 A 物流公司配送中心送货单

申请单号：OA20110805003　　送货单号：OP20110806003

客户：C 零售便利店　　送货地址：深圳宝安书城××楼××号

联系人：赵某　　联系电话：27800000　　2011 年 8 月 6 日

编号	货物条形码	货物名称	规格	单位	送货数量	物流箱号	到货数量	备注
1	6900453120	雪花杨梅	100 g	包	58	LB03		
2	6916920199	强力粘钩	1×12	个	12	LB03		

制单人：陈某　　送货员：　　收货员：

表 5—1—4　　送货单 4

深圳 A 物流公司配送中心送货单

申请单号：OA20110805004　　送货单号：OP20110806004

客户：D 零售便利店　　送货地址：深圳龙岗大运场馆××号

联系人：葛某　　联系电话：28900000　　2011 年 8 月 6 日

编号	货物条形码	货物名称	规格	单位	送货数量	物流箱号	到货数量	备注
1	6917878055	巧克力	35 g	袋	24	LB04		
2	6919892009	也也酥	85 g	袋	24	LB04		

制单人：陈某　　送货员：　　收货员：

表 5—1—5　　送货单 5

深圳 A 物流公司配送中心送货单

申请单号：OA20110805005　　送货单号：OP20110806005

客户：E 零售便利店　　送货地址：深圳罗湖国贸大厦××号

联系人：成某　　联系电话：25500000　　2011 年 8 月 6 日

编号	货物条形码	货物名称	规格	单位	送货数量	物流箱号	到货数量	备注
1	6920180733	葡萄汁	400 mL	瓶	12	LB05		
2	6920509029	江南小炒	200 g	包	48	LB05		

制单人：陈某　　送货员：　　收货员：

任务分析

在实际操作中，送货作业是配送的核心活动之一，它是指将客户所需的货物使用汽车或其他运输工具从配送中心送至客户手中的活动。本任务的重点在于熟悉配送业务核心的送货作业流程，具体操作内容大致如下：

（1）送货员告知车辆调度员送货地点，协助其确定出送货线路及其车型。

（2）排出不同客户的货物装车顺序。

（3）使用装卸搬运设备完成货物装车作业。

（4）运送货物，有选择地使用实时 GPS 微调送货线路。

（5）到达客户指定地点后交割货物。

（6）送货单交还，完成送货作业。

相关知识

一、送货作业概述

1. 送货作业的概念

送货作业是指将被订购的货物使用汽车或其他运输工具从供应点送至客户手中的活动。货物可能从工厂等生产地配送中心直接送至客户，也可能通过批发商、经销商或由配送中心、物流中心转送至客户手中。

这里送货的“送”特指配送运输（或运送），是一种短距离、小批量、高频率的运输形式。从运输的角度看，它是对干线运输的一种补充和完善，属于末端运输和支线运输；从服务的目标看，它在满足客户要求的前提下优化配送距离。国内配送中心、物流中心设置的配送经济里程一般在 30 km 以内。

2. 送货作业的影响因素

影响送货作业的因素主要有动态与静态因素：动态因素如车流量变化、道路施工、配送客户的变动、可供调度车辆类型与数量的变动等；静态因素如配送客户的分布区域、道路交通网络、车辆运行限制等。这些因素都可能导致送货不及时、配送路径选择不当、延误交货时间等送货服务质量下降，因此需要对送货作业进行有效管理，否则不仅影响配送效率和信誉，而且将直接导致配送成本的上升。

3. 送货作业的特点

（1）时效性。快速及时，即确保在客户指定的时间内交货，是客户最重视的因素，也是配送运输服务性的充分体现。配送运输是从客户订货到交货的最后环节，也是最容易引起时间延误的环节。影响时效性的因素很多，除配送车辆故障外，所选择的配送线路不当、中途客户卸货不及时等均会造成时间上的延误。因此，必须在认真分析各种因素的前提下，用系统化的思想和原则，有效协调，综合管理，选择配送线路、配送车辆、送货人员，使每位客户在其所期望的时间内收到所期望的货物。

（2）安全性。配送运输的宗旨是将货物完好无损地送到目的地。影响安全性的因素有货物的装卸作业，运送过程中的机械振动和冲击及其他意外事故，客户所在位置及作业环境，配送人员的素质等，这些都会影响配送运输的安全性，因此，在配送运输管理中必须坚持安全性原则。

（3）沟通性。配送运输是配送的末端服务，它通过送货上门服务直接与客户接触，是与客户沟通最直接的桥梁，有效沟通对公司自身的形象和信誉起着非常重要的作用。所以，必须充分利用配送运输活动与客户沟通的机会，巩固和发展公司的信誉，为客户提供更优质的服务。

（4）方便性。配送运输以服务为目标，以最大限度地满足客户要求为优先，因此，应尽可能让客户享受到便捷的服务。通过采用高弹性的送货系统，如紧急送货、顺道送货与退货、辅助资源回收等，为客户提供真正意义上的便利服务。

（5）经济性。实现一定的经济利益是企业运作的基本目标，因此，对合作双方来说，以较低的费用完成送货作业是企业建立双赢机制、加强合作的基础。所以，客户的要求不仅是高质量、及时方便的配送服务，还必须提高配送运输的效率，加强成本控制与管理，为客户提供优质、经济的配送服务。

4. 送货作业的地位

送货是指借助于运力在空间上发生的位置移动，是对人和物的载运及输送。物流送货中的运送专指“货”的载运及输送。它是在不同地域范围间（如两个城市、两个工厂之间，或一个大企业内相距较远的两车间之间），以改变“货”的空间位置为目的的活动。与搬运的区别在于，运送是较大范围的活动，而搬运是在同一地域之内小范围的活动，两者的活动范围存在着差别。

（1）运送是物流的主要功能要素之一。按物流的概念，物流是“物”的物理性运动，这种运动不但改变了物的时间状态，也改变了物的空间状态。而运送承担了改变空间状态的主要任务，运送是改变空间状态的主要手段，运送加上搬运等活动，基本能完成改变空间状态的全部任务。在现代物流观念诞生之前，甚至就在今天，仍有不少人将运送等同于物流，其原因是物流中很大一部分任务是由运送完成的，因此运送是物流的主要功能要素。

（2）运送是社会物质生产的必要条件之一。运送是国民经济的基础。马克思将运输称为“第四个物质生产部门”，将运输看成是生产过程的继续，这个继续虽然不以生产过程为前提，但如果没有这个继续，生产过程则不能最后完成。所以，虽然运送的这种生产活动和一般生产活动不同，它不创造新的物质产品，不增加社会产品数量，不赋予产品以新的使用价值，而只变动其所在的空间位置，但这一变动则使生产能继续下去，使社会再生产不断推进，应将其看成一种物质生产部门。运送作为社会物质生产的必要条件，表现在以下两个方面：

1）在生产过程中，运送是生产不可缺少的直接组成部分，没有运送，生产内部的各环节就无法连接，生产过程就无法完成。

2）在社会上，运送是生产过程的继续，这一活动连接着生产与再生产，生产与消费的环节，连接着国民经济各部门、各企业，连接着城乡，连接着不同国家和地区。

（3）运送可以创造“场所效用”。场所效用是指同种“物”由于空间场所不同，其使用价值的实现程度不同，效益的实现也不同，通过改变“物”存在场所而发挥其最大使用价值，最大限度地提高了投入产出比。通过运送，将“物”运到场所效用最高的地方，就能发挥“物”的潜力，实现资源的优化配置。从这个意义来讲，相当于通过运送提高了物的使用价值。

（4）运送是“第三个利润源”的主要源泉

1）运送是运动中的活动，它和静止的保管不同，要靠大量的动力消耗才能实现；而运送又承担大跨度空间转移的任务，所以活动的时间长、距离长、消耗大。消耗的绝对数量大，其节约的潜力也就大。

2）从运送费用来看，运送费用在全部物流费用中占的比例最高，一般综合分析计算社会物流费用，运送费用在其中占接近50％的比例，有些产品运送费用高于产品的生产费用。所以，运送费用节约的潜力很大。

3）由于运送总里程长、总量巨大，通过体制改革和运送合理规划调度，可大大缩短运送距离和减少运送量，从而节省了较多费用。

5. 送货作业的功能

送货一般具备货物转移和货物储存两大功能。

（1）货物转移功能。无论货物处于什么形式，是材料、零部件、装配件、在制品还是产成品，不管是在制造过程中将被移到下一阶段，还是实际上已经接近最终顾客，运送都是必不可少的。运送的主要功能就是货物在价值链中的来回移动。运送利用时间资源、财务资源和环境资源来提高产品价值，实现货物移动的意义。

运送涉及利用时间资源，因为这里的货物是转移过程中的存货，它在运送过程中是难以存取的；运送使用财务资源，因为运送要发生开支，如司机报酬、运行费用、一般杂费和行政管理费用等。所以，运送的主要目的就是要以最少的时间、财务和环境资源成本，将货物从供应地转移到需求地。

（2）货物储存功能。对货物进行临时存放是一个特殊的运送功能，这个功能以往并没有被人们关注。将运送车辆临时作为相当昂贵的储存设施，这是因为转移的货物需要储存，但在短时间内（如1～3天）又将重新转移，那么该货物在配送中心卸下来和再装上车的成本可能高于存放在运送工具中支付的费用。在配送中心储位有限的时候，利用运送车辆存放也是一种可行的选择。在本质上，运送车辆被用做一种临时存储设施，它是移动的，而不是闲置静止的。总之，利用运送工具作为临时储存设施是高成本的，但如果考虑到装卸成本、固定设施有限的储存能力、营销机会、交付时间的约束条件，从总成本的角度来看，这样做可能是可取的。

二、送货作业方式

1. 运送方式分类

送货作业方式按不同方法有不同的分类方式。

（1）按运送设备及运送工具不同分类

1）公路运送。公路运送是主要使用汽车在公路上进行运送的一种方式。公路运送主要承担近距离、小批量的货运，铁路、水运运送难以到达地区的长途大批量货运，铁路、水运优势难以发挥的短途运送等。由于公路运送有很强的灵活性，近年来，在有铁路、水运的地区，较长途的大批量运送也开始使用公路运送。

公路运送的主要优点是货损货差小，安全性高，灵活性强，易于因地制宜，对设施要求不十分苛刻。公路运送可以实现“门到门”服务，也可作为其他运送方式的衔接手段。尽管公路运输中存在各种各样的问题，但是随着高速公路的建设，运输业务的拓展，运送经济半径的不断扩大，公路运送将在物流作业中发挥不可替代的作用。

2）铁路运送。铁路运送是使用铁路列车在铁轨上进行运送的一种方式，是陆地长距离运送的主要方式。铁路运送主要承担长距离、大批量的货运，是在干线运送中起主力作用的运送形式。铁路运送的优点是适应性强，运输能力大，安全程度高，速度快，能耗小，环境污染程度小，运送受自然条件限制小，载运量大，运送成本较低；缺点是灵活性差，运送货物滞留时间过长，只能在固定线路上实现运送，需要以其他运送手段配合、衔接和补充。

3）水路运送。水路运送是使用船舶在江河湖海里进行运送的一种方式。水路运送主要承担大数量、长距离的运送，是在干线运送中起主力作用的运送形式。在内河及沿海地带，水运也常作为小型运送工具使用，担任补充及衔接大批量干线运送的任务。水路运送的主要优点是投资小，运输成本低，运输能力大，运输距离远；其缺点是运送速度慢，受港口、水位、季节和气候影响较大。水路运送的形式有沿海运送、近海运送、远洋运送、内河运送等。

4）航空运送。航空运送是使用飞机或其他航空器在空中进行运送的一种形式。航空运送的成本很高，主要适合运载的货物有两类，一类是价值高、运费承担能力很强的货物，如小型精密仪器、贵重设备的零部件及高档产品等；另一类是紧急需要的物资，如救灾抢险物资等。航空运送的主要优点是速度快，不受地形的限制。在火车、汽车达不到的地区可依靠航空运送，因而有其重要意义。

5）管道运送。管道运送是利用管道输送气体、液体和粉状固体的一种运送方式。其运送形式是靠物体在管道内顺着压力方向循序移动实现的，与其他运送方式的重要区别在于：管道设备是静止不动的，不占用或少占用地面空间。管道运送的主要优点是在运输过程中不会发生散失、丢失等损失，也没有消耗动力所形成的无效运送问题，运送量大且连续不断。

（2）按运送线路不同分类

1）干线运送。干线运送是指利用铁路、公路的干线，大型船舶的固定航线进行的长距离、大数量的运送，是进行远距离空间位置转移的重要运送形式。干线运送一般速度较同种工具的其他运送方式要快，成本也较低。

2）支线运送。支线运送是指与干线相接的分支线路上的运送，是干线运送与收发货地点之间的补充性运送形式，路程较短，运送量相对较小。支线运送的建设水平往往低于干线，运送工具装备水平也往往低于干线，因而其速度较慢。

3）城市内运送。城市内运送是一种补充性的运送形式，路程较短。干线、支线运送到站后，它承担着站或配送中心到客户指定接货地点之间的运送，运送量一般较小。

4）厂内运送。厂内运送是指在工业企业范围内，直接为生产过程服务的运送。一般在车间（分厂）与车间（分厂）之间、车间（分厂）与配送中心之间进行。在小型企业中、大企业车间（分厂）内部、配送中心内部的这种运送一般不称“运送”，而称“搬运”。

（3）按运送作用不同分类

1）集货运送。集货运送是指将分散的货物汇集集中的运送形式，一般是短距离、小批量的运送，货物集中后才能利用干线运送形式进行远距离、大批量运送，因此，集货运送是干线运送的一种补充形式。

2）配送运送。配送运送是指将配送中心已按用户要求配好的货物分送给各个用户的运送，一般是短距离、小批量的运送。从运送的角度讲是对干线运送的一种补充和完善。

（4）按运送协作程度不同分类

1）一般运送。一般运送是孤立地采用不同运送工具而没有形成有机协作关系的运送，如汽车运送、火车运送等。

2）联合运送。联合运送简称为联运，是使用同一运送凭证，由不同运送方式或不同运送企业进行有机衔接运送货物，利用每种运送手段的优势充分发挥不同运送工具效率的一种运送形式。采用联合运送，可以简化托运手续，方便用户。同时可以加快运送速度，有利于节省运费。经常采用的联合运送形式有铁海联运、公铁联运、公海联运等。

3）多式联运。多式联运是联合运送的一种现代形式。一般的联合运送规模较小，在国内大范围物流和国际物流领域，往往需要反复地使用多种运送手段进行运送。在这种情况下，通过进行复杂的运送方式衔接，并且具有联合运送优势的运送称作多式联运。

2. 送货方式选择

在送货市场中存在着多种不同的运送方式、多样化的运送业者、多种运送工具，因此送货方式的选择要根据各种运输特点进行理性的、科学地分析，把握要点，选择确定比较理想的送货方式。

（1）影响运送方式选择的因素。一般来说，送货方式选择会受运送货物的种类、运送量、运输距离、运送速度、运送成本五个因素的影响。当然，这些条件不是互相独立的，而是紧密相连、相互影响的。对运送方式这五个因素具体分析，发现货物的种类、运送量和运输距离三个条件是由货物自身的性质和存放地点决定的，因而属于不可变量。对这几个条件进行大幅度变更从而改变运输方式的可能性很小；而运送速度和运送成本是可以通过合理安排来进行控制的，也是不同运送方式相互竞争的重要条件，运送速度与成本的变化必然带来所选择运送方式的改变。

1）运送速度。运送速度是指完成特定的运送任务所需的时间。运送速度和成本的关系主要表现：其一，运送服务越快运送成本通常越高；其二，运送服务越快，运送中的存货越少，无法利用的运送间隔时间就越短。因此，选择期望的运送方式时，主要是如何平衡运送服务的速度和成本。

2）运送成本。运送成本是指两个地理位置间的运送所支付的款项及其相关的行政管理和维持运送的有关费用。运送成本的系统设计应该是把运送总成本降到最低程度的运送。

（2）保持运送的一致性。保持运送的一致性是指在若干次装运中履行某一特定的运次所需的时间与原定时间或与前 n 次运送所需时间的一致性，它是运送可靠性的反映。多年来，运送经营商已把一致性看做是高质量运送最重要的特征。如果给定的一项运送服务第一次花费 2 天，第二次花费 6 天，这种意想不到的变化就会产生严重的物流作业问题。如果运送缺乏一致性，就需要安全储备存货，以防预料不到的服务故障。运送一致性会影响卖方承担的存货义务并带来有关风险。随着控制和报告装运状况的信息新技术的应用，物流经营商能找到既快捷又能保持一致性的方法，而速度和一致性相结合则是保证运送高质量的必要条件。

(3) 运送工具与设备选择。运送需求可以通过三种基本的方式实现。第一，可以使用自有的车队设备；第二，与专业运送公司签订运送合同；第三，可以向各种提供以单独装运为条件的运送代理人预订服务。这三种形式的运送即是自营运送、合同运送和公共运送。无论哪种运送方式，都会涉及运送工具与设备的合理选择。良好的运送方案要有相应的运送工具支持，特别是现代运送系统，更强调一体化设计和一体化运作。合理选择和配备运送工具与设备，正确认识运送工具与设备的特点，配送中心要有更加清晰的认识。

对于配送中心，运送工具的选择主要表现为运送工具的购置、租赁选用。配送中心承担的自营运送，应加强对各种购置的运送工具和设备的合理运用。因为运送工具和设备属于固定资产，为相对固定费用，在物流变动时其绝对额通常保持不变或变化很小，同物流量成反比关系，即物流量增长时，平均分摊的费用水平反而下降。加强对运送工具和设备的合理运用，应从以下几个方面入手：

1) 车辆类型的确定。配送中心运送货物的类别决定购置车辆的类型，如冷冻冷藏食品配送需要选择冷藏车，一般货物的配送需要选择厢式车等。为了节约成本，提高利用率，也可购置敞篷式平板车用于批量货物的运送，但随着运输配送规范的进一步完善及食品安全要求的提高，城市配送特别是快速消费品的配送，厢式货车是选择的必然趋势。

2) 车辆吨位的确定。对于单位货物运送成本，车辆越大，承载能力越大，每次运送的单位货物运送费用越低。在可能的情况下，选择大吨位的车辆进行配送运送是降低运送成本的好方法。但选择大吨位的车辆配送运送要受到许多条件的限制：第一，订单批量的限制，一个或几个客户的配送运送量在线路排定以后达不到一定吨位，用大承载能力的车辆无疑是一种浪费；第二，交通管制的限制，许多城市对车辆都有行驶时间和吨位的限制，一般不允许大吨位车辆白天进入市区送货或限制吨位在一定范围内。所以，车辆吨位的确定一定要权衡各种条件，选择恰当承载能力的车辆。

3) 车辆厢体体积的确定。选择车辆厢体体积要根据运送货物的比重（或称密度）确定。对于运送密度较大的货物，如冷冻品、食品等，应选择厢体较小或配置标准厢体的车辆。运送货物比重较小，应选择厢体较大的车辆。对于配送中心来说，要考虑尽可能少地配备车辆，发挥车辆的最大运输能力。有限的车辆用于运输配送重量、比重、温度要求不同的货物，只有在可选择的范围内选择较大厢体的车辆才会有利于配送对车辆的运营调度。

4) 车辆标准的确定。配送中心选择车辆，要按照标准化的原则进行。第一是在现有标准车辆系列中选择适合配送中心需要的系列车辆，车辆品种尽可能少；第二是车辆的配置、尺寸、开门方向和大小等要求应统一。标准化的车辆系列和配置是配送中心运送高效化的保证，能够增加车辆的替代性，减少维修成本。

5) 车辆的其他配置。车辆附属装备的配置是车辆型号选择和再设计的重点，是为了更好地实现配送运输而提出的。例如，车辆货门的选择是为了方便卸货，尤其对多客户的配送、多温度控制的货物配送，货门的选择十分必要，一般根据配送运输特性、考虑订单运送所包含的货物种类及不同种类货物的比例来确定。

在运送工具的租赁选用中，要根据货物的特征、运送时间、运送的条件和运送方式的突出特点等，通过对运送成本与费用的分析，对同一批货物计算其铁路、公路、水运、空运的成本费用，然后来进行合理选择。

对配送中心来说，配送运输服务就是商品。同其他产业一样，必须重视降低这一商品的生产成本。具体地说，就是要有效地利用现有的运送工具和设施，尽量减少劳动力的投入和燃料的消耗，去完成一定的配送运输业务。即使需要通过租赁运输工具来完成配送运输，也要注意对运送工具进行合理选择。特别是近年来，由于担心石油供应不足和燃料价格上涨，人们对以节能为前提的运送高效化的要求更加迫切。为此，出现了以节能省力为目的，使每一运送批量投入的劳动力和燃料趋于最少的运送工具大型化。各运送部门都在发展运送工具大型化。其结果是，一次运行所运送的货物量增大，每一运送单位所利用的劳动力、燃料相对减少，但问题在于还必须继续保持和提高装载及运输效率。搬运设备的大型化，曾在经济高速增长时期，保证了原材料产业的高速增长，但是又不能适应今天的货物小批量化。货物的配送运输，基本上是从出发地到目的地的单程运输。从运送效率角度看，最理想的是往返都能最大限度地装载，即所谓缩短空车回送距离。

三、送货作业流程

送货作业一般流程如图 5—1—1 所示。

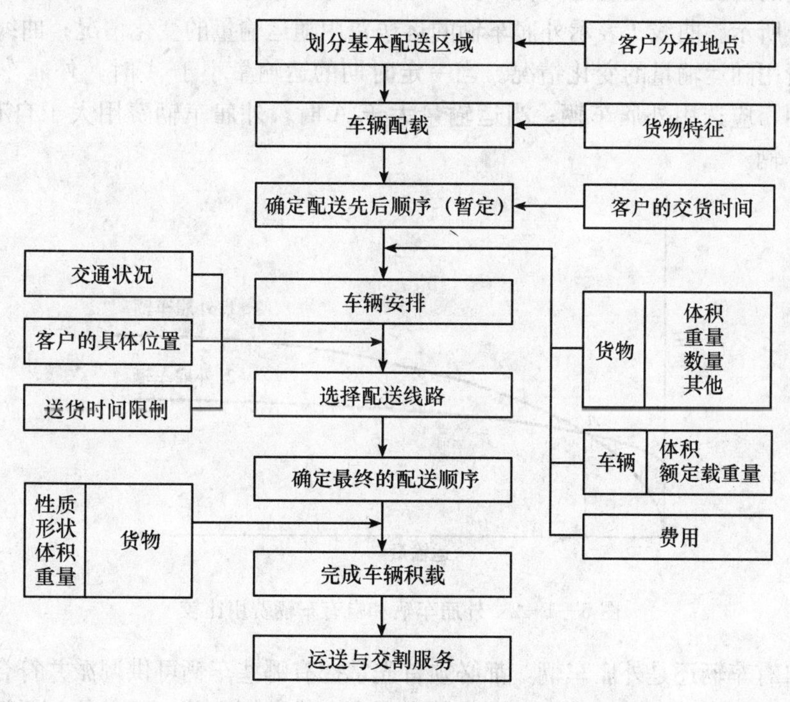

图 5—1—1 送货作业一般流程

1. 划分基本配送区域

为使整个配送有一个可循的基本依据，应首先将客户所在地的具体位置进行一个系统规划，并将其作区域上的整体划分，将每一客户囊括在不同的基本配送区域之中，以作为下一步决策的基本参考。例如，按行政区域或交通条件划分不同的配送区域，在这一区域划分的基础上再作弹性调整来安排配送。

2. **车辆配载**

由于配送货物种类、特性各异，为提高配送效率，确保货物质量，必须首先对特性差异大的货物进行分类。在接到订单后，将货物依特性进行分类，以分别采取不同的配送方式和运输工具，如按冷冻食品、速食品、散装货物、箱装货物等分类配载；其次，配送货物也有轻重缓急之分，必须初步确定哪些货物可装配于同一辆车中，哪些货物不能装配于同一辆车中，以做好车辆的初步配载工作。

3. **暂定配送先后顺序**

在考虑其他影响因素，做出确定的配送方案前，应先根据客户订单要求的送货时间将配送的先后作业次序做初步的预订，为后面车辆积载做好准备工作。计划工作的目的是保证达到既定的目标，所以，预先确定基本配送顺序既可以有效地保证送货时间，又可以尽可能提高运作效率。

4. **车辆安排**

车辆安排要解决的问题是安排什么类型、吨位的配送车辆进行最后的送货。一般企业拥有的车型有限，车辆数量也有限，当本公司车辆无法满足要求时，可使用外雇车辆。在保证配送运输质量的前提下，是组建自营车队，还是以外雇车为主，则须视经营成本而定，具体如图 5—1—2 所示。曲线 1 表示外雇车辆的运送费用随运输量的变化情况；曲线 2 表示自有车辆的运送费用随运输量的变化情况。当一定时期的运输量小于 A 时，外雇车辆费用小于自有车辆费用，应选用外雇车辆；当运输量大于 A 时，外雇车辆费用大于自有车辆费用，应选用自有车辆。

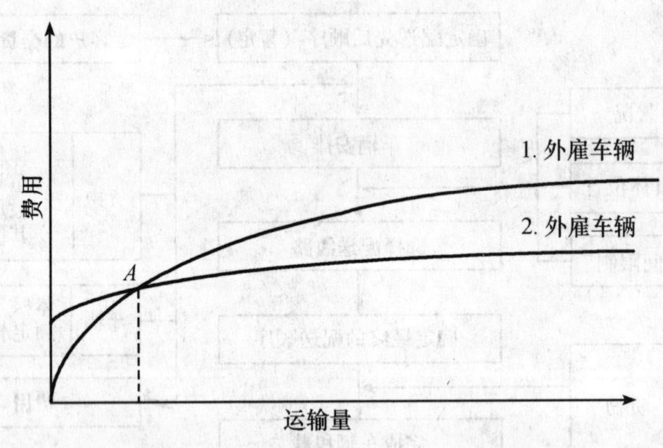

图 5—1—2　外雇车辆和自有车辆费用比较

无论是自有车辆还是外雇车辆，都必须首先掌握有哪些车辆可供调派并符合要求，即这些车辆的容量和额定载重是否满足要求；其次，在安排车辆之前，还必须分析订单上货物的信息，如体积、重量、数量等对装卸的特别要求，综合考虑各方面因素的影响，作出最合适的车辆安排。

5. **选择配送线路**

知道了每辆车负责为哪些客户配送货物后，如何以最快的速度完成对这些货物的配送，即如何选择配送距离短、配送时间短、配送成本低的线路，需要根据客户的具体位置、沿途的交通情况等作出优先选择和判断。除此之外，还必须考虑客户或其所在地环境对送货时间、车型等方面的特殊要求，如有些客户不在中午或晚上收货，有些道路在某高峰期实行特别的交通管制等。

6. 确定最终的配送顺序

做好车辆安排及选择好最佳的配送线路后，依据各车负责配送货物的具体客户的先后，即可将客户的最终配送顺序加以确定。

7. 完成车辆积载

明确了客户的配送顺序后，接下来就是如何将货物装车、以什么次序装车，即车辆的积载问题。原则上，知道了客户的配送顺序先后，只要将货物依“后送先装”的顺序装车即可。但有时为了有效利用空间，可能还要根据货物的性质（怕震、怕压、怕撞、怕湿）、形状、体积及重量等作出弹性调整。

8. 运送与交割服务

装好货物后，进行实际的送货服务，运输过程中可使用 GPS 和 GIS 等先进的信息技术进行监控，保证货物的质量与安全；货物到达后，与客户进行货物权限的交接，以划分责任界限。

任务实施

1. 确定配送车辆的送货线路

送货员将送货单的送货地址告知配送中心的调度员，协助其确定配送车辆行驶的线路。如图 5—1—3 所示。

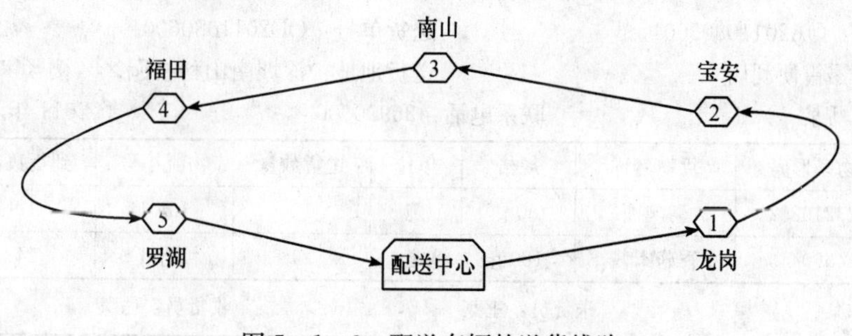

图 5—1—3　配送车辆的送货线路

2. 确定配送车辆的车型

根据送货单上提供的货物类型、性质、数量、重量的信息，确定配送车辆的类型（一吨厢式车），如图 5—1—4 所示。

3. 确定配送车辆的装车顺序

送货员根据拟送客户的先后顺序，采用“后送先装”的策略，确定装车顺序，准备进行装车作业。

4. 装车作业

送货员使用叉车、装卸作业平台等设备完成装车作业，如图 5—1—5 所示。

图 5—1—4　一吨厢式车

图 5—1—5　装车作业

5. 运送货物

送货员完成装车作业后，跟随配送车辆一起实行送货任务。在运送途中可以使用 GPS 与 GIS 等先进的信息技术监控货物与路况，确保货物准时送达。

6. 交割货物

配送车辆到达客户指定位置后，送货员将货物卸下，或与客户一起将货物卸下，使用较为规范的配送服务用语要求客户验收货物，并签收，见表 5—1—6。

表 5—1—6　　送货单 1

深圳 A 物流公司配送中心送货单

申请单号：OA20110805001　　送货单号：OD20110806001

客户：A 零售便利店　　送货地址：深圳南山科技园××楼××号

联系人：马某　　联系电话：26900000　　2011 年 8 月 6 日

编号	货物条形码	货物名称	规格	单位	送货数量	物流箱号	到货数量	备注
1	6923219252	汤碗面	80 g	碗	12	LB01	12	
2	6934560443	香菇肉酱	180 g	罐	24	LB01	24	

制单人：陈某　　送货员：王某　　收货员：张某

7. 交还送货单

送货员将所有的货物都送完后，返回配送中心，并将相关单据交还给配送中心的信息管理员，完成送货作业。若在送货过程中出现异常情况，应及时向配送中心的主管汇报，等待配送中心主管指令采取进一步行动。

技能训练

深圳 A 物流公司配送中心的信息管理员打印出五张送货单（见表 5—1—7 至表 5—1—11）交给送货员，要求其把货物装上车并送到客户指定的位置。作为配送中心的送货员，应该如何处理这项作业？

表 5—1—7　　送货单 1

深圳 A 物流公司配送中心送货单

申请单号：OA20110808001　　送货单号：OD20110809001

客户：H 零售超市　　送货地址：深圳光明新区××楼××号

联系人：林某　　联系电话：29900000　　2011 年 8 月 9 日

编号	货物条形码	货物名称	规格	单位	送货数量	物流箱号	到货数量	备注
1	6901285240	矿泉水	350 mL	瓶	24	LB01		
2	6905800684	蒸馏水	600 mL	瓶	24	LB01		

制单人：陈某　　送货员：　　收货员：

表 5—1—8　　送货单 2

深圳 A 物流公司配送中心送货单

申请单号：OA20110808002　　送货单号：OD20110809002

客户：I 零售超市　　送货地址：深圳大鹏××楼××号

联系人：陈某　　联系电话：28900000　　2011 年 8 月 9 日

编号	货物条形码	货物名称	规格	单位	送货数量	物流箱号	到货数量	备注
1	6920476012	可乐	355 mL	罐	24	LB02		
2	4891709133	蛋卷	70 g	盒	10	LB02		

制单人：陈某　　送货员：　　收货员：

表 5—1—9　　送货单 3

深圳 A 物流公司配送中心送货单

申请单号：OA20110808003　　送货单号：OD20110809003

客户：J 零售超市　　送货地址：深圳葵涌××楼××号

联系人：王某　　联系电话：29800000　　2011 年 8 月 9 日

编号	货物条形码	货物名称	规格	单位	送货数量	物流箱号	到货数量	备注
1	6900082031	公仔面	100 g	包	60	LB03		
2	6903148834	牙膏	90 g	支	24	LB03		

制单人：陈某　　送货员：　　收货员：

表 5—1—10　　送货单 4

深圳 A 物流公司配送中心送货单

申请单号：OA20110808004　　送货单号：OD20110809004

客户：K 零售超市　　送货地址：深圳龙华××楼××号

联系人：龙某　　联系电话：27800000　　2011 年 8 月 9 日

编号	货物条形码	货物名称	规格	单位	送货数量	物流箱号	到货数量	备注
1	6903193568	喉宝含片	18 g	盒	50	LB04		
2	6917246470	润手霜	1×1	支	24	LB04		

制单人：陈某　　送货员：　　收货员：

表 5—1—11　　　　送货单 5

深圳 A 物流公司配送中心送货单

申请单号：OA20110808005　　　　送货单号：OD20110809005

客户：L 零售超市　　　　送货地址：深圳布吉××楼××号

联系人：郑某　　　　联系电话：28800000　　　　2011 年 8 月 9 日

编号	货物条形码	货物名称	规格	单位	送货数量	物流箱号	到货数量	备注
1	6917246045	润唇膏	3.5 g	支	12	LB05		
2	6917246312	洁肤面膜	1×1	支	50	LB05		

制单人：陈某　　　　送货员：　　　　收货员：

思考与练习

1. 送货作业的功能有哪些？
2. 配送中心在选择送货方式的时候应该考虑哪些因素？
3. 简述配送中心送货作业流程，其关键环节是哪几个？
4. 送货单的信息与货物不相符应该如何处理？
5. 货物到达客户要求位置时，司机或送货员把单据弄丢了，客户是否可以收货，为什么？

任务 2　配送中心配送车辆调度

学习目标

1. 了解配送中心车辆调度的作用、特点
2. 了解配送中心车辆调度的基本原则
3. 掌握配送中心车辆调度的常用方法
4. 会使用配送中心车辆调度节约法

任务引入

深圳 A 物流公司配送中心的车辆调度员接到送货员的制定配送线路的通知，希望帮助其确定车辆数量及行驶线路。客户及其需要配送量分布如图 5—2—1 所示，图中 D 表示配送中心，①～⑫表示客户点，这 13 个点之间的距离可以在 GIS 系统中查到或通过历史数据得到，C 表示客户需求货物的重量，V 表示其体积。假设现在配送中心只有一种车型，车的载重量为 20，体积为 7。作为配送中心的车辆调度员，应该如何处理这项作业？

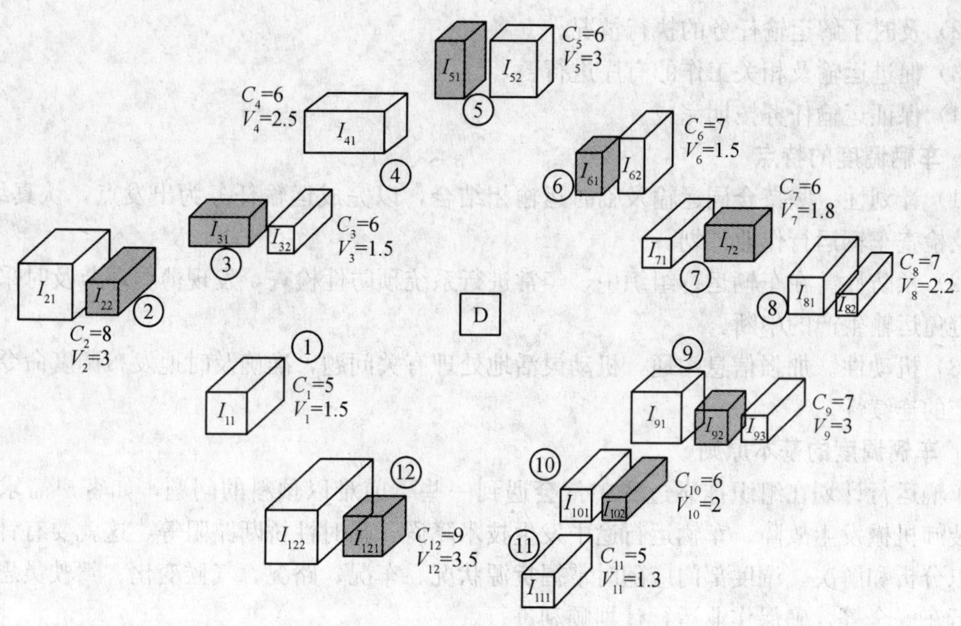

图 5—2—1 客户及其需要配送量分布

任务分析

配送车辆调度是物流配送管理重要的作业内容之一，同时又是最难作业的内容之一，因为它涉及具有一定理论研究深度的知识与内容，必须借助一些专业的软件与技术工具来处理这项作业，本任务的重点在于掌握该作业的处理方法，大致作业内容如下：

（1）将客户及货物的数据导入专业的技术软件中，或掌握配送客户的背景资料与数据。

（2）选择一种车辆线路距离的计算方法。

（3）确定配送需要使用的车辆数量及其行驶线路。

（4）综合其他客户的需求情况，编制车辆运行计划。

（5）通知车辆司机，告知行驶线路。

（6）装车配送，实时调度与监控。

（7）车辆回程管理。

相关知识

一、配送车辆调度概述

车辆的运行是在点多、面广、纵横交错、干支相连的运输网络中分散流动的，涉及多个部门、多个环节，工作条件较为复杂。这就需要建立一个具有权威性的组织指挥系统——车辆调度部门，进行统一领导、统一指挥，且能灵活地、及时地处理问题。

1. 车辆调度的作用

（1）实现最小的运力投入。

(2) 及时了解运输任务的执行情况。

(3) 促进运输及相关工作的有序进行。

(4) 保证运输任务按期完成。

2. 车辆调度的特点

(1) 计划性。坚持合同运输及临时运输相结合，以完成运输任务为出发点，认真编制、执行及检查车辆运行作业计划。

(2) 预防性。在车辆运行组织中，经常进行系统预防性检查，发现薄弱环节及时采取措施，避免运输生产的中断。

(3) 机动性。加强信息沟通，机动灵活地处理有关问题，准确及时地发布调度命令，保证生产的连续性。

3. 车辆调度的基本原则

车辆运行计划在组织挂靠过程中常会遇到一些事前难以预料的问题，如客户需求量变动、装卸机械发生故障、车辆运行途中发生技术障碍、临时性桥断路阻等，这就要有针对性地加以分析和解决。调度部门应随时掌握货源状况、车况、路况、气候变化、驾驶员思想状况、行车安全等，确保作业运行计划顺利进行。

(1) 车辆调度的一般原则

1) 坚持统一领导和指挥、分级管理、分工负责的原则。

2) 坚持从全局出发、局部服从全局的原则。

3) 坚持以均衡和超额完成生产计划任务为出发点的原则。

4) 坚持最低资源（运力）投入和获得最大效益的原则。

(2) 车辆调度的具体原则

1) 宁可打乱少数计划，不打乱多数计划。

2) 宁可打乱局部计划，不打乱整体计划。

3) 宁可打乱次要环节，不打乱主要环节。

4) 宁可打乱当日计划，不打乱以后计划。

5) 宁可打乱可缓货物的运输计划，不打乱急需货物的运输计划。

6) 宁可打乱整批货物的运输计划，不打乱配装货物的运输计划。

7) 宁可使企业内部工作受影响，不使客户受影响。

二、车辆调度的方法

车辆调度的方法有多种，为合理调度车辆的运行，可运用运筹学中线性规划的方法，获得最短的运行路线、最低运费或最高行程利用率的配送车辆运行调度。本文主要介绍一个供应点（一个配送中心）到多个配送点（多个客户点）的车辆调度方法。下面是几种常用的简单方法，其他专业的智能方法不在此介绍。

1. 节约法 (saving method)

节约法于 1964 年被提出，该方法思想是将只含一个配送点的 n 条路线作为初始解，其中，每条路线中第一个和最后一个配送点分别称为路线的起点和终点。考察一条路线的起点与另一条路线的终点相连合并成新的一条路线。如果合并后的路线满足约束条件（如车辆容载条件），则认为这样的合并是可行的，并将合并的节约值定义为连接这两条路线的节约值，计算出所有相邻的节约值，选择节约值最大的边进行一次路线合并，依次类推，车辆的配送点由 2 变成 3，4，…，直到不存在可行合并为止，方法结束。此方法的优点是可提高车辆的利用率，计算步骤简单，计算速度快，且易于考虑各种实际问题。

2. 邻接法（nearest-neighbor）

邻接法是一种序列构造路线法。方法是：从距离配送中心最近的点出发，在满足车辆容载等条件下连接离刚刚被连接的配送点的最近点，加入到当前车辆线路中，直到车辆的容载条件不满足，然后重新使用一部车辆，重复刚才的方法，直到所有的客户都被服务到为止。

3. 插入法

插入法于 1976 年被提出，其结合邻接法与节约法的观念，依序将顾客点插入路径中以构建配送路线。它的流程与邻接法相似，也是从初始路线出发，序列构造路线，并在不存在可行插入时新增一条初始路线。插入法的关键是选择最合适的未分配点在路线中进行最佳位置的插入。

4. 扫描法

扫描法是一种“先分组后路线”的车辆调度方法。所谓分组，即指分派给每辆车一组点。一种简单的分组方法是把配送中心与客户点都标注在以配送中心为原点的坐标平面上，坐标上划分为多个扇形区域，并初步将每个扇形区域的点分派给一辆车。而所谓的“路线”，是指在每个区域内，采用邻接法选择未分配点，然后应用插入法扩充路线。如果在进行了一次“分组—路线”的路线构造后，还存在未分配点，则再进入“分组—路线”程序，如此反复，直到所有点均被分配为止。

下面主要介绍一下节约法的计算过程，其他方法与此相通，不在此介绍。

三、配送车辆调度节约法

1. 车辆调度节约法原理

如图 5—2—2 所示，P 为配送中心，A 和 B 为客户点，相互之间道路距离分别为 a、b、c。最简单的配送方法是利用两部车辆分别为 A、B 客户配送，此时配送线路如图 5—2—2b 所示，车辆线路的运行距离为 $2a+2b$；但如果改用一辆车巡回配送，如图 5—2—2c 所示，运行距离为 $a+b+c$，此时车辆节约的运行距离为：$(2a+2b)-(a+b+c)=a+b-c$。通常，线路满足三角边不等式两边之和大于第三边的定理，所以 $a+b-c$ 大于 0，这说明合并线路可以为车辆节约运送里程。

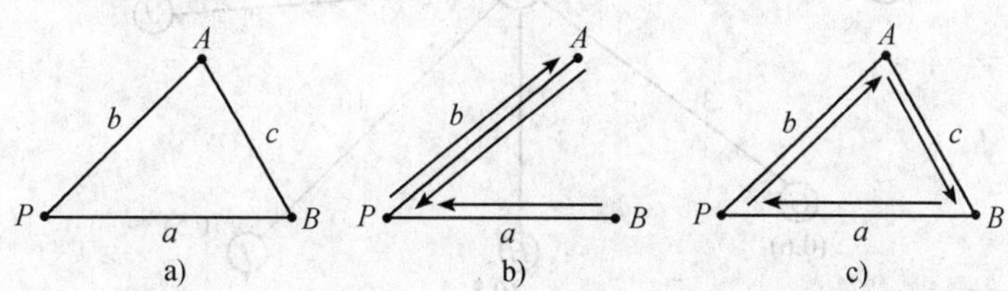

图 5—2—2　节约法原理

2. 车辆调度节约法案例

(1) 案例描述。有一配送网络，如图 5—2—3 所示，P 运行为配送中心，$A \sim J$ 为客户点；括号内的数字为配送量，单位为吨（t）；线路上的数字为道路距离，单位为千米

(km)；配送中心有装载量为 2 t 和 4 t 的两种厢式货车，且都从配送中心发车并回到配送中心；车辆使用原则是能用大车则不用小车；车辆一次运行距离不能超过 30 km；调度的目标是编制出最佳的配送车辆数量及其运送线路。

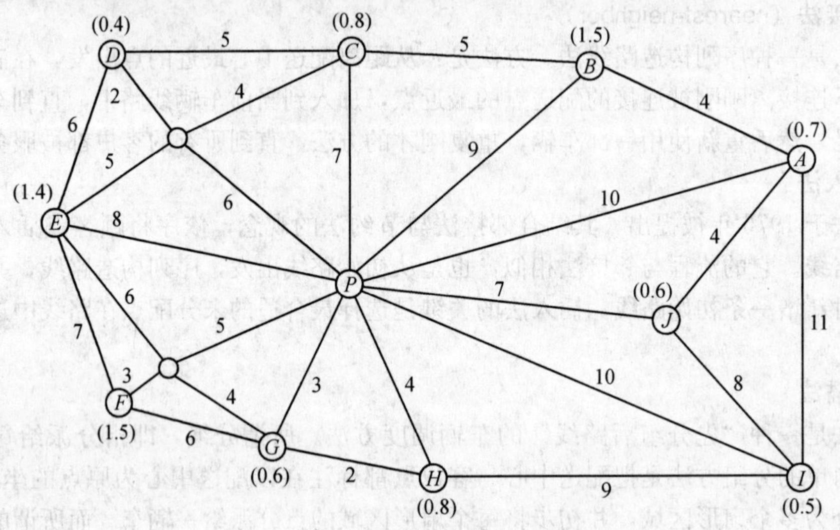

图 5—2—3 配送网络案例

（2）求解步骤

1）初始解：从配送中心 P 向各个用户配送，形成 10 条配送线路，如图 5—2—4 所示，总运行距离为 148 km，需要 10 部 2 t 的配送车辆。

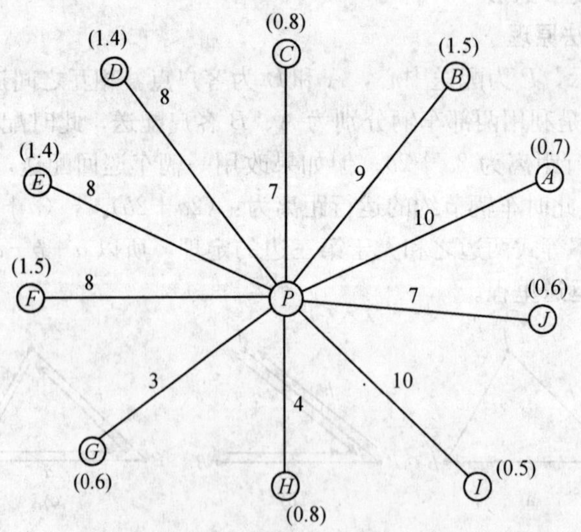

图 5—2—4 配送线路的初始解

2）计算配送中心与客户之间、客户点与客户点之间的最短距离，得出配送路线的距离矩阵，如图 5—2—5 所示。

3）根据配送路线的距离矩阵计算出各用户之间的节约行程，得出配送线路节约行程图，

	P	*A*	*B*	*C*	*D*	*E*	*F*	*G*	*H*	*I*
A	10									
B	9	4								
C	7	9	5							
D	8	14	10	5						
E	8	18	14	9	6					
F	8	18	17	15	13	7				
G	3	13	12	10	11	10	6			
H	4	14	13	11	12	12	8	2		
I	10	11	15	17	18	18	17	11	9	
J	7	4	8	13	15	15	15	10	11	8

图 5—2—5　配送路线的距离矩阵

如图 5—2—6 所示。计算方法：*A*、*B* 两个客户点若由配送中心的同一车辆统一配送的话，则可以节约的行程是（$2a+2b$）－（$a+b+c$）＝$a+b-c$＝10＋9－4＝15；0 代表这两点由同一车辆配送没有节约里程。

	A	*B*	*C*	*D*	*E*	*F*	*G*	*H*	*I*
B	15								
C	8	11							
D	4	7	10						
E	0	3	6	10					
F	0	0	0	3	9				
G	0	0	0	0	1	5			
H	0	0	0	0	0	4	5		
I	9	4	0	0	0	1	2	5	
J	13	8	1	0	0	0	0	0	9

图 5—2—6　配送线路节约行程

4）把图 5—2—6 得到的线路节约行程由大到小排序（见表 5—2—1），节约里程为 0 的线路不参与排序。

5）二次解：在保证车辆容载和车辆运行距离等条件都满足的情况下，按照节约行程的大小顺序连接 *AB*、*AJ*、*BC*，如图 5—2—7 所示，配送路线 7 条，总运行距离为 109 km，需要 2 t 汽车 6 辆，4 t 汽车 1 辆。从图 5—2—7 可以看出，规划的配送路线Ⅰ，装载量为 3.6 t，运行距离为 27 km。按照节约行程排列顺序表 5—2—1，组合成配送路线图。

6）三次解：由于受车辆装载量和运行距离的限制，配送路线Ⅰ不能再增加用户，为此不再连接 *CD*；由配送中心 *P* 开始重新组建配送路线Ⅱ，连接 *DE* 两个客户点，该路线装载

表 5—2—1　　配送线路节约里程排序表

序号	连接点	节约行程	序号	连接点	节约行程
1	*AB*	15	13	*FG*	5
2	*AJ*	13	13	*GH*	5
3	*BC*	11	13	*HI*	5
4	*CD*	10	16	*AD*	4
6	*AI*	9	16	*FH*	4
6	*EF*	9	19	*BE*	3
6	*IJ*	9	19	*DF*	3
9	*AC*	8	21	*GI*	2
9	*BJ*	8	22	*GJ*	1
11	*BD*	7	22	*EG*	1
12	*C*～*E*	6	22	*F*～*I*	1

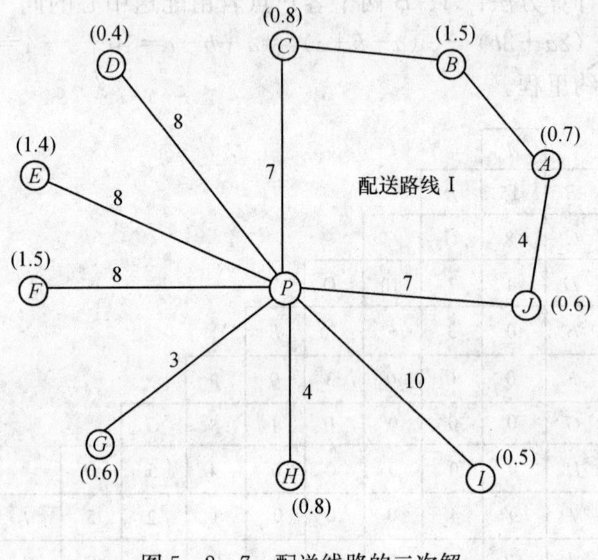

图 5—2—7　配送线路的二次解

量为 1.8 t，运行距离为 22 km。此时，配送路线共 6 条，总运行距离 99 km，需要 2 t 汽车 5 辆，4 t 汽车 1 辆。

7）四次解：接下来的顺序是 *AI*，*EF*，由于将用户 *A* 组合到配送路线Ⅰ中，而且该路线不能扩充用户，所以不再连接 *AI*；连接 *EF* 并入到配送路线Ⅱ中，配送路线Ⅱ装载量为 3.3 t，运行路线为 29 km，此时，配送路线共有 5 条，运行距离 90 km，需 2 t 汽车 3 辆，4 t 汽车 2 辆。

8）五次解：按节约行程顺序排列接下来应该是 *IJ*、*AC*、*BJ*、*BD*、*CE*。但是，这些连接均由于包含在已组合的配送路线中，不能再组成新的配送路线。接下来可以将 *FG* 组合在配送Ⅱ中，这样配送路线Ⅱ装载量为 3.9 t，运行距离为 30 km，均未超出限制条件。此时，配送路线只有 4 条，运行距离为 85 km，需要 2 t 汽车 2 辆，4 t 汽车 2 辆。

9）最终解：接下来的节约行程大小顺序为 GH，由于受装载量及运行距离限制，不能再组合到配送路线Ⅱ内，所以不再连接 GH。连接 HI 组成新的配送路线Ⅲ，如图 5—2—8 所示。

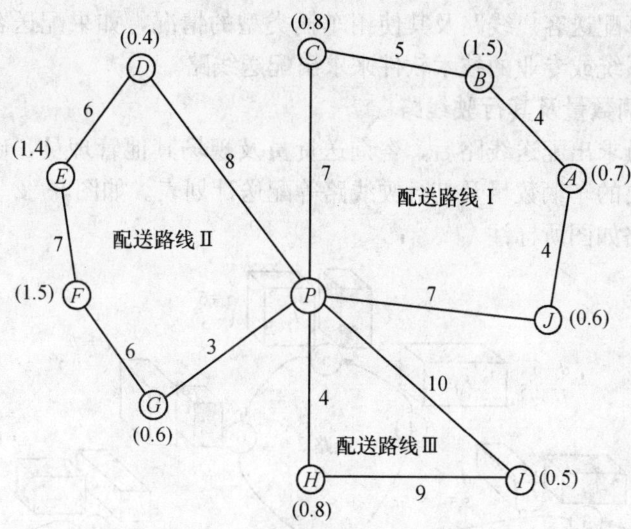

图 5—2—8　配送中心最佳配送线路

配送中心最佳配送线路到此形成，完成了全部的配送路线的编制，共有三条配送路线，运行距离为 80 km。需要 2 t 汽车 1 辆，4 t 汽车 2 辆。其中配送路线Ⅰ：4 t 汽车 1 辆，运行距离为 27 km，装载量为 3.6 t；配送路线Ⅱ：4 t 汽车 1 辆，运行距离为 30 km，装载量为 3.9 t；配送路线Ⅲ：2 t 汽车 1 辆，运行距离为 23 km，装载量为 1.3 t。

（3）使用节约法的注意事项

1）节约法适用于顾客需求稳定的配送中心配送线路编制。

2）对于需求不稳定的顾客宜并入到有富余的配送路线中去。

3）最终确定配送路线要充分听取司机及现场工作人员的意见。

4）各配送路线的负荷量尽量调整平衡。

5）要充分考虑道路运输状况。

6）预测需求的变化及发展。

7）注意预留车辆在送到不同用户后需停留的时间。

8）要考虑到司机的作息时间及指定的交货时间。

9）交通状况和需求变化会影响配送路线，最好能利用仿真模拟研究对策及实施措施。

10）对于规模较大的配送网络应利用计算机编制线路。

任务实施

1. 掌握配送客户的相关资料与数据

配送中心调度员主动了解配送客户的货物性质、状况、体积、重量、时间、相互之间的距离等信息资料，把这些数据录入到信息系统中。

2. **选择一种配送线路编制方法**

根据配送客户数量的多少，确定一种配送线路编制的方法。例如，客户少于 10 个可以直接采用节约法计算配送客户线路及其使用车辆类型的情况，如果配送客户多于 10 个，则通常需要借助信息系统或专业的技术软件来求出配送线路。

3. **确定配送车辆数量及其行驶线路**

配送中心调度员求出配送线路后，咨询送货员及现场其他管理员，确认线路的可行性，然后确定出配送需要的车辆数量及其行驶线路等配送计划表。如图 5—2—9 所示，本任务需要 4 辆车，行驶线路如图所标注。

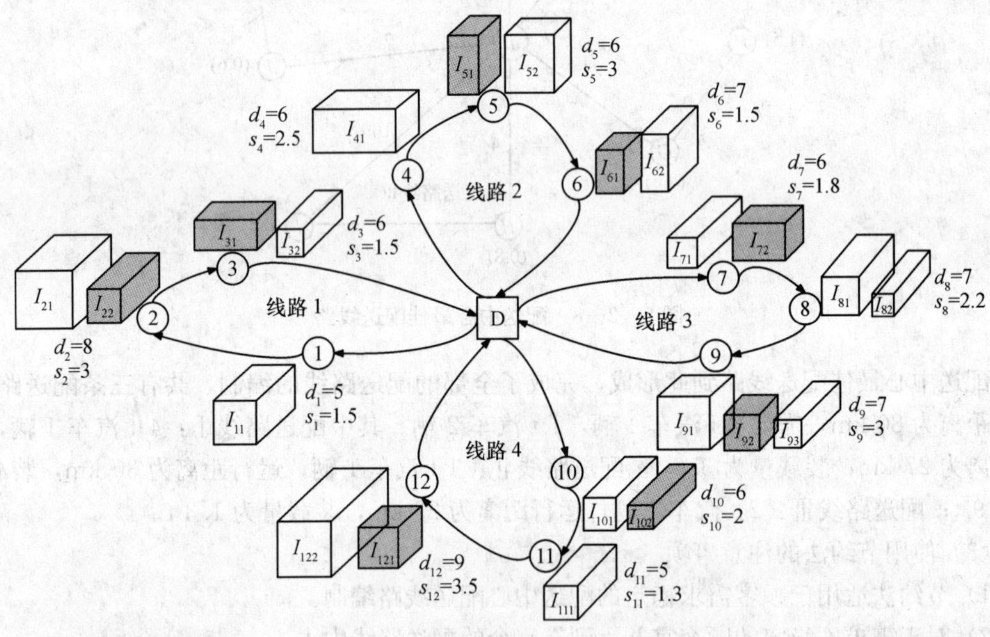

图 5—2—9 客户配送车辆的数量及行驶线路

4. **协助送货员制定货物装载图**

配送中心调度员应协助送货员制定货物装载图，特别是对于某些易碎品，要提示送货员装货时不能将其压在下面，如图 5—2—10 所示的货物装载图，坐标原点表示车辆前左下角，灰色表示易碎品不能压。

5. **通知车辆司机装车时间及行驶线路**

调度员通知车辆司机，要求其在规定的时间内将车辆停放在配送中心指定的位置，装货上车，并按指定的行驶线路协助送货员送货。

6. **实行配送**

车辆开始配送后，调度员利用 GPS 和 GIS 信息系统实时监控和管理车辆配送情况。

7. **车辆回程管理**

车辆送完全部的货物后，调度员应根据其他客户的调度任务等实际情况调度车辆，尽量不要让车辆空车回到配送中心，以提高车辆的利用率，降低车辆的空载率。

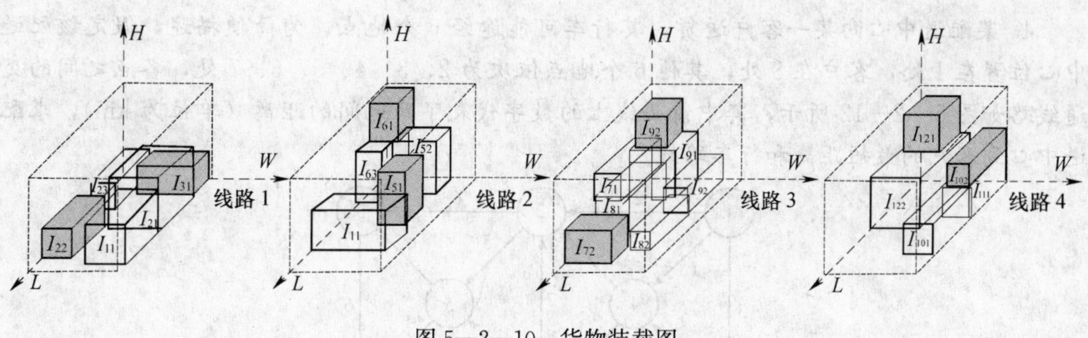

图 5—2—10　货物装载图

技能训练

深圳 A 物流公司配送中心的车辆调度员接到送货员的制定配送线路的通知，希望帮助其确定车辆数量及行驶线路。客户及其需要配送量如图 5—2—11 所示，图中 D 表示配送中心，①～⑤表示客户点，这 5 个点之间的距离可以在 GIS 系统中查到或通过历史数据得到(可参照本任务的案例设一组数据)；每个客户都有一个括号，括号左边表示客户需求货物的数量，右边表示需要从客户那里收回的数量，假设现在配送中心只有一种车型，车的载重量为 20 t。作为配送中心的车辆调度员，应该如何处理这项作业？

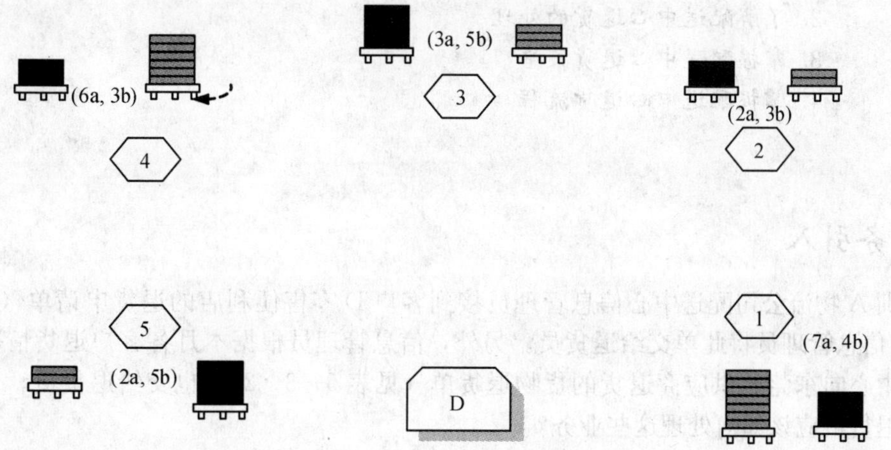

图 5—2—11　客户及其需要配送收取量分布

另外，请在设计配送线路时考虑客户点的不同装卸策略及装卸成本。

思考与练习

1. 简述配送车辆调度的作用及特点。
2. 配送车辆调度的基本原则有哪些？
3. 简述配送车辆调度的具体方法。

4. 某配送中心向某一客户送货，其行车可能途经6个地点，为简便描述，假定该配送中心位置在1处，客户在8处，其他6个地点依次为2、3、4、5、6、7处，各点之间的交通线路如图5—2—12所示，其中箭头线上的数字代表了两地间的距离（单位为km），求配送中心到客户的最短距离和行车路线。

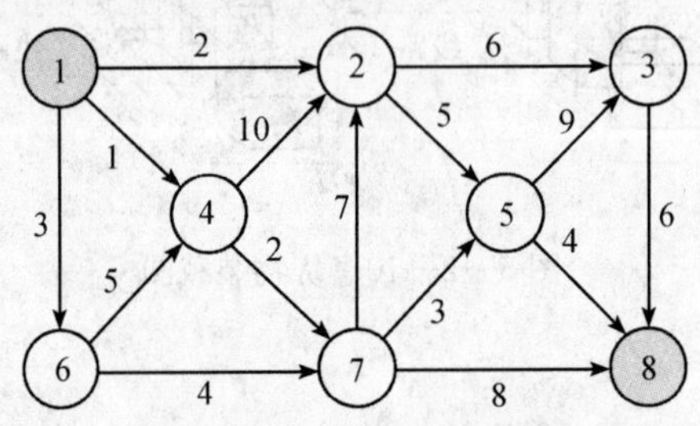

图5—2—12　配送网络

任务3　配送中心退货作业

学习目标

1. 了解配送中心退货的原因
2. 了解配送中心退货的处理
3. 掌握配送中心退货策略
4. 掌握配送中心退货流程

任务引入

深圳A物流公司配送中心信息管理员接到客户D零售便利店的退货申请单（见表5—3—1），信息管理员将此单交给退货员。另外，信息管理员根据本月各客户退货情况制定了由配送中心向东莞B供应商退货的货物退货单（见表5—3—2），也交给退货员。作为配送中心的退货员应该如何处理这些业务？

表5—3—1　**退货申请单**

D零售便利店退货申请单

至：A物流公司配送中心　　退货单号：OR20110809001

申请人：张某　　联系电话：25500000　　申请日期：2011年8月9日

序号	货物名称	规格	数量	单价（元）	总价（元）	退货原因	实收数量
1	可乐	355 mL	2	2	4	外包装变形	
2	公仔面	100 g	5	3	15	货物过期	
合计			7		19		

制单人：陈某　　配送中心接货员：　　便利店退货员：

表 5—3—2　　货物退货单

A物流公司配送中心货物退货单

至：东莞B供应商　　合同号：ZY20110510001

退货单号：OR20110809001　　制单人：陈某　　退货日期：2011 年 8 月 9 日

序号	货物条形码	货物名称	规格	单位	批次	退货数量	退货价（元）	总价（元）	实退数量
1	6902108699	川贝糖	26.4 g	瓶	OP20110802001	5	3	15	
2	6900453120	雪花杨梅	100 g	包	OP20110802001	10	5	50	
3	6917878055	巧克力	35 g	袋	OP20110802001	5	25	125	
4	6919892009	也也酥	85 g	袋	OP20110802001	5	8	40	
5	6920509029	江南小炒	200 g	包	OP20110802001	10	6	60	
合计						35		290	

退货员：　　供应商：　　审核：　　财务：

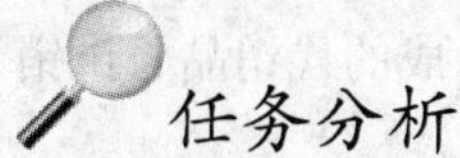

任务分析

退货是指配送中心按订单或合同将货物发出后，由于某种原因，客户将货物退回配送中心，以及由配送中心按合同规定将货物退回给供应商的作业内容。退货作业内容较为复杂，作业负荷较重，尤其以退货货物的检验、退货数量查核等，最耗费作业时间及人力。本任务的重点是根据退货申请妥善安排由客户向配送中心的退货作业及由配送中心向供应商的退货作业，操作要点如下：

（1）接受客户提交的退货申请。

（2）执行退货，包括要收退货、取回退货、存储退货。

（3）汇总客户退货信息，制作退货单据。

（4）按照退货单据完成退货业务操作。

相关知识

一、退货概述

1. 退货的原因

（1）货物送错退回。由于配送中心本身处理不当所产生的退货，如因拣货错误或条形码、出货单等处理错误，使客户收到的货物种类或数量与订单不符，必须要退回，这时必须立即处理，减少客户抱怨。但更重要的是，事后要查核信息传递过程中可能出现错误的环节，如在制作订单时发生错误，或拣货错误，出货单贴错，上错车等。找出原因后，配送中心应立即采取有效的措施，在常出错的地方增加控制点，减少出错的概率。

（2）货物过期退回。一般的货物都有有效期，为了保证消费者的利益，货物快到期时要从货架卸下，不可再卖，并退回到配送中心，再由配送中心退回给相应的供应商。过期货物退回后的处理，应该在环保的法令限制下，找到合格的丢弃物处理商处理。货物从回收到销毁，均需投入许多成本，所以要事前准确分析货物的需求，或以多次少量配送，以减少过期货物的产生。每次认真地分析过期货物产生的原因，提前提醒进货商或零售商，或要求客户分担部分处理费用，这样客户可以对即将过期的货物给予更高度的关注，从源头上减少过期货物。

（3）货物或其包装损坏退回。由于包装不良或搬运中剧烈震动，造成货物破损或包装污损后，无法再正常使用或正常销售，通常会退回给配送中心或供应商。对于这类货物的退回，必须重新认真研究包装材料的材质、包装方式和搬运过程中各项上下货动作，找出真正原因加以改善。

（4）缺陷货物回收。由于生产厂商在设计、制造程序上的缺陷而产生有质量问题的货物，在开始销售后被消费者或厂商发现，必须立即部分或全部退回。这种情形不常发生，但却是不可避免的。从物流企业的角度来说，必须立即将消息传达到所有客户，而且要采取最快速的方法按供应商或相关要求将货物回收，集中处理。虽然在此类事件中，配送中心不会有直接的成本损失，但快速地配合，可使损害减低，增进与供应商及客户间的关系，也是配送中心处理意外事件能力的体现。

除以上四种情况，还有依照协议退货的现象，如连锁超市与供应商达成的代销品、试销品、季节性货物的退回等。

2. 退货的处理

（1）无条件重新发货。对于发货人按订单发货发生错误，则应由发货人重新调整发货方案，将错发货物调回，重新按正确订单发货，中间发生的所有费用由发货人承担。

（2）运输单位赔偿。对于运输途中产品受到损坏而发生的退货，根据退货情况，由发货人确定所需的修理费用或赔偿金额，由运输单位负责赔偿。

（3）收取费用，重新发货。对于客户订货失误而发生的退货，由客户支付相关费用后，再根据客户新的订货单重新发货。

（4）重新发货或替代。对于产品有缺陷，客户要求退货的，配送中心接到退货指示后，退货员应安排车辆收回货物，将货物集中到仓库退货处理区进行处理。一旦产品回收过程结束，生产厂家及其销售部门应立即采取措施，用没有缺陷的同一种产品或替代品替换产品，尽量减少客户损失。

3. 退货的处理要点

退货处理对生产厂家和流通网络中的各方来说都是一件需要特别关注的事情。高层管理部门应参加回收产品的相关活动，企业应选派专人负责处理货物回收事宜并制定一些预防措施。对于配送中心来说，不论是什么类型的退货，配送中心都应注意以下几个要点：

（1）尽快补送新货以减少客户抱怨。

（2）切记不要与客户争吵。

（3）会计账目及时修正，以免收款或付款错误，造成进一步的混乱。

（4）若有保险公司理赔，应及时通知保险公司，办理理赔事宜。理赔程序包括保留现场证据或拍照存档，准备索赔文件，计算损失，通知本企业法律顾问等。

（5）分析退货原因，作为日后的改进参考。

二、退货的流程

1. 不同形式的退货流程

因各行业性质不同，退货环节复杂程度不同，其退货流程也不尽相同，特别是电子购物方式的兴起，退货流程也改变了原有单证随货品流动的流程。依据情况不同，会有不同形式的退货流程。

（1）消费者向卖场退货。消费者需携带发票、货物及完好包装在产品“三包”期内去卖场退换货处理中心退货。

（2）实体店向配送中心退货。这种退货流程与传统流程基本一致，由实体店将待退货物送至配送中心，或等配送中心下次送货时顺便载上货物。

（3）配送中心向其供应商退货。这种退货流程也与传统流程基本一致，先由配送中心将下游退回的货物整理好，然后按供应商的类型对货物进行分类，并制作相应的退货单，通知供应商退货，或等供应商下次送货至配送中心时再统一处理退货。

2. 常见的退货流程

常见的退货流程如图 5—3—1 所示。

常见的退货流程解释如下：

（1）受理顾客的货物、凭证。接待顾客，并审核顾客是否有相关凭证，购买时间，所购货物是否属于不可退的货物。

（2）听取顾客的陈述。细心平静地听取顾客陈述，尤其是抱怨和要求，判断是否属于货物的质量问题。

（3）判断是否符合退货标准。结合公司规定、国家的法律以及顾客服务的准则，灵活处理，说服顾客达成一致的看法，如不能满足顾客的要求而顾客予以坚持的话，应请上一级管理层处理。

（4）同顾客商量处理方案。提出解决方法，尽量让顾客选择换货。

（5）决定退货。双方同意退货。

（6）判断权限。退货的金额是否在处理的权限范围内。

（7）填退货单，复印票证。

（8）退款结算。交易号码填写在退货单上，并与相关凭证或其复印件放在一起备查。

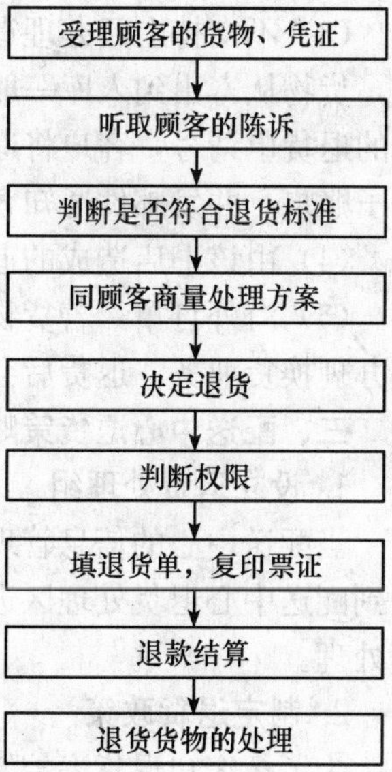

（9）退货货物的处理。将退回货物放在退货区，并将退货单的一联贴在货物上。

受理顾客的货物、凭证 → 听取顾客的陈诉 → 判断是否符合退货标准 → 同顾客商量处理方案 → 决定退货 → 判断权限 → 填退货单，复印票证 → 退款结算 → 退货货物的处理

图 5—3—1 退货流程

3. 电子购物的退货流程

电子商务主要有 B2B、B2C、C2C 三种形式。C2C 由各卖家自行决定退货方式，B2C 的退货流程如图 5—3—2 所示。

B2B 与 B2C 的退货流程相似。以下以某知名书店为例说明电子购物退货流程。

（1）事先通过电话或邮件的方式与某客服中心退货部门联系。

（2）支持上门办理退货订单。在联系客服中心后，其客服中心退货部门将在受理退货申请后的一周左右按退货订单安排退货服务。办理退货后，货物预计可以在 2～3 周后入库。

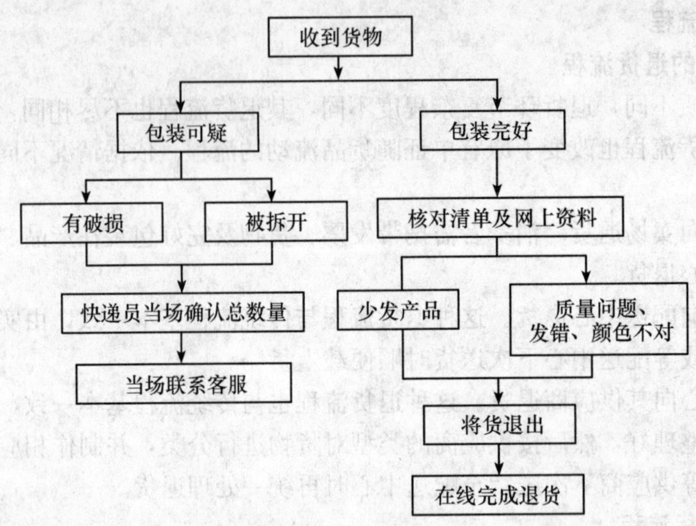

图 5—3—2　B2C 的退货流程

(3) 不支持上门办理退货订单。客户将有问题的货物以平邮形式寄回此货物的发货库房，货物从寄出到入库一般需要 2～4 周，其客服中心退货部门办理退货服务后告知客户相应的退货申请号，客户将退货包裹寄回时写明退货申请号和订单号。退货款项会存至客户的电子账户，并发邮件通知客户。

(4) 由该书店造成的退货，企业将会报销平邮费用，此费用退至电子账户中。

(5) 海外订单，若货物有质量问题，可与其客服中心联系。海外订单只办理退货业务，不办理换货业务。退货后会将货物相应款项退至电子账户中。

三、配送中心退货策略

1. 设立退货处理组

当配送中心的信息管理员接到客户退货信息后，应安排车辆组织回收退货的货物，再集中到配送中心退货处理区进行清点整理，然后根据所退货状况和退货的原因，按有关退货制度处理。

2. 制定退货政策

为了把客户退货率控制在最小范围内，配送中心可以制定相应的政策来避免过多的退货。如客户参与产品设计、监督产品生产、测试，与零售商、分销商签订退货协议以及享受增值服务等。退货政策一般包含以下几个方面的内容：

(1) 退货价格设计。退货有全额退货和部分退货之分，全额退货是对零售商的退货按照原先的批发价进行全额退款，而部分退货则按批发价打一定的折扣后退款。部分退货政策使零售商退货有一定的成本，会降低零售商的赢利水平，因此会增加零售商的风险意识，使其加大销售力度，从而降低退货成本。

一般而言，退货价格可以通过 Newsboy 问题的模型来确定。供应商提供两个价格：一个是销售货物时提供给零售商的货物批发价格 c，另一个是在销售季节过后，零售商把未销售的货物退还给供应商的退货价格 v。而零售商又以零售价格 p 将货物销售给最终客户。供应商的生产费用为 k。在一定的批量约束下，通过对退货价格的调整，可以使供应商和零售商的总体利益达到最优。

(2) 退货比率约束。生产商不接受来自客户的任何退货要求，相反，生产商可以给零售商一个合适的退货比率，并予以退货处理的相关指导。这样的政策通常伴随着对零售商的折扣。事实上，这样做把退货的责任推给了零售商，从而减少了生产商的费用，但不利于货物的控制。

为了减少退货，有些公司采取了比较严格的退货政策。但是在同一行业中，如果其他公司有相对比较宽松的退货政策，这样做会降低服务质量。但无论如何，一些生产商及零售商开始重新考虑退货政策以平衡由此产生的成本和收益。制定退货政策的初衷，就是为了免除或减轻销售风险，鼓励零售商大批量进货、顾客大量购买，以增加产品销售的机会。因此，客户的满意度会受到退货政策相当程度的影响，这种影响在网上购物中尤其明显。根据Gartner Group最近的调查，网上购物的平均退货率为36%。另外，约有94%的网上购物的客户会受到在线退货政策的影响。因此，合理的退货政策能平衡成本和企业的竞争优势。

3. 退货中的合同管理

退货过程中货物的权责归属不明是实际运行中常见的问题。这是由合同管理的缺失引起的。在极端的情况下，供应商和零售商之间由于对退货责任理解不一，导致产品大量堆积在配送中心而造成配送中心运营困难。同时，某类货物的退货如果得不到及时处理而只能在原处等待，直到过期或损坏，则会造成一定损失。

平常不为人所注意的退货，在合同的签订过程中常常被一笔带过甚至被彻底忽视。但是，作为加快企业资金周转，充分挖掘剩余价值的方式，以及合理限制客户退货比例的手段，详细而明确的条款必须在签订合同过程中就得以体现，这样才能避免之后出现纠纷。

四、退货管理概述

1. 退货管理的含义

配送中心在配送过程中，或将货物交给用户后，也会遇到因为货物包装破损、货物损坏、货物质量有缺陷、货物保质期快到或已过、送交的货物与要求的货物不相符等情况，而发生退货。退货管理是指在物流配送活动中，由于配送方或用户方关于配送货物的有关影响因素存在异议，而进行处理的活动。一般而言，现代退货管理包含的任务有尽可能减少或消除退货、退货流程处理、退货的再分配等。

2. 退货管理的意义

随着竞争的日益激烈，生产商开始采取更为自由的退货政策，因此导致退货大量堆积，对配送中心来说也是如此，只有把配送中心退货管理工作做好，才能使用户对配送中心有信任感、依赖感，才会使用户对配送中心产生忠诚感。做好配送中心退货管理工作有着重要意义。

在正向物流中，人们都非常清楚速度的重要性，因此总可以看到正向物流以极快的速度运行。但是在同一个系统中，退货却以较慢的速度进行。合理的退货管理可以大幅度提高退货处理效率。相对来说，物流配送与其他零售渠道相比，有更高的退货率，必须通过改善退货过程的管理，降低配送中心的退货率，做好配送中心退货管理工作。

退货管理不论采取何种形式，其前提都是尽可能避免退货。退货管理的作用是显而易见的，通过良好的退货政策，公司对退货成本和客户服务水平进行平衡。另外，在良好的退货检验控制下，公司对客户的退货授权进行检验，避免错误的、超越权限的退货，这样可以大大节约退货的数量和处理成本。退货管理是对退货进行集中管理，针对不同的货物采取不同的处理方式以获取最高的价值，同时，集中管理的方式也为退货处理提供了批量的优势，在价格上更有决定权。实行退货管理，生产商在退货中暴露出的产品质量问题，通过退货管理信息系统及时地传递到有关管理阶层，生产商由此可以更快地发现和解决问题，不断改进产品质量和服务质量，这也可使分销商更早地发现有问题的生产商，减少可能的退货。

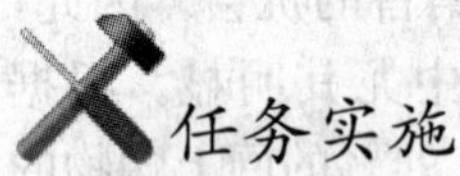

任务实施

1. 配送中心退货员受理退货

配送中心退货员将信息管理员打印的退货申请单（见表5—3—1）交给送货员，希望其在送货时顺便将该客户的退货回收。

2. 送货员收回退货

送货员到达客户D零售便利店后，按规定验收要退回的货物（见表5—3—3），并将客户的退货装上车辆。

表5—3—3　　退货申请单

D零售便利店退货申请单

至：A物流公司配送中心　　退货单号：OR20110809001

申请人：张某　　联系电话：25500000　　申请日期：2011年8月9日

序号	货物名称	规格	数量	单价（元）	总价（元）	退货原因	实收数量
1	可乐	355 mL	2	2	4	外包装变形	2
2	公仔面	100 g	5	3	15	货物过期	3
	合计		7		19		

制单人：陈某　　配送中心接货员：张某　　便利店退货员：王某

3. 将退货放在配送中心退货区

送货员回到配送中心后，将退回的货物及其单据交给退货员，退货员将货物放在配送中心的退货区，并将单据与实物核对，交还给配送中心的信息管理员。

4. 汇总客户退回货物

信息管理员将一定时期内的退货按供应商进行分类，根据相关合同规定，通知供应商办理退货事宜，然后制作货物退货单，并将单据交给退货员。表5—3—2为东莞B供应商的货物退货单。

5. 配送中心执行退货

退货员根据配送中心与供应商之间的合同约定，等供应商到达配送中心后，办理退货手续，填写相关退货单，见表5—3—4。

表 5—3—4　　　　货物退货单

A 物流公司配送中心货物退货单

至：东莞 B 供应商　　　　合同号：ZY20110510001

退货单号：OR20110819001　　制单人：陈某　　退货日期：2011 年 8 月 9 日

序号	货物条形码	货物名称	规格	单位	批次	退货数量	退货价（元）	总价（元）	实退数量
1	6902108699	川贝糖	26.4 g	瓶	OP20110802001	5	3	15	5
2	6900453120	雪花杨梅	100 g	包	OP20110802001	10	5	50	10
3	6917878055	巧克力	35 g	袋	OP20110802001	5	25	125	5
4	6919892009	也也酥	85 g	袋	OP20110802001	5	8	40	5
5	6920509029	江南小炒	200 g	包	OP20110802001	10	6	60	10
合计						35		290	

退货员：李某　　供应商：马某　　审核：邢经理　　财务：

6. 配送中心完成退货

配送中心送货员将单据交还给信息管理员，告知退货完成情况；信息管理员将退货执行情况反馈给财务中心，以便财务中心与客户及供应商进行相关财务结算处理，完成退货全部作业。

技能训练

深圳 A 物流公司配送中心信息管理员接到客户 E 超市的退货申请单（见表 5—3—5），信息管理员将此单交给退货员。另外，信息管理员根据本月各客户退货情况制定了由配送中心向广州 C 供应商退货的货物退货单（见表 5—3—6），也交给退货员。作为配送中心的退货员应该如何处理这些业务？

表 5—3—5　　　　退货申请单

E 超市退货申请单

至：A 物流公司配送中心　　　　退货单号：OR20110810001

申请人：李某　　联系电话：28800000　　申请日期：2011 年 8 月 10 日

序号	货物条形码	货物名称	规格	单位	数量	单价（元）	总价（元）	退货原因	实收数量
1	6923219252	汤碗面	80 g	碗	10	3	30	货物过期	
2	6934560443	香菇肉酱	180 g	罐	5	5	25	货物变质	
合计					15		55		

制单人：陈某　　配送中心接货员：　　便利店退货员：

表 5—3—6　　货物退货单

A 物流公司配送中心货物退货单

至：广州 C 供应商　　合同号：ZY20110610003

退货单号：OR20110811001　　制单：陈某　　退货日期：2011 年 8 月 11 日

序号	货物条形码	货物名称	规格	单位	批次	退货数量	退货价（元）	总价（元）	实退数量
1	6920180733	葡萄汁	400 mL	瓶	OR20110810001	10	2	20	
2	6901285240	矿泉水	350 mL	瓶	OR20110810001	5	2	10	
3	6905800684	蒸馏水	600 mL	瓶	OR20110810001	5	2	10	
4	6920476012	可乐	355 mL	罐	OR20110810001	10	2	20	
5	6920509029	橙汁	1 L	瓶	OR20110810001	10	5	50	
合计						40		110	

退货员：　　供应商：　　审核：　　财务：

思考与练习

1. 结合自身购物的经历，谈一谈退货的主要原因有哪些。
2. 在退货处理的过程中应坚持哪些原则？
3. 分析比较常见货物退货流程与电子商务退货流程的异同点。
4. 客户认为货物外观或外包装不好看是否可以退货，你能找出相关的依据吗？

任务 4　配送中心配送质量管理

学习目标

1. 了解配送中心配送质量管理的特点
2. 了解配送中心配送质量管理体系建立的原则
3. 掌握配送中心配送质量管理体系建立的步骤和方法
4. 掌握配送中心配送服务质量的问题及其解决策略

任务引入

某公司的配送中心，每年要处理 900 万笔订货，或每天要处理 25 000 笔订货。该配送中心为 264 家地区零售店装运货物，无论是对零售商还是消费者，该配送中心都能做到 48 h 之内把货物送到指定地点。该配送中心有 200 万 m^2 的设施，雇用了 1 300 名全日制员工，旺季时有 500 名兼职雇员。该公司感到真正的竞争优势在于优质的服务，其管理部门认为，这种服务的优势应归功于三项创新活动，即质量循环、精确至上以及激光扫描技术。

(1) 质量循环：小改革解决大问题。

该公司启动了PDCA质量循环活动：更新质量管理观念，让质量的小改革先循环起来，实现从小变到大变，从量变到质变。该公司明确重点，进行一系列小的质量改进工作，积少成多，积小成大，终于解决了主要问题。而且，这种效率高、成本低的质量管理改进方法，既维持和改善了公司对客户的服务水平，也解决了工作场所中存在的一些主要问题，其中包括职工建议设立的中央工具库，用以提高工作效率和工具的可获得性。

(2) 精确至上：不断消除物流过程中的浪费。

精确至上的创新活动通过排除验收、拣取、装卸、搬运货物等作业中存在的缺陷，提高服务的精确性。该公司注重提供精确的客户服务，实时掌握货物库存情况，当有电话订货时，便可直接告知对方何时送货上门；该公司重视确保对方提货时质量和数量的正确性，针对每次装运中的某些货物，进行质量控制和实际点数检查，如果存在差异将对订货进行100%的检查，同时对2.5%的装运进行审计。该公司注重订货承诺的履行，公司的配送中心经理曾说，“我们曾一直在犯错误，想在商品预付给客户之前就能够进行精确的检查，但后来发现只有依赖计算机，才能进行精确的检查”。于是该公司利用计算机系统进行协调，并把订购货物转移到出库待发区，以减少订货提取者的步行时间。

(3) 激光扫描技术：用科技改进质量管理。

应用激光扫描技术可达到以99.9%的精确性来跟踪23万个存货单位的存货。该公司配送中心最初用手工来处理各种产品项目的储存和跟踪，后来用计算机键盘操作替代手工操作，作业的精确性提高到近80%。最后使用激光扫描技术，这既提高了记录精度又提高了记录速度。该公司有一套信息系统能按每秒3次的速度，从任何角度用激光扫描技术读取各种包装尺寸的产品条形码信息。

上述质量管理工作有哪些方面值得学习呢?

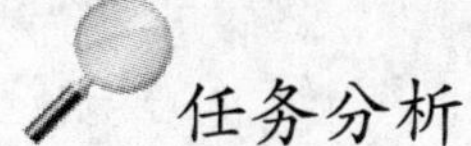

任务分析

当今世界，质量是一个国家经济、科技、教育和管理水平的综合反映。对物流配送企业来说，质量管理是企业赖以生存和发展的保证，但是质量管理又是无止境的发展过程，需要企业在经营活动中不断追求。本任务中的质量管理创新案例值得物流配送企业学习，在执行配送质量管理时要注意以下几个要点：

(1) 质量管理是日常管理工作，需要关注小的地方，认真对待每一个问题，坚持天天改造，实现天天改进。

(2) 质量管理的观念和方法需要不断更新，面对新的环境和新的需要，企业质量管理会有新的改变，只有更新观念、创新方法，才能实现企业质量管理目标。

(3) 积极探索和引用现代技术，包括信息技术和管理技术等，推动企业质量管理的发展。

(4) 协调企业内部各部门、各环节、各种资源要素之间的关系，形成企业高效有序的质量管理运行机制。

(5) 协调企业外部的相关关系，为企业质量管理创造良好的发展环境。

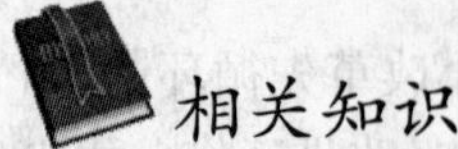

相关知识

一、配送质量管理概述

作为服务行业的一员，越来越多的配送企业开始认识到即使有先进的配送中心硬件和软件设施，配送货物也很丰富，但如果没有一流的服务质量（如经常出现交付延迟或运输出现频繁货损等），企业的发展也会受到限制。因此，配送企业十分重视配送质量管理，尝试深刻把握配送质量的内涵，测定配送质量的水准，构建配送质量管理体系，开展配送绩效评价，努力提高配送质量。

1. 配送质量的定义

质量可以是产品质量，也可以是某项活动或过程的工作质量，还可以是质量管理体系运行的质量。质量由一组满足客户和其他相关方要求的固有特性组成，并由其满足要求的程度加以表征。配送质量是指配送固有的特性满足客户和其他相关方要求的能力。配送质量包括客户服务质量、运送服务质量、存储服务质量、库存服务质量等，具体表现为准确、安全、及时、方便和经济。

2. 配送质量的形成

配送质量主要来源于三方面：设计来源，即分析客户类型和客户需求；供给来源，即设计好配送服务提供给客户的方式；关系来源，即配送人员与客户之间的关系。图 5—4—1 揭示了配送服务质量的形成。客户感知的配送质量要受到企业形象、预期质量和体验质量三方面的影响。

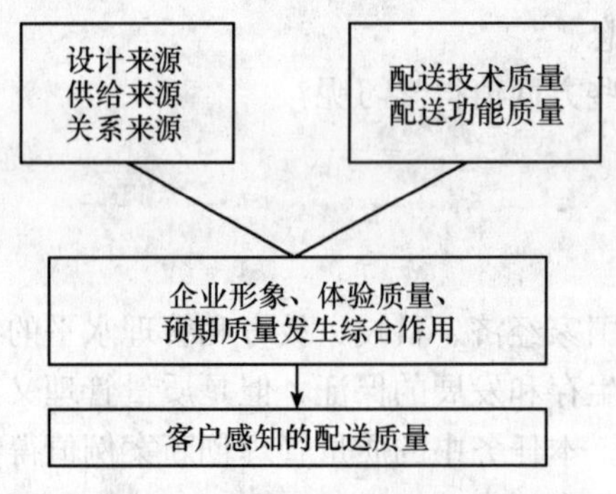

图 5—4—1　配送质量的形成

(1) 企业形象。客户在选择配送服务之前，受到企业宣传的影响以及自身以前接受配送服务的经验，在大脑中形成对企业形象的一个初步认识，特别是对自己准备接受配送服务的质量有了比较具体的预期。

(2) 预期质量。客户在购买配送服务之前对这种服务具有具体预期的。在企业提供服务过程中，客户体验到了企业的服务质量。客户体验的内容分为两个部分：一个是自己获得了什么，另一个是如何获得的。体验到的服务质量从内容上可以分为技术质量和功能质量。

(3) 体验质量。客户会不知不觉地把自己在接受物流服务过程中体验到的服务质量与预期质量相比较，从而得出对该企业服务质量优劣的评价。但客户的最终评价还受到企业在客户心中形象的影响。如该配送企业在配送市场一贯表现很好，客户就有可能原谅它在配送中出现的较小过失。

3. 配送质量管理的特点

配送服务具有其内在的客观规律，在质量管理方面同样反映了相应的基本要求，归纳为以下四点：

（1）以客户为焦点。客户是企业存在的基础，企业失去了客户就无法生存下去，所以企业应把满足客户的需求和期望放在第一位。配送企业的质量要体现得更明显，只有将满足客户需求和期望转化为企业的质量要求，采取措施使其实现，才能增强配送企业的竞争力；同时还应测量客户的满意程度，处理好与客户的关系，加强与客户的沟通，然后采取改进措施，使客户和其他相关方满意。由于客户的需求和期望是不断变化的，也是因人因地而异的，因此需要进行市场调查，分析市场变化，以此来满足客户当前和未来的需求，并争取超越客户的期望，以创造竞争优势。

（2）全员参与。全体员工是组织的根本，组织的成功不仅取决于正确的领导，还有赖于全体人员的积极参与。所以，要保证配送质量，必定涉及配送活动的各个环节、相关部门和人员。只有全体员工密切配合、共同努力，才能最终实现配送服务的高质量，才会给配送企业带来最大的收益。

（3）全程控制。配送质量管理是对商品的储存、运送、流通加工等多个过程进行的全程管理，同时又是对商品在社会再生产全过程中进行全面质量管理的重要一环。在这一过程中，必须一环紧扣一环进行全程监控，才能保证最终配送质量。

（4）全面管理。影响配送质量的因素越来越复杂，既有设备因素，又有人的因素；既有技术因素，又有管理因素；既有自然环境因素，又有人们的心理因素；既有企业内部因素，又有企业外部因素。因此，加强配送质量管理不仅要管理配送作业本身，而且还要管理整个配送系统。所以，光靠单一的管理方法是不行的，需要综合治理、科学决策，这样才可能取得实效。只有配送质量管理整体发展了，才能最终实现配送质量管理的目标。

二、配送质量管理体系的概述

1. 配送质量管理体系建立的原因

质量管理体系是指在质量方面指挥和控制企业的管理体系。质量管理体系具有以下特征：

（1）在质量方面，具有指挥、控制企业的管理特征。

（2）在建立和实现质量管理方针和目标方面，具有明确的目标特征。

（3）与组织的其他管理体系一样，其组成要素具有相互关联和相互作用的体系特征。

自从 1987 年 ISO 9000 系列标准问世以来，为了加强质量管理，适应质量竞争的需要，许多企业使用 ISO 9000 系列标准在企业建立相应的质量管理体系。目前，全世界已有 100 多个国家和地区在积极推进 ISO 9000 系列标准，约有 40 个质量体系认证机构，20 多万家企业拿到了 ISO 9000 质量体系认证证书。我国也有 2 万多家企业先后通过了这一系列的认证，但绝大多数是生产企业，配送企业所占份额很少。

物流及配送等相关流通企业更适合在充分考虑需求、风险、费用、利益和适用范围的基础上取得 ISO 9000 认证。ISO 9000 认证是企业能够达到质量管理和质量保障的能力。因为它不仅规范了产品质量检验的认定方法，而且涵盖了整个生产经营过程、售后服务等质量保证模式的内容；它不仅是产品质量认证，而且能帮助企业健全有效的质量管理体系。

当上游多数企业取得了国际标准认证，必然要求承担包装、保管、运输和配送的企业也达到相应的质量标准和要求。作为物流环节中重要一环的配送企业，其宗旨是为客户提供优质服务，满足客户要求，而 ISO 9000 系列标准具有系统性、实用性和规范性，能指导客户选择满意的配送企业配送货物，给客户带来了方便和利益，是供给方取得需求方信任的有效手段，因此，配送企业应积极采取措施取得 ISO 9000 标准质量体系的认证。

2. 配送质量管理体系建立的原则

配送质量管理体系是指实施配送质量管理所需的组织结构、程序、过程和资源，包括五个阶段，即组织策划，总体设计，体系组织结构的建立和资源配置，编制质量体系文件和体系培训，组织试运行及质量体系审核。配送质量管理体系一般按照 ISO 9000 系列标准构建，其作用是为达到和保持配送质量目标，使配送企业内部相信配送服务质量能达到要求，使客户也相信配送服务符合质量体系要求。配送质量体系的建立必须服从于配送企业自己的质量方针。因此，配送质量体系的建立必须遵循以下几个原则：

（1）八项质量管理原则是基础。八项质量管理原则分别是：以客户为关注焦点、领导作用、全员参与、过程方法、管理的系统方法、持续改进、基于事实的决策方法、与供方互利的关系。八项质量管理原则体现了质量管理应遵循的基本原则，包括质量管理的指导思想和质量管理的基本方法，提出了组织在质量管理中应处理好客户、员工和供应方（或称上游企业）三者之间的关系。八项质量管理原则是质量管理体系建立与实施的基础。

（2）领导作用是关键。最高管理者通过其领导作用及所采取的各种措施可以创造一个员工充分参与的内部环境，质量管理体系只有在这样的环境下才能确保有效运行。领导作用，特别是最高管理者的作用是质量管理体系建立与实施的关键。最高管理者应作出有关建立和实施质量管理体系并持续改进其有效性方面的承诺，并带头以增强客户满意度为目的，确保客户要求得到确定并予以满足。

（3）全员参与是根本。全员参与是质量管理体系建立与实施的根本，因为只有全员充分参与，才能使他们的才干为企业带来收益，才能确保最高管理者所作出的各种承诺得以实现。企业应采取措施确保在整个组织内提高满足客户要求的意识，确保使每一位员工都认识到所在岗位的相关性和重要性，以及如何为实现质量目标作贡献。

（4）注重实效是重点。质量管理体系的建立与实施一定要结合本企业及其产品的特点，重点放在如何结合实际、如何注重实施上，重过程、重结果、重有效性，既不要脱离现有的那些行之有效的管理方式而另搞一套，也不要不切实际地照抄他人的模式，死搬硬套、流于形式。尤其是在编制质量管理体系文件时，一定要依据质量策划的结果确定本组织对文件的需求。若确需文件，则文件一定是有价值的、适用的。

（5）持续改进求发展。客户的需求和期望不断变化，以及市场的竞争、科技的发展等，这些都促使企业持续改进。持续改进是企业的永恒目标。持续改进的目的在于增加客户和其他相关方满意的机会。企业应通过各种途径促进质量管理体系的持续改进。持续改进企业的总体业绩与效率，不断提高客户和其他相关方满意的程度，进而建立和实施一个有效且高效的质量管理体系。

3. 配送质量管理体系的建立步骤

（1）学习标准。配送企业各级员工，尤其是各级管理者应认真学习 ISO 9000 质量管理体系四项核心标准（质量管理体系基础和术语，质量管理体系要求，质量管理体系业绩改进指南，质量或环境管理体系审核指南），重点是学习质量管理体系的基本概念和基本术语及质量管理体系的基本要求。通过学习，端正思想，找出差距，明确方向。

（2）确定质量方针和质量目标。质量方针是良好质量管理和信念的体现，它不仅反映了产品或服务质量方面的问题，还明确表明领导层对质量责任的承诺和授权。因此，应根据企业的宗旨、发展方向确定与企业的宗旨相适应的质量方针，对质量作出承诺。在质量方针提供的质量目标框架内规定组织的质量目标以及相关职能和层次上的质量目标。质量目标应是可测量的。

（3）质量管理体系策划。企业应依据质量方针、质量目标、应用过程方法对企业应建立的质量管理体系进行策划，并确保质量管理体系的策划满足质量目标要求。在质量管理体系策划的基础上，进一步对产品实现过程及其他过程进行策划，确保这些过程的策划满足所确定的产品质量目标和相应的要求。

（4）确定职责和权限。企业应依据质量管理体系策划以及其他策划的结果确定各部门、各环节及其他与质量工作有关人员应承担的相应职责，赋予相应的权限，并确保其职责和权限能得到沟通。最高管理者还应在管理层中指定一名管理者代表，代表最高管理者负责质量管理体系的建立和实施。

（5）编制质量管理体系文件。企业应依据质量管理体系策划以及其他策划的结果确定质量管理体系文件的框架和内容，在质量管理体系文件的框架内确定文件的层次、结构、类型、数量和详略程度，规定统一的文件格式，编制质量管理体系文件。

（6）质量管理体系文件的发布和实施。质量管理体系文件在正式发布前应认真听取多方面意见，并经授权人批准发布。质量手册必须经最高管理者签署发布。质量手册的正式发布和实施即意味着质量手册所规定的质量管理体系正式开始实施和运行。

（7）学习质量管理体系文件。在质量管理体系文件正式发布或即将发布而未正式实施之前，认真学习质量管理体系文件对质量管理体系的真正建立和有效实施至关重要。各部门、各级人员都要通过学习，清楚地了解质量管理体系文件对本部门、本岗位的要求以及与其他部门、岗位相互关系的要求，只有这样才能确保质量管理体系文件在整个组织内得以有效实施。

（8）质量管理体系的运行。质量管理体系的运行主要反映在两个方面：一是企业所有质量活动都依据质量策划的安排以及质量管理体系文件要求实施；二是企业所有质量活动都在提供证实，证实质量管理体系运行符合要求并得到有效实施和保持。

（9）质量管理体系内部审核。企业在质量管理体系运行一段时间后，企业内审员应对质量管理体系进行内部审核，以确定质量管理体系是否符合策划的安排，GB/T 19001—2000 标准要求以及组织所确定的质量管理体系要求是否得到有效实施和保持。内部审核是组织自我评价、自我完善的一种重要手段。企业应每年按策划的时间间隔坚持实施内部审核。

（10）管理评审。在内部审核的基础上，企业的最高管理者应就质量方针、质量目标对质量管理体系进行系统的评审（管理评审），确保质量管理体系持续的适宜性、充分性和有效性（评审也可包括效率，但不是认证要求）。管理评审包括评价质量管理体系改进的机会和变更的需要，包括质量方针、目标变更的需要。管理评审与内部审核都是组织自我评价、自我完善的重要手段，企业应每年按策划的时间间隔坚持实施管理评审。

通过内部审核和管理评审，在确认质量管理体系运行符合要求且有效的基础上，组织可以向质量管理体系认证机构提出认证申请。

三、配送质量管理的常用方法

建立了行之有效的配送质量管理体系，采用何种配送质量管理的方法就成为另一个重要问题。配送质量管理的常用方法有以下几种：

1. 调查表法

调查表法的要求有：要明确收集资料的目的，如客户服务质量调查表、配送质量调查表等，确定为达到目的所需搜集的资料，确定对资料的分析方法和负责人，根据不同的目的设计调查表格式，审查表格设计的合理性，评审和修改调查表格式，表列项目标准规范，关键控制点分别列项，要易于判断选择。

调查表法的优点有：简便易行、概括性强、省时省力。其缺点有：系统性差，难以将所有应调查事项包含在内，易流于形式。

2. 排列图法

排列图法是找出影响产品质量主要因素的一种简单而有效的图表方法。排列图是根据“关键的少数和次要的多数”的原理而制作的。也就是，按影响产品质量的众多影响因素对质量影响程度的大小，用直方图形顺序排列，从而找出主要因素，如图5—4—2所示。其结构是由两个纵坐标、一个横坐标及若干个直方形和一条折线构成。左侧纵坐标表示客户投诉出现的频数，右侧纵坐标表示客户投诉的累计频数，横坐标表示影响服务质量的各种因素，按影响大小顺序排列，直方形高度表示相应因素的影响程度（即出现频率为多少），折线表示累计频率（也称帕累托曲线）。通常累计百分比将影响因素分为三类：占0～80％的为A类因素，也就是主要因素；占80％～90％的为B类因素，是次要因素；占90％～100％的为C类因素，即一般因素。由于A类因素占存在问题的80％，此类因素解决了，质量问题大部分就得到了解决。

从图5—4—2可以看出，配送不及时和配送时出现货物损坏是影响配送质量的主要问题，只要这两个问题得到解决，大部分问题都可以解决了。

3. 因果分析图法

（1）因果分析图法的含义。影响配送质量的因素多种多样，这些因素往往错综复杂地交织在一起，企业只有准确地找出问题产生的根源，才能从根本上解决问题，进而保证质量得到持续改进。因果分析图是寻找质量问题产生原因的一种有效方法，它能清晰、有效地整理和分析出产品质量和诸因素之间的关系。

因果分析图又叫特性要素图、树枝图和鱼刺图，如图5—4—3所示，是质量管理常用工具之一。一般说来，影响产品质量的因素尽管很多、关系复杂，但归纳起来不外乎两种互为依存的关系，即平行关系和因果关系。在进行质量分析时，如果通过直观方法能够找出属于同一层的有关因素的主次关系（平行关系），就可以利用排列图对它们进行统计分析。但由于因素在层间还存在纵向的因果关系，这就要求要有一种方法能同时整理出这两种关系，因

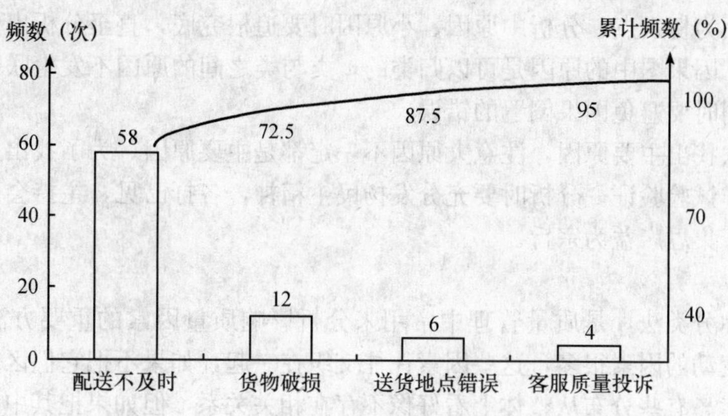

图 5—4—2 配送质量问题排列

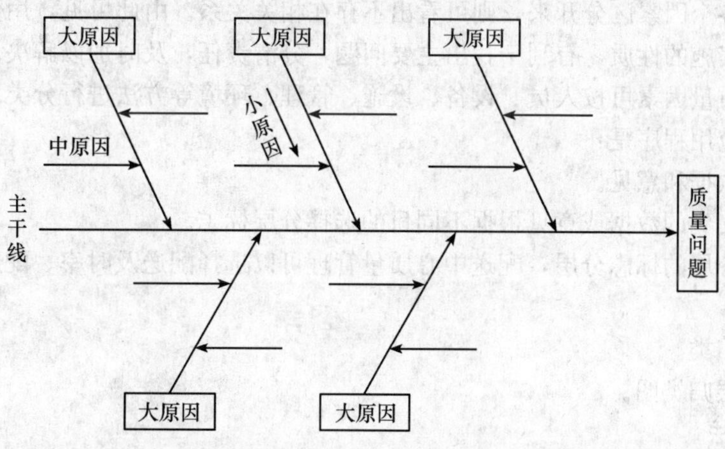

图 5—4—3 因果分析图

果分析图就是根据这种需要构思的。在具体分析时，我们可以从质量问题出发，首先分析哪些因素是影响配送质量的大原因，进而从大原因出发寻找中原因、小原因和更小原因，并查出和确定主要原因。

(2) 绘制因果分析图的步骤。将相关问题专家聚集在一起，召开专题会议：

1）明确要解决问题的准确含义，用确切的语言把质量问题表达出来，并将方框画在图面的最右边。

2）从这个质量问题出发先分析大原因，再以大原因作为结果寻找中原因，然后以中原因作为结果寻找小原因，甚至更小的原因。

3）画出主干线，主干线的箭头指向质量问题，再在主干线的两边依次用不同粗细的箭头线表示出大、中、小原因之间的因果关系，在相应箭头线旁边标注原因内容。

4）找出主要原因，用显著的记号或图把主要内容圈起来，以示突出。

5）记录因果图的绘制日期、参加讨论的人员及其他备查的事项。

(3) 绘制因果分析图的注意事项。分析的问题只能是一个，主干线箭头就指向这个结果(要解决的问题)。配送质量问题中的大原因一般有人员、设备、设施、管理、环境五个方面，以这些方面为切入点，分析中原因、小原因时要追根究底，直至分析出可以采取具体措施的原因为止。因果图中的原因是可以归类的，类与类之间的原因不发生联系，要避免归类不当的错误，同时要避免因果倒置的错误。

要想方设法找出主要原因，注意大原因不一定都是主要原因，为了找出主要原因，可作进一步调查或作试验验证。分析时要充分发扬民主精神，各抒己见，主持会议者要注意会议形式，以有利于集思广益为宗旨。

4. 分层法

分层法又称分类法，是质量管理中常用来分析影响质量因素的重要方法。在实际生产中，影响质量变动的因素很多，这些因素往往交织在一起，如果不把它们区分开来，就很难得出变化的规律。有些分布从整体上看好像不存在相关关系，但如果把其中的各个因素区别开来，则可看出其中的某些因素存在相关关系；有些分布从整体上看似乎存在相关关系，但如果把其中的各个因素区分开来，则可看出不存在相关关系。由此可见，用分层法可使数据更真实地反映实施的性质，有利于找出主要问题，分清责任，及时加以解决。在实际应用分层法时，研究质量因素可按人员、设备、设施、管理、环境等方法进行分类。

分层法的应用程序是：

（1）收集数据和意见。

（2）将采集到的数据或意见根据不同目的选择分层标志。

（3）选择分层的标志分层，配送中心质量管理可以选择配送及时率、配送准确率、客户满意度等分层。

（4）按层归类。

（5）画分层归类图。

5. 亲和图法

亲和图法是把收集到的大量有关某一特定主题的意见、观点、想法和问题，按其相互亲近关系加以归类、汇总的一种图示技术。

企业常收集到很多信息和意见，当整理这些信息和意见时，管理者往往会利用自己的分类方法加以思考，若思考不周全，则很难有新的发现和构想，甚至可能使一些有利的信息和意见在不知不觉中销声匿迹，这是相当可惜的。如何把零乱的信息或意见加以整理归纳，对企业的经营管理者来说是相当重要的一件事。事实上，如果能将这些看似无法归纳整理的资料加以详细的阅读，按其相互之间的关系加以分类整理，即内容相近或关系密切的资料集为一组，自然会寻得一些蛛丝马迹，获得一些具体的结论。这种经过统合整理、不作结论而结论自然显现的方法称为亲和图法（KJ 法）。此法本来用于分析研究人类文化方面的问题，后来发现，若用于企业管理上，更可收到实际的效果。

6. PDCA 循环法

PDCA 循环法由美国质量管理专家戴明提出，所以又称为“戴明环”。他把质量管理工作过程总结为 PDCA 四个阶段，PDCA 是英文 Plan（计划）、Do（执行）、Check（检查）和 Action（处理）四个词首字母的缩写。它反映了质量工作过程的四个阶段。这四个阶段不停地循环下去，不断地改善质量。不管是多大的项目，还是多小的任务，如果都用 PDCA 环实施，环环相扣，就可以大大提高管理的质量，最大限度地保障项目的成功实施。

（1）PDCA 的阶段和步骤。PDCA 分四个阶段（如图 5—4—4 所示）和八个步骤（如图 5—4—5 所示）。

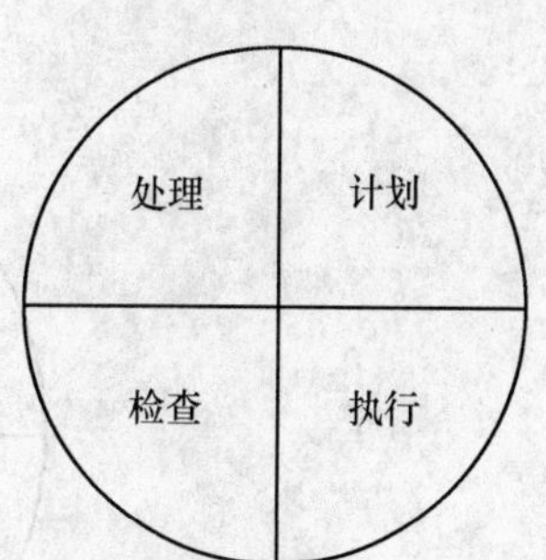

图 5—4—4　PDCA 循环示意

阶段一：计划

1）分析现状，找出问题。

2）分析产生问题的原因。

3）找出其中的主要原因。

4）拟定措施，制订计划。

阶段二：实施

5）执行措施和计划。

阶段三：检查

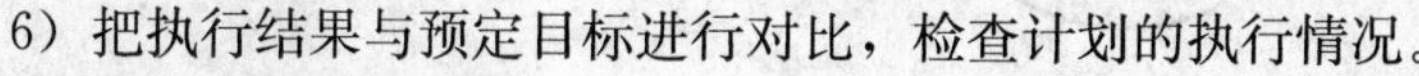

6）把执行结果与预定目标进行对比，检查计划的执行情况。

阶段四：总结和处理

7）总结经验教训，巩固成绩，处理差错。

8）把未解决的遗留问题转入下一个管理循环，作为下一个阶段的计划目标。

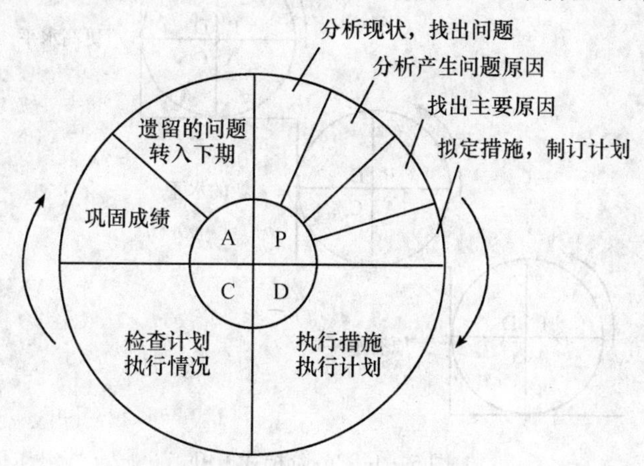

图 5—4—5　PDCA 八个步骤示意

（2）PDCA 循环的特点

1）大环带小环。如果把整个企业的工作看做一个大的 PDCA 循环，那么，各个部门、小组还有各自小的 PDCA 循环，就像一个行星轮系一样，大环带动小环，一级带一级，有机地构成一个运转的体系，如图 5—4—6 所示。

2）阶梯式上升。PDCA 循环不是在同一水平上循环，每循环一次就解决一部分问题，取得一部分成果，工作就前进一步，水平就提高一步。到了下一次循环，又有了新的目标和内容，更上一层楼，如图 5—4—7 所示。

四、配送服务质量的问题及其解决

由于配送企业是服务行业，主要为客户提供服务，因此客户服务是配送企业特别重视的作业内容之一，故着重对配送服务质量作介绍。

1. 影响配送服务质量的因素

服务的抽象性导致配送企业难以控制服务质量。通常情况下，影响服务质量的因素有以

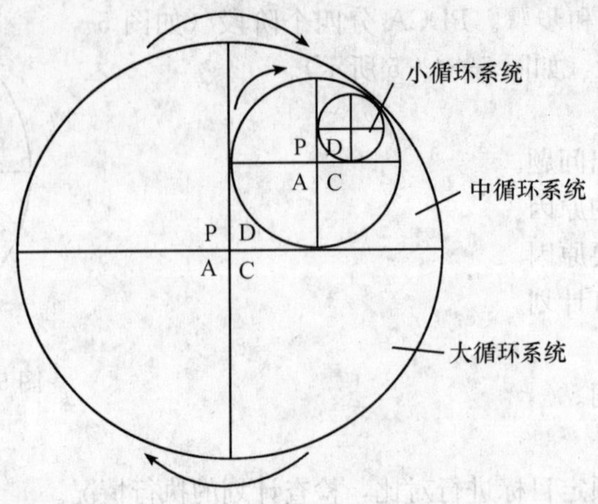

图 5—4—6　大环带小环

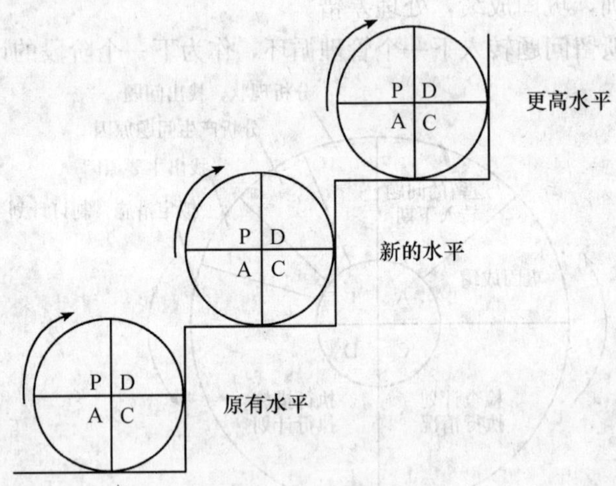

图 5—4—7　阶梯式上升

下几个：

（1）在服务战略方面，常见的是对配送服务管理的错误理解，如试图以同样的配送服务系统为不同的目标市场提供服务，或者不深入了解客户期望，根据主观想象制定服务战略。

（2）配送企业高层管理人员不重视服务质量。

（3）没有服务质量整体观念，把配送服务质量当做专业人员的事。

（4）配送服务人员与质量管理人员角色模糊，无法依照质量标准传递服务。

（5）把配送服务质量策略当做一时的促销手段，不能长期努力。

（6）配送服务质量标准不能适应客户需求的变化。

2. 配送服务质量的理解差距

（1）客户期望值与管理人员对客户期望的认识之间的差距。在现实生活中，管理人员常常并不知道客户真正的需求是什么。

（2）配送管理人员的认识与所制定的服务质量标准之间的差距。管理人员也许正确地认

识到客户的真正需求，但并不知道这一需求的标准是什么。

（3）配送服务质量标准与员工提供服务之间的差距。由于训练不当、能力不强或其他诸多的原因，服务人员无法按配送质量标准提供服务。

（4）提供配送服务与外部沟通之间的差距。客户的期望值常常受企业广告和营销人员宣传的影响。

（5）客户认识的服务与期望的服务之间的差距。在不同的环境下，客户对服务质量的期待是不同的，如果服务人员不注意这种区别，刻板地运用服务标准，就会使自己认为的“标准服务”与客户所期望的服务之间产生差距。

3. 配送服务质量差距的消除措施

（1）管理人员要加强服务人员的挑选和培训。

（2）通过问卷调查了解差距。管理人员请客户根据自己的期望值来评价其对某项配送服务的满意程度。如在进行配送服务后，请客户填写一个问卷，对服务进行评价。

（3）搜集与分析客户的投诉。通过分析客户的投诉或选择部分客户进行详细的访谈，找出服务中存在的质量差距。

（4）分析差距产生的原因。针对每个环节的具体差距及原因提出改进措施。客户经历的服务质量与期望的服务质量出现的差距是服务过程中的各个环节的差距构成的。因此，管理人员要改善服务管理，首先要使所有员工都树立优质服务的观念，分析并理解企业出现质量问题的根本原因，实施改进的具体措施。

（5）控制客户期望与管理者认识的客户期望的差距。

4. 配送服务质量的改进策略

配送服务质量管理贯穿于整个配送服务质量管理系统的设计与运作过程中，而不仅仅依赖事后的检查和控制。常用于提高配送企业服务质量的方法和技巧有两种：

（1）标准跟进策略。提高服务质量的最终目的是使企业在市场上获得竞争优势，而获得竞争优势的简捷办法就是向竞争对手学习。标准跟进法是指企业将自己的产品、服务和市场营销过程与竞争对手尤其是最好竞争对手的标准进行对比，在比较和检验的过程中，逐步从策略、经营和业务管理等方面确立自己的目标。

1）策略方面的比较。了解竞争者主要集中在哪些细分市场，采用低成本策略还是价值附加策略，以及他们在配送设备设施上的投资水平，配送产品、配送市场开发和配送资源状况等。通过系列比较研究和学习跟进，企业根据自己的情况制定、修改和补充市场策略，达到提升服务质量，增加配送效益的目的。

2）经营方面的比较。企业主要集中于从降低竞争成本和提高竞争差异化的角度了解竞争对手的做法，并制定自己的配送经营方针。

3）业务管理方面的比较。了解竞争对手的支持性职能部门在整个企业中的作用。

采取标准跟进策略需要考虑实际情况，包括企业的配送能力、配送市场需求、员工素质、质量体系建立健全等因素。否则，盲目跟进可能会导致失败。

（2）蓝图技巧策略。蓝图技巧策略是借助流程图的方法来分析从后勤到直接面对客户部门传递过程的各个方面，特别是分析配送服务人员同客户的接触点，并从各个环节来改进企业服务质量的一种策略。这一策略通常包括四个步骤：

1）画出服务过程中各项内容的流程图。

2）找出客户能够看得见的服务证据，而每一个证据都将被视为企业与客户的服务接触点。

3）找出那些容易导致服务失败的点。

4）确立能体现配送企业服务质量标准的执行标准和规范。

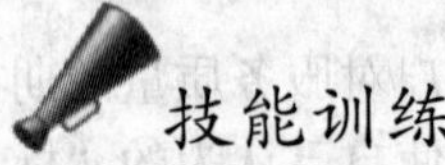

技能训练

我国的肉制品主要分为生肉制品和熟肉制品两大类。生肉制品主要是指冷却肉。熟肉制品主要是指以畜禽肉为原料，经选料、修割、腌制、调味和填充（或成型）后再经酱、卤、熏、烧、烤或蒸煮等工艺熟化（或不熟化）而成的方便食品。根据加工工艺和产品口味，还可以细分为腌腊制品、酱卤制品、熏烧烤制品、火腿制品、香肠制品、肉干制品、油炸制品、罐头制品和其他制品等九类。进入21世纪，我国的肉制品产销量一直保持着强劲的增长势头。2001年起我国肉类总产量（主要为肉制品）一直保持世界第一位。

现阶段，国内肉制品供应链中，从养殖场到餐桌，需经过养殖生产、肉制品加工与商品流通等诸多环节。供应链上的每一个环节，尤其是配送环节，都可能因肉制品的温度变化而导致肉制品变质。因肉制品受到微生物侵蚀或有害物质污染会对人体产生毒害，所以肉制品配送的质量安全管理直接关系到广大消费者的身体健康与人身安全。为此，如何通过对某肉制品加工企业的配送管理进行现场调研，重点分析肉制品配送的质量安全隐患，研究肉制品的产品特性，提出肉制品配送的质量安全管理对策成为肉制品企业运营管理的重中之重。

案例分析：

肉制品企业的配送质量管理应采取哪些措施？

思考与练习

1. 简述配送中心配送质量管理的含义。

2. 简述配送中心配送质量管理体系的建立步骤。

3. 配送中心配送质量管理的方法有哪些？各具有哪些特点？

4. 影响配送中心配送服务质量的因素有哪些？如何针对这些因素采取有效措施？

5. 配送服务质量的评价相对较难，请尝试列出相关评价指标及其权重，并大致说明选取权重的原因？

任务5　配送中心信息系统单证处理

学习目标

1. 了解配送中心信息系统的功能

2. 了解配送中心信息系统的关键技术

3. 掌握配送中心信息系统的单证处理流程

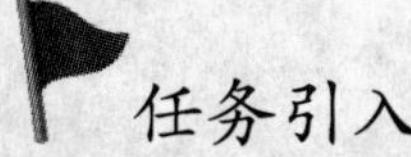

任务引入

东莞B供应商近期研制出几个新品种的休闲食品，想在深圳H零售连锁便利店的10个店里试销1个月，以测试新产品的市场反应。东莞B供应商于2011年8月15日将食品送到深圳A物流公司的配送中心（送货单见表5—5—1），希望先为其保存货物半个月，然后在9月1号正式将货物配送给各零售便利店，最后接受零售便利店试销完成后的退货处理。作为该配送中心的信息管理员，应该如何在其信息系统中处理这批货物？

表5—5—1　　送　货　单

东莞B食用品有限公司送货单

送货编号：20110815001

至：深圳A物流公司配送中心　　2011年8月15日

送货地址：深圳市福田区福强路××号　　电话：(0755) 8370××××

编号	货物条形码	货品名称	规格	单位	送货数量	实收数量	备注
1	6902934362	果肉	200 g	杯	960		
2	6909409024	鲜虾片	50 g	包	720		
3	6909409819	粟米条	60 g	包	480		
4	6926265466	葱片	90 g	包	720		
5	6926475015	果冻爽	218 g	杯	960		

制单人：李某　　送货人：　　收货人：

任务分析

在现代物流配送管理中，单证处理作业通常扮演着非常重要的角色，几乎所有的作业环节都会涉及使用信息系统来处理单证，或手工制作与填写单证。本任务是一个综合性的实训项目，任务要求信息管理员制作或处理货物入库单、理货单、拣货单、出库配送单、退货单等相关单证，大致步骤如下：

（1）在信息系统录入货物的基本资料信息。

（2）制作货物入库单，通知入库验收员验收货物。

（3）将入库单转换成理货单，通知理货员及时理货并上架。

（4）制作拣货单，通知拣货员进行拣货。

（5）将拣货单转换成出库送货单，通知送货员装车送货。

（6）打印便利店退货单，并交给送货员将货物取回。

（7）打印配送中心退货单并交给退货员，向供应商办理退货事宜。

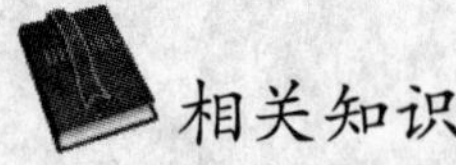

相关知识

一、配送中心信息概述

1. 配送中心信息的内容

配送中心能为决策者提供大量的信息，主要包括配送资源信息、合同及单据信息以及其他信息。

（1）配送资源信息。具体包括：

1）配送中心基本信息，包括工商注册信息、印鉴信息、联系信息及企业从业人员状况、作业流程信息等。

2）作业库区信息，包括作业库区可用面积、巷道宽度、库区划分等。

3）储位信息，主要是指储位的空满状态、储位的类型等。

4）设备信息，包括设备基本信息，如设备出厂信息、设备大修、报废期以及设备的利用状态等。

5）作业人员信息，包括作业人员岗位、代码、所属班组信息等。

6）客户/供应商信息，包括注册信息，如法人身份号、经营范围、注册资金等，联系信息如电话号码、传真号码等，信用信息如信用等级、结算欠费情况等。

7）货物信息，包括货物类型等基本信息、保管要求、收发情况等。

8）车辆信息，包括配送中心车辆基本信息、车况信息、运营状态信息等。

9）城市交通信息，包括城市道路基本信息、交通法规信息等。

10）货物发/到站信息，包括货物发出和到站基本信息、货物安全信息、收发情况等。

（2）合同及单据信息，具体包括：

1）合同信息，包括仓储、中转、租赁、代运、抵押、保险等合同信息。

2）单据信息，包括收货单、发货单、验收通知单、码单、仓单、货物盘点清单、包装单、配送货运单、车辆调度单、签收单、提货凭证、费用结算单等信息，另外还包括配送中心的统计报表。统计报表主要包括收货、发货、库存、配送业务等报表。

（3）其他信息，具体包括：

1）市场信息，包括市场环境信息、消费者及其行为信息、顾客或用户信息、消费需求信息、货物生产信息、货物供应信息、供求关系信息、竞争信息、产品信息、价格信息、销售渠道信息、促销信息、国际营销环境信息等。

2）政策信息，包括同行业企业商流、物流信息，行业政策信息，国家的政治、经济、文化信息（包括政治事件、经济政策、重大项目计划、股市、金融、保险、国民经济重要指标、失业率等信息）。

2. 配送中心信息的特征

一般而言，配送中心的信息应具有以下几个特征：

（1）信息搜集的密集性。在配送中心，货物的移动与处理，每一步骤都要有记录。如国际某知名的快递公司，自收件后就通过条形码全程记载其位置状态，在任何时候，客户询问都可以回答出货物在何处，何时可以送到，而不是仅知道在递送中。配送中心信息应能反映每张单证目前的处理状态、货物还须处理的时间，以便回答客户的询问，并精确地掌控送货时间，以满足客户的需求。

（2）信息的详细性。在配送中心的日常运营中，各级管理层都需要依据详细的信息来作出决策。绝大多数情况下，各级管理层都需要了解哪种货物缺货、哪条线路送货延误、哪个客户有不满。只有知道了真正原因后才能提出改进方案。同时，对配送企业来说，只有了解了详细的配送信息，才能更充分地利用配送中心的资源为企业赢得更多的效益。

（3）信息的动态性。配送中心的信息除了提供货物的库存量、配送时间、价格、已订购货物等信息外，最主要的功能是随着运营状态的变化，随时提供货物配送的最新信息。如在接新单证时，只有掌握了库存信息以及已接单证但未到库货物的信息，才能决定是否有足够的库存数量满足新单证的要求。

（4）信息的可模型化。在配送中心，因货物的不断进出，单证与需求量都随时间的变化而变化，所以必须用数学模型来统计分析目前的状态，以决定货物的摆放位置、拣货的时机、配送车辆的调度等。

（5）信息的广泛性。配送中心的信息不仅包括配送中心自身的信息，还要了解来自行业、消费者、国家政策等各个方面的信息。因此，配送中心信息包括很多领域的信息内容。

3. 配送中心信息的功能

配送中心信息是配送相关活动的基本形式和内容的抽象反映。现代配送信息在物流活动中起着中枢作用，具有信息传递与信息处理的基本功能。

（1）业务活动功能。业务活动功能主要是指接收单证、记录接货内容、安排存储任务、选择作业程序、制订配送计划以及相关信息。

（2）业务控制功能。现代配送的整个流程都需要进行控制，以制度化的考核体系对整个物流服务水平和质量进行管理。这就需要借助配送信息对作业计划阶段和计划执行阶段的结果进行绩效评价和鉴别。业务控制功能主要表现在使接受订货和发出订货更为简便、精确，缩短单证处理周期，保证库存水平适量，提高仓储作业效率，提高运输配送效率等。

（3）协调功能。在配送活动中，信息的集成与流通有利于整个系统运作的优化和整合，有利于压缩无效库存，优化物流和生产的瓶颈，提高配送系统的敏捷性，提高配送服务的质量与效率。这主要表现在提高发货、配送准确率，调整需求和供给上。

（4）决策支持功能。配送信息可以帮助管理者进行配送中心战术和战略决策，对决策活动有定量和定性的支持作用。

二、配送中心信息系统

配送中心的建设是一项规模大、投资额高、涉及面广的系统工程。要建设一个高效率、高服务水平的现代化配送中心，配送信息系统的管理是关键。

一个配送中心集合了多家内外部客户，这样，配送中心才能达到集中批量采购、配送，节约运输成本，提高配送中心利用率的目的。因此，配送中心信息系统的结构应以采购入库和销售出库为重点。另外，配送中心为提高服务质量，对配送时效、配送时间安排、派车计划及配送路线的选择也应重视。

1. 配送中心信息系统的结构

一个现代化的配送中心信息系统通常拥有采购入库管理、销售出库管理、财务会计和经营绩效管理四大主系统，而每个主系统下又有若干个分系统，每个分系统则实现具体的功能。只有各个系统间相互配合，才能实现一个现代化的配送中心高效有序的运行。配送中心信息管理系统的结构见表 5—5—2。

表 5—5—2　　配送中心信息管理系统结构

<table>
<tr><th>主系统</th><th>子系统</th><th>功　能</th></tr>
<tr><td rowspan="24">采购入库管理系统</td><td rowspan="6">入库作业处理系统</td><td>预订入库资料处理</td></tr>
<tr><td>入库资料处理</td></tr>
<tr><td>入库检验作业</td></tr>
<tr><td>入库上架作业</td></tr>
<tr><td>直接出库作业</td></tr>
<tr><td>退货入库作业</td></tr>
<tr><td rowspan="5">库存控制系统</td><td>产品 ABC 分类法及货物相关性分析</td></tr>
<tr><td>订货点技术分析</td></tr>
<tr><td>经济批量及订货时间确定</td></tr>
<tr><td>存货管理、存货追踪</td></tr>
<tr><td>盘点作业系统</td></tr>
<tr><td rowspan="4">采购管理系统</td><td>采购数量、时间和品名</td></tr>
<tr><td>供应商报价资料管理</td></tr>
<tr><td>退货管理</td></tr>
<tr><td>打印采购单，并向供应商订货</td></tr>
<tr><td rowspan="4">供应商管理系统</td><td>供应商分类</td></tr>
<tr><td>供应商查询</td></tr>
<tr><td>供应商考核奖惩</td></tr>
<tr><td>供应商风险管理</td></tr>
<tr><td rowspan="5">应付账款系统</td><td>应付账单核定</td></tr>
<tr><td>收支登记及建档</td></tr>
<tr><td>未付款统计</td></tr>
<tr><td>已付款统计</td></tr>
<tr><td>显示收支状况一览表、现金流量表</td></tr>
<tr><td rowspan="8">销售出库管理系统</td><td rowspan="8">单证资料处理系统</td><td>单证的自动接收和转换</td></tr>
<tr><td>客户信息调查</td></tr>
<tr><td>报价系统</td></tr>
<tr><td>存货数量查询</td></tr>
<tr><td>拣货能力查询</td></tr>
<tr><td>包装能力查询</td></tr>
<tr><td>运送设备能力查询</td></tr>
<tr><td>配送人力查询</td></tr>
</table>

续表

主系统	子系统	功　能
销售出库管理系统	单证资料处理系统	单证资料建档维护
		退货信息处理
	营销分析与预测	销售分析
		市场预测
	拣货规划系统	拣货单证批次规划
		打印拣货表
		补货计划及补货排程
		拣货资料建档维护
	包装、流通加工规划系统	包装、流通加工单证批次规划
		打印包装、流通加工排程
		批次包装、流通加工排程
		补货计划及补货排程
		包装、流通加工资料建档维护
		与自动包装机间的信息转换及传输
	派车计划	发货单装车计划
		装车排序（含人力、车辆、机器设备及发货站台规划）
		批次装车排程
		资料建档维护
	发货配送系统	发货文件印制
		发货时间控制系统
		配送路径选用系统
		配送货物追踪系统
		配送途中意外状况处理
		发货配送资料建档维护
	仓库管理系统	气候及自然灾害预警管理系统
		站台使用计划及排程
		仓库规划布置
		拣货区规划
		转运区规划
		包装区规划
		仓储区规划
		仓储区管理（含储位指定、空储位报表、现有储位报表，与自动化仓库、设备间的资料转换）
		堆垛机管理系统
		托盘管理系统（含空托盘存储管理及托盘调运）

续表

主系统	子系统	功 能
销售出库管理系统	仓库管理系统	托盘装卸方式规划及堆垛工艺设计
		车辆保养维护系统
		电力管理系统
		安全管理系统
		消防管理系统
		物理环境管理系统
		生化防护管理系统
		燃料耗材管理系统
	应收账款系统	应收账单、发票
		收支登记及建档
		收款统计表
		欠款统计表
		收支状况一览表
财务会计系统	一般会计系统	会计总账
		分类账
		财务报表（现金流量、损益表、资产负债表）
		现金管理
		支票管理
		银行自动转账系统
	人事工资管理系统	人力资源基础资料管理
		工资报表
		印制工资单
		人员激励管理系统
		与银行的工资转账系统
		人力评估及人力使用建议
	配送资源计划	配送中心设置地点及数量规划系统
		联合多库机器设备规划控制
		联合多库人力资源计划
		联合多库产品线规划
		联合多库产品分配计划
		联合多库产品配送调配计划
	经营管理系统	车辆租用、采购计划
		销售策略计划
		运费制定系统
		配送成本分析系统
		外车管理系统

续表

主系统	子系统	功　能
经营绩效管理系统	业绩管理系统	营销业务人员管理系统
		风险管理系统
		采购人员管理系统
		单证处理成效报告
		存货周转率评估表
		缺货金额损失管理
		拣货成效管理报表
		包装成效管理报表
		入库作业成效管理报表
		装车作业成效管理报表
		财务绩效管理
		站台使用率报表/车辆使用率评估表
		人力资源绩效考核表
		机器设备使用率评估表
		仓库使用率报表
		货物保管率报表
		自然灾害、意外事故及其他安全规范工作绩效考核管理
	客户管理系统	客户变动管理
		客户开发成本管理
		客户满意率调查
		客户忠诚度分析

2. 配送中心信息系统结构的相关性

根据各业务间的相关性，将作业内容较相关的或所需数据较相关的分成同一组群，并将这些组群视为计算机管理系统下的一个模块。据此，配送中心信息系统的模块结构可分为：采购入库管理系统、销售出库管理系统、财务会计系统和经营绩效管理系统。各系统间的关联关系如图 5—5—1 所示。

3. 配送中心信息系统与其他系统的相关性

在设计配送中心信息系统时，应考虑到配送中心系统功能的发展和自动化设备升级情况。例如，信息系统应和系统外部信息环境相适应，和内部的条形码系统、计算机辅助拣货系统、掌上型终端系统和分类输送机系统等相配套，具有在线信息收集和相关作业监控管理功能。配送中心信息系统与其他系统相关情况如图 5—5—2 所示。

三、配送信息系统的关键技术

配送信息技术是指现代信息技术在配送各个作业环节中的应用，是物流现代化极为重要的领域之一，尤其是飞速发展的计算机网络技术的应用，使物流信息技术达到了新的水平。物流信息技术是物流现代化的重要标志，也是物流技术中发展最快的领域。从数据采集的条

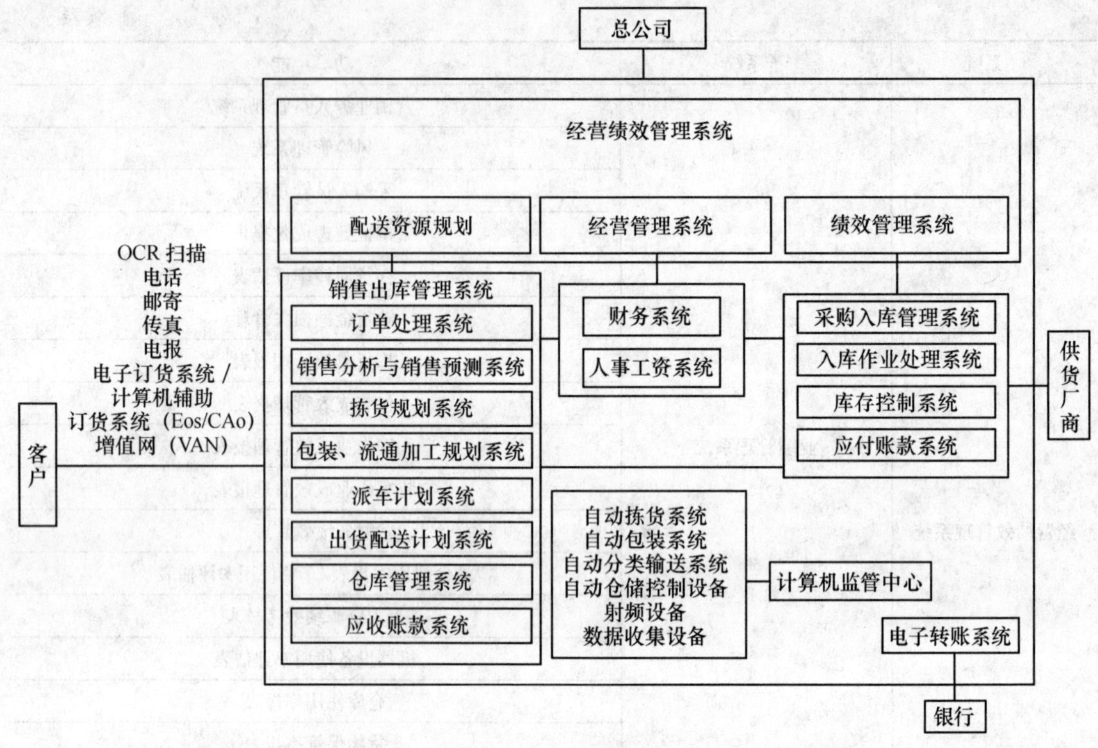

图 5—5—1　配送中心信息系统结构的相关性

形码系统，到办公自动化系统中的计算机、互联网和各种终端设备等硬件以及计算机软件都在日新月异地发展。同时，随着物流信息技术的不断发展，产生了一系列新的物流理念和新的物流经营方式，推进了配送业的变革。

1. 信息采集技术

（1）条形码识别技术。条形码（bar code）技术是在计算机和信息技术的应用实践中产生和发展起来的融编码、识别、数据采集、自动录入和快速处理等功能为一体的一种新兴信息技术。它是为实现对信息的自动扫描而设计的，是实现快速、准确与可靠地采集数据的有效手段。条形码技术以其独特的技术性能广泛应用于各行各业，并且迅速地改变了人们的工作方式和生产作业管理方式。条形码技术是配送信息系统的关键节点，是配送信息由手工处理到自动化、数据化的桥梁。条形码技术的应用解决了数据录入和数据采集的“瓶颈”问题，为配送管理提供了有力的技术支持。

（2）RFID 技术。RFID（radio frequency identification），中文称为无线射频身份识别、感应式电子芯片或是近接卡、感应卡、非接触卡等，是非接触式自动识别技术的一种。RFID 技术是一种无接触自动识别技术，通过射频信号自动识别目标对象并获取相关数据，其基本原理是利用射频信号及其空间耦合、传输特性，实现对静止的或移动中的待识别物品的自动机器识别。作为条形码的无线版本，RFID 技术具有条形码所不具备的防水、防磁、耐高温、读取距离大、标签上数据可以加密、存储数据容量更大、存储信息更改自如等特点，其应用将给零售、物流等产业带来革命性变化。

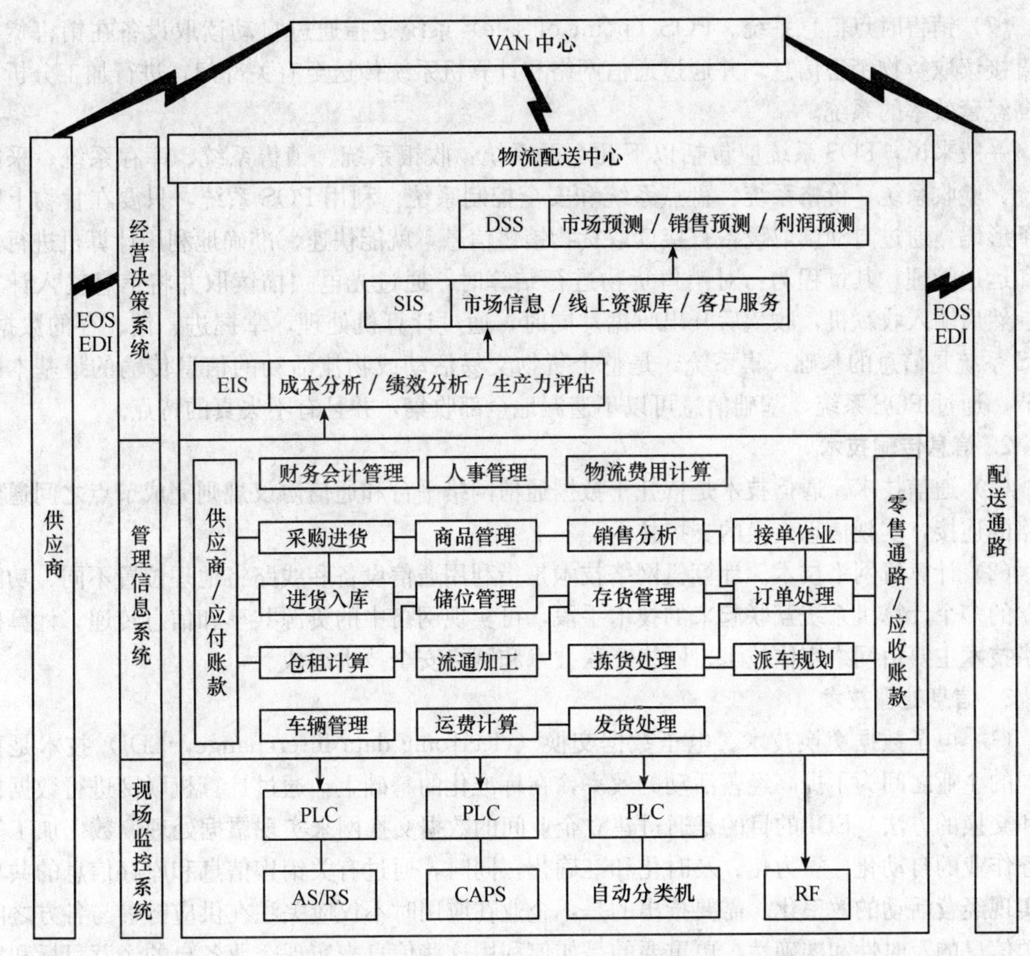

图 5—5—2　配送中心信息系统与其他系统的相关情况

(3) 语音识别技术。语音识别技术是指以语音为研究对象，通过比较用户的发音与计算机中的音速、词汇或短语的模板，从现有模型库中找出一个最接近的模型或序列作为识别结果，其目的是最终实现人机自然交流的识别技术。语音识别技术从内容上来说可以分为语音单元选取技术、特征提取技术、模型匹配及模型训练技术、语音压缩编码技术 4 个部分。

(4) 图像识别技术。图像识别技术是指通过光学照相处理、视频信号处理和计算机处理等技术，首先对图像信息进行预处理，滤去干扰，进行几何校正和色彩校正，从而提高信噪比，然后将处理过的图像进行分类，确定类别名称，接着进行图像分割，选择需要提取的特征进行测量和特征提取，最后根据测量结果进行分类的技术。

(5) 生物识别技术。生物识别技术是指以人的现场参与和不可替代性为前提，根据各人自身的物理特性或者行为特征，以及人体特征具有不可复制的特性，进行身份识别的技术。

(6) 光学识别技术。光学识别（optical character recognition，OCR）是指利用光学技术，通过强有力的逻辑来进行字符的判断和识别。它包括 5 个方面的技术内容：系统构建、识读输入、字体设计、纸张选择和打印印墨。

(7) 销售时点信息系统。POS (point of sale) 系统是指通过自动读取设备在销售货物时直接读取货物销售信息，并通过通信网络和计算机系统传送至有关部门，进行加工分析以提高经营效率的系统。

一般来说，POS 系统应包括以下几个子系统：收银系统、销售系统、库存系统、采购系统、验收系统、价格系统、盘点系统和安全控制系统。利用 POS 系统，只要在货物上贴上条形码，通过自动读取设备直接读取货物销售信息，就能快速、准确地利用计算机进行销售和运送管理。其过程为：对销售货物进行结算时，通过光电扫描读取并将信息输入计算机，然后输入收款机，收款后开出收据。同时，通过计算机处理，掌握进、销、存的数据。POS 系统是信息的基础采集系统，是整个货物交易活动或物流活动的信息传输的最基本的环节。通过 POS 系统，基础信息可以不遗漏地全部收集，并且有不失真的特点。

2. 信息传输技术

(1) 通信技术。通信技术是依托于数据通信网络平台和通信协议规则完成节点之间通信线路的连接，实现信息交换的支撑技术。

(2) 计算机网络技术。计算机网络技术是指利用通信设备和线路将地理位置不同、功能独立的多个计算机系统互联起来的技术手段，可实现网络中的资源共享和信息传递。计算机网络技术主要由网络实体技术、网络互联技术和网络安全技术组成。

3. 信息处理技术

(1) 电子数据交换技术。电子数据交换 (electronic data interchange，EDI) 技术是指不同的企业之间为了提高经营活动的效率，在标准化的基础上，通过计算机联网进行数据传输和交换的方法。EDI 的目的是通过建立企业间的数据交换网来实现票据处理、数据加工等事务作业的自动化、省力化、及时化和准确化，同时，通过有关销售信息和库存信息的共享来实现经营活动的效率化。需要指出的是，企业在应用时不仅应关注在供应链参与各方之间传送信息的及时性和准确性，更重要的是如何利用这些信息来实现企业各自的经营目标和实现整个供应链活动的效率化。EDI 的主要功能表现为电子数据传输和交换、传输数据的存储、文书数据标准格式的转化、安全保密、提供信息查询、提供技术咨询等。

EDI 经常被简单地看做用电子单据取代纸张单据的方法，被看做用电子传输的方式取代传统传输（如邮寄、电话或人工投递）的方式。然而，EDI 是一种用电子数据输入取代人工数据输入的方法，更是一种用计算机处理数据取代人工处理数据的方法，EDI 的目的不是消除纸张，主要是消除处理的延误及数据的重复输入。配送中心与供应商之间的信息交换应广泛采用 EDI 这种方式，因为这种方法能及时准确地在不同企业间按照一定的标准传送有关业务的信息，通过电子方式，采用标准化格式，利用计算机网络进行结构化数据的传输和交换。

配送中心 EDI 的优点在于，配送中心与客户组成各方基于标准化的信息格式和处理方法，通过 EDI 共同分享信息、提高流通效率、降低配送成本、提高配送质量。例如，对零售商来说，应用 EDI 系统可以大大降低进货作业的差错率，节省进货时检验货物的时间和成本，能迅速核对进货和到货的数据，易发现差错。

(2) 可扩展标志语言 (XML)。在 1996 年 11 月召开的波士顿通用标记语言标准 (SGML) 年会上，新的数据描述语言 XML 公布于世，并向万维网联盟正式提案。XML

语言继承了 SGML 具有的可扩展性、结构性及可校验性的同时，又避免了 SGML 的烦琐性。

4. **信息跟踪技术**

（1）GIS 技术。地理信息系统（geographical information system，GIS）是指为收集、管理、操作、分析和显示空间数据的计算机软硬件系统。它是一个以地理坐标为基础的信息系统，具有强大的处理空间数据的能力，如地图数字化、矢量和图像的浏览查询、基于空间数据的分析、三维模拟、虚拟现实、地图输出等。

（2）GPS 技术。全球定位系统（global positioning system，GPS）是利用导航卫星、地面监控系统和信号接收机对对象进行动态定位的系统。GPS 导航系统是以全球 24 颗定位人造卫星为基础，向全球各地全天候地提供三维位置、三维速度等信息的一种无线电导航定位系统。它由三部分构成，一是地面控制部分，由主控站、地面天线、监测站及通信辅助系统组成；二是空间部分，由 24 颗卫星组成，分布在 6 个轨道平面；三是用户装置部分，由 GPS 接收机和卫星天线组成。

GPS 在物流领域的应用可以实时监控车辆等移动目标的位置，根据道路交通状况向移动目标发出实时调度指令。而 GIS、GPS 和无线通信技术的有效结合，再辅以车辆路线模型、最短路径模型、网络物流模型、分配集合模型和设施定位模型等，能够建立功能强大的物流信息系统，使物流变得实时并且成本最低。

由于物流企业能够实时地获取每部车辆的具体位置和载货信息，故物流企业能用系统的观念运作企业的业务，降低空载率。这一职能的转变使物流企业如果为某条供应链服务，则能够发挥第四方物流的作用。物流企业通过无线通信、GPS 能够精确地获取运输车辆的信息，再通过 Internet 让企业内部人员和客户访问，从而把整个企业的操作、业务变得透明，为协同商务打下基础。

四、配送中心信息系统的单证处理流程

1. **接单作业**

接单作业为单证处理的第一步，即通过不同的方式接收客户或供应商的单证。随着流通环境及科技的发展，接收单证的方式渐渐地由传统的人工接单演变为计算机间直接送收订货资料的电子订货方式。一般而言，通过计算机直接连线的方式最快也最准确，而借助邮寄、电话或销售员携带的方式较慢。传递速度快、可靠性及准确性高的单证处理方式，不仅可大幅提升客户服务水准，对存货相关的成本费用也能有效地缩减。

2. **单证资料查核及确定**

单证资料输入前，须仔细检查单证上的各项内容是否完备、是否符合要求，若有疑问，需立即与客户联络，确认清楚后再输入。对于经由电子订货所接收的订货资料，也须加以查核确认。

3. **单证处理**

物流配送中心的服务目标在于能够提供适品、适量、适价、适时、适所（5R）的服务，然而物流配送中心的资源（人、物品、设备等）都是有限的，在面对多变、不定的客户需求时，如何将有限的资源进行合理的分配是各企业追求的目标。这一目标反映到单证处理上，便是将现有的库存作最好的分配。

单证资料输入系统确认无误后，最主要的处理工作就是如何将大量的订货资料进行有效的汇总分类、调拨库存，以便后续的物流作业能顺利、高效地开展。

4. 单证信息处理输出

单证资料经过上述处理后即可开始打印一些出入货单据，以开展后续的物流作业。

（1）入库单。根据供应商的送货单或客户的订单要求及配送中心现有库存的要求，对缺货的货物制定入库单，验收入库，以便满足下游客户对货物的需求。

（2）理货单。根据货物入库验收情况，制作入库理货单，按理货单的要求整理货物，并上架，完成货物入库手续。

（3）拣货单。根据客户的订货需求，制作拣货单，拣选货物并放至出库待发区或其他指定的位置。

（4）送货单或发货单。将拣货单在配送中心信息系统转换成送货单或发货单，或手工制作送货单和发货单。

（5）退货单。根据客户要求，制作退货单，并用适当的方式将货物从客户那里回收回来，再以约定的方式退给供应商。

（6）其他单据。由于客户订单需求而可能产生货物在不同配送中心或客户之间调拨的调拨单、移库单等。

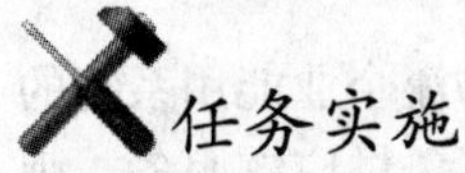

任务实施

1. 录入货物基础资料

配送中心信息管理员在配送中心的信息系统“基础管理”模块上录入东莞B供应商的送货单提供的货物名称、规格、包装、条形码等信息，以便后续制作相关单据（图5—5—3所示为北京某物流科技公司物流信息系统的某个页面，相关操作可在此页面下进行，下同）。

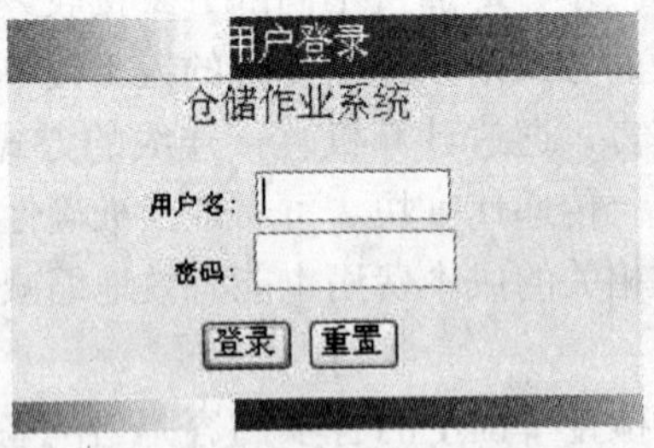

图5—5—3　配送中心信息系统登录

2. 制作入库订单

在配送中心信息系统制作入库订单（或称入库单），然后将订单交给收货员以便供应商货物到达时及时验收货物，如图5—5—4所示。

没有安装或购买物流信息系统的单位，可以参照模块二任务1的入库单在Office系列软件里制作入库单，见表5—5—3。

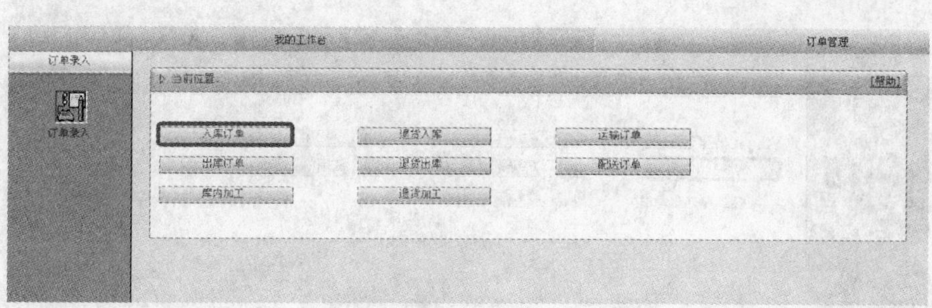

图 5—5—4　制作入库订单

表 5—5—3　　　入　库　单

供货商	东莞 B 食用品有限公司	订购单号	20110815001	验收员	王某
运单号	201108150088			验收日期	2011 年 8 月 15 日
运货日期	2011 年 8 月 15 日	复核员		复核日期	

序号	商品名称	规格	条形码	包装	应收数量	实收数量	备注
1	果肉	200 g	6902934362	杯	960		
2	鲜虾片	50 g	6909409024	包	720		
3	粟米条	60 g	6909409819	包	480		
4	葱片	90 g	6926265466	包	720		
5	果冻爽	218 g	6926475015	杯	960		

3. 将入库单转换成理货单

收货员验收完货物并把入库单与供应商的送货单交给配送中心的信息管理员，信息管理员将入库单转换成理货单，并把理货单交给理货员完成理货上架。

没有安装或购买物流信息系统的单位，可以参照模块二任务 2 的理货单在 Office 系列软件里制作理货单，见表 5—5—4。

表 5—5—4　　　入库理货单

供货商	东莞 B 食用品有限公司	订购单号	20110815001	验收员	王某
运单号	201108150088			验收日期	2011 年 8 月 15 日
运货日期	2011 年 8 月 15 日	复核员	陈某	复核日期	2011 年 8 月 15 日

序号	储位名称	商品名称	规格	条形码	包装	应收数量	实收数量	复核数量
1	A123	果肉	200 g	6902934362	杯	960	960	960
2	B222	鲜虾片	50 g	6909409024	包	720	720	720
3	C131	粟米条	60 g	6909409819	包	480	480	480
4	D311	葱片	90 g	6926265466	包	720	720	720
5	A121	果冻爽	218 g	6926475015	杯	960	960	960

4. 制作拣货单

信息管理员根据供应商要求，在货物存储半个月后，制作拣货单，并将拣货单交给拣货员，拣货员按要求进行拣货，如图 5—5—5 所示。

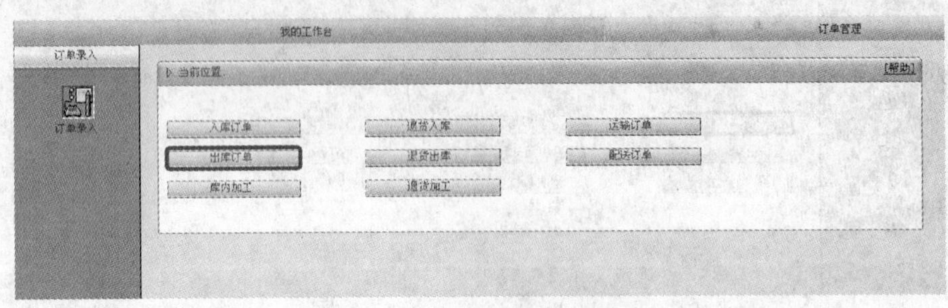

图 5—5—5　制作出库拣货单

没有安装或购买物流信息系统的单位，可以参照模块四任务 1 的拣货单在 Office 系列软件里制作拣货单，见表 5—5—5。

表 5—5—5　　拣　货　单

深圳 A 物流公司配送中心拣货单

申请单号：OA20110901008　　拣货单号：OP20110901001

客户：H 零售便利店 1—10　　2011 年 9 月 1 日

编号	货物条形码	货物名称	规格	单位	申请数量	拣选位置	拣货数量	物流箱号	备注
1	6902934362	果肉	200 g	杯	96	A123			
2	6909409024	鲜虾片	50 g	包	72	B222			
3	6909409819	粟米条	60 g	包	48	C131			
4	6926265466	葱片	90 g	包	72	D311			
5	6926475015	果冻爽	218 g	杯	96	A121			

制单人：陈某　　拣货员：

5. **将拣货单转换成送货单**

信息管理员将拣货员处埋好的拣货单转换成出库送货单，并将送货单（或称配送单）交给送货员，配送货物，如图 5—5—6 所示。

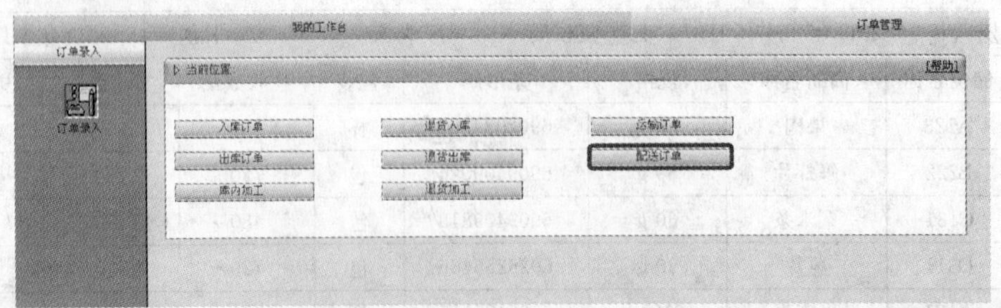

图 5—5—6　制作送货单或配送单

没有安装或购买物流信息系统的单位，可以参照模块五任务 1 的送货单在 Office 系列软件里制作送货单，见表 5—5—6。

表 5—5—6　　送货单（1-10）

深圳 A 物流公司配送中心送货单

申请单号：OA20110901001　　送货单号：OD20110901001

客户：H 零售便利店 1－10　　送货地址：深圳××楼××号

联系人：马×　　联系电话：2690××××　　2011 年 8 月 6 日

编号	货物条形码	货物名称	规格	单位	送货数量	物流箱号	到货数量	备注
1	6902934362	果肉	200 g	杯	96	LB01		
2	6909409024	鲜虾片	50 g	包	72	LB02		
3	6909409819	粟米条	60 g	包	48	LB02		
4	6926265466	葱片	90 g	包	72	LB02		
5	6926475015	果冻爽	218 g	杯	96	LB01		

制单人：陈某　　送货员：　　收货员：

6. 制作退货单

试销 1 个月后，信息管理员将剩下的货物转换成退货单，打印出来交给送货员，及时将货物回收到配送中心。信息管理员再根据全部回收回来的货物制作一张向供应商退货的退货单，交给退货员。退货员及时将货物退回给供应商，如图 5—5—7 所示。

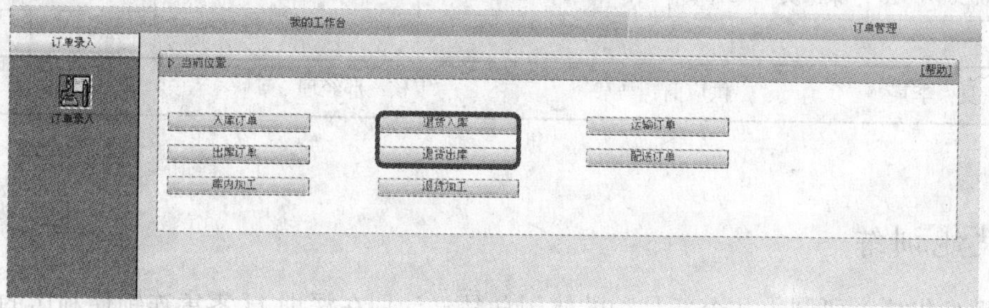

图 5—5—7　制作送货单或配送单

没有安装或购买物流信息系统的单位，可以参照模块五任务 3 的退货单在 Office 系列软件里制作退货单，见表 5—5—7 和表 5—5—8。

表 5—5—7　　退货申请单

H 零售便利店退货申请单

至：A 物流公司配送中心　　退货单号：OR20111001001

申请人：张某　　联系电话：2550××××　　申请日期：2011 年 10 月 1 日

序号	货物名称	规格	单位	数量	单价（元）	总价（元）	退货原因	实收数量
1	果肉	200 g	杯	10	5	50	试销结束	10
2	鲜虾片	50 g	包	5	10	50	试销结束	5
3	粟米条	60 g	包	5	10	50	试销结束	5

续表

序号	货物名称	规格	单位	数量	单价（元）	总价（元）	退货原因	实收数量
4	葱片	90 g	包	5	10	50	试销结束	5
5	果冻爽	218 g	杯	10	20	200	试销结束	10
合计				35		400		

制单人：陈某　　配送中心接货员：张某　　便利店退货员：王某

表 5—5—8　　**退　货　单**

A 物流公司配送中心退货单

至：东莞 B 供应商　　合同号：ZY20110510001

退货单号：OR20111002001　　制单人：陈某　　退货日期：2011 年 10 月 2 日

序号	货物条形码	货物名称	规格	单位	批次	退货数量	退货价（元）	总价（元）	实退数量
1	6902934362	果肉	200 g	杯	OR20111001001	100	5	500	100
2	6909409024	鲜虾片	50 g	包	OR20111001001	50	10	500	50
3	6909409819	粟米条	60 g	包	OR20111001001	50	10	500	50
4	6926265466	葱片	90 g	包	OR20111001001	50	10	500	50
5	6926475015	果冻爽	218 g	杯	OR20111001001	100	20	2000	100
合计								4000	

退货员：李某　　供应商：马某　　审核：邢经理　　财务：

技能训练

广州 C 供应商研制出几个新品种的休闲食品，计划在深圳 H 零售连锁便利店的 10 个店里试销 1 个月，以测试新产品的市场反应。广州 C 供应商于 2011 年 9 月 15 日将食品送到深圳 A 物流公司的配送中心（送货单见表 5—5—9），希望先为其保存半个月，然后在 10 月 1 号正式将货物配送给各零售便利店，最后接受零售便利店试销完成后的退货处理。作为该配送中心的信息管理员，应该如何在其信息系统中处理这批货物?

表 5—5—9　　**送　货　单**

广州 C 食用品有限公司送货单

送货编号：20110915001

至：深圳 A 物流公司配送中心　　2011 年 9 月 15 日

送货地址：深圳市××路××号　　电话：(0755) 8370××××

编号	货物条形码	货品名称	规格	单位	送货数量	实收数量	备注
1	6916920199	强力粘钩	1×12	个	360		
2	6907893114	电池	2B/1.5 V	卡	1 440		

续表

编号	货物条形码	货品名称	规格	单位	送货数量	实收数量	备注
3	6917246470	润手霜	1×1	支	240		
4	6917246045	润唇膏	3.5 g	支	240		
5	6917246312	洁肤面膜	1×1	支	240		

制单人：李小姐　　　　送货人：　　　　收货人：

思考与练习

1. 配送中心信息系统的功能有哪些？

2. 配送中心信息系统采用的关键技术有哪些？

3. 简述配送中心信息系统处理单证的流程。

4. 不同的物流配送公司有着不同的物流信息系统，其单证的处理流程也可能不一样，你觉得有什么办法让你只接触到一个物流信息系统却能在以后的岗位上适应不同公司的物流信息系统？